10분 경제

10분 경제

ECONOMICS IN 10 MINUTES

샤넬·라면·아파트가 들려주는 이야기

박정호 지음

netm▲ru

프롤로그

코로나 19 이후 경제에 대한 관심이 그 어느 때보다 높아졌다. 보다 정확히 말하자면 주식 투자, 부동산 투자와 같은 투자에 대한 관심이 높아지면서 경제 전반에 대한 관심도 함께 높아진 듯하다. 공중파 TV와 라디오에도 경제 관련 프로그램이 많아졌고, 특히 유튜브의 경제 관련 채널들은 크게 각광받기도 했다. 덕분에 필자 역시 다양한 매체에 출연해 국제경제, 산업, 기술, 기업 등 경제 현안에 대해 발언할 기회가 많아졌다. 이 과정에서 많은 구독자, 시청자, 청취자로부터 어려운 경제 현안을 쉽게 설명해준다는 칭찬을 듣기도 했다. 하지만 더불어 두 가지의 커다란 숙제 역시 주어졌다.

하나는 특정 현안을 이해하는 데 필요한 경제 지식을 전달해주다 보니 보다 체계적으로 경제를 이해할 수 있는 콘텐츠가 부재하다는 지적이었다. 다른 하나는 미중갈등, 중동전쟁, 글로벌 밸류체인의 변화, 인공지능 등 거대 담론을 중심으로 경제 현상을 설명하다 보니 우리 삶과 직접적이면서 생활 속에서 쉽게 접할 수 있는 대상들에는 어떠한 경제원리가 투영되어 있는지 궁금하다는 의견이었다.

빠르게 변화하는 세상을 살아가는 현대인에게 경제 관련 지식은 선택이 아닌 필수 교양으로 자리매김하였다. 그러니 삶에 맞닿아 있는 '진짜 경제'를 배우고 싶은 욕구는 어쩌면 너무나도 당연한 것인지도 모른다. 문학, 철학, 역사 등을 통해 학습한 경제원리를 독자 스스로 자신의 일상에 투영하기보다는 좀 더 친절하게 지금 우리의 삶에 투영되어 생생히 작동하고 있는 경제를 소개받고 싶었을 것이다.

이 책은 이러한 배경 속에서 구상되었다. 우리 삶에 가장 직접적이면서 커다란 영향을 미치고 있는 입고, 먹고, 거주하는 의식주 문제에 주목한 이유도 바로 여기에 있다. 의식주에 대한 고민은 일상생활에서 가장 중요한 고민거리이지만 동시에 가장 소소한 고민거리이기도 하다. 분명한 사실은 입고, 먹고, 거주하는 문제는 단 하루도 우리의 삶에서 빗겨간 적이 없는 문제라는 것이다.

사실 의식주와 관련된 여러 문화나 현상들은 그 태동부터 경제원리를 투영하고 있는 것들이 대부분이다. 지금은 우리에게 너무나도 일상적인 것이 되어버려 더 이상 왜 그렇게 되었는지, 왜 우리는 그런 방식으로 이용하고 있는지에 대해 고민조차 하지 않게 된 것들이 많지만 조금만 거슬러 올라가면 뼛속 깊이 경제원리가 자리매김하고 있다.

왜 매번 다이어트에 실패하는지, 지방에 가면 왜 대형 마트가 더 큰지, 언제부터 웨딩드레스는 흰색이었는지, 언제부터 단추 대신 지퍼를 사용하게 된 건지, 우리가 즐겨 먹는 탕수육은 어떻게 탄생한 건지, 한국인은 왜 매운 음식을 좋아하는지 등 이 책은 우리 일상의 소소한 문제에 경제학적으로 접근하고자 노력하였다. 이러한 작업이 생생한 삶의 현장에 투영된 경제를 소개받고 싶은, 동시에 경제 지식을 더 체계적으로 배우고 싶은 대중의 요구를 적절히 풀어낼 수 있을 것이라 판단했기 때문이다.

부디 이러한 의도가 잘 전달되어, 이 책을 접하는 많은 독자들이 실물 경제를 이해할 수 있는 지혜와 일상 곳곳에 숨은 경제원리를 파악할 수 있는 혜안을 얻기를 바란다.

명지대 사무실에서
저자 박정호

프롤로그 • 004

경제학을 #입다

1. 나폴레옹은 왜 화려한 군복을 입었을까? • 014
2. 웨딩드레스가 흰색이 된 이유는? • 024
3. 단추 대신 지퍼를 사용하는 데 오래 걸린 이유는? • 036
4. 왜 샤넬 백을 사러 프랑스까지 가는 걸까? • 048
5. 조선시대 임금님도 브랜드 옷을 좋아했다? • 060
6. 몇 주만 지나면 할인하는 옷 가격, 어떻게 정하는 걸까? • 070
7. 치마가 짧아지면 경기가 살아난다? • 080
8. 빈티지가 유행하면 국가 경제가 어려워 보인다? • 092
9. 의류는 역시 명품? 아니면 SPA 브랜드? • 108

CONTENTS

경제학을 #먹다

10 우리는 왜 매번 다이어트에 실패하는가? • 126
11 막걸리 한 잔에 담긴 일석N조의 비밀? • 138
12 환타를 만들게 한 원인 제공자는 히틀러다? • 150
13 탕수육은 불균형에서 태어났다? • 160
14 감자, 참치, 시금치의 공통점은? • 174
15 한국인이 매운 음식을 좋아하게 된 이유는? • 188
16 병뚜껑은 아무나 만들 수 없다? • 198
17 라면 종류가 많은 이유는 따로 있다? • 208
18 점심값, 왜 돈으로 안 주고 식권으로 줄까? • 220
19 우리 민족이 귤과 고추를 먹게 된 이유는? • 232
20 최고급 커피의 가격은 어떻게 결정되는가? • 244
21 월급 중 먹는 것에 쓰는 돈의 비율은? • 254
22 우리는 모두 강력한 옥수수 소비자이다? • 262

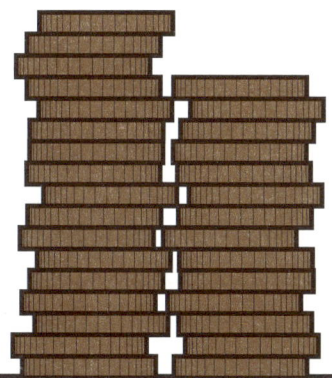

경제학을 #짓다

- 23 미인은 누구와 결혼해 사는가? • 274
- 24 실패한 부동산 투자를 손절하지 못하는 이유는? • 286
- 25 결혼할 때 다이아몬드 반지를 주는 이유는? • 296
- 26 창문 수에 따라 세금을 낸다? • 308
- 27 한때 자동차는 도시 환경을 개선한 구세주였다? • 318
- 28 초고층 빌딩은 누가 가지고 있는가? • 330
- 29 지방의 대형 마트가 더 큰 이유는? • 340
- 30 도시는 인류의 축복인가 불운인가? • 352
- 31 뉴욕 부유층이 아파트를 싸게 임대할 수 있었던 이유는? • 370
- 32 경쟁사 옆에 가게를 차리면 오히려 이득이 된다? • 382
- 33 어느 도시에서 살아야 하는가? • 392
- 34 내 땅인데 내 마음대로 못한다고? • 402
- 35 다수결의 결과가 내 맘에 안 드는 이유는? • 412
- 36 혼잡한 출근길을 해결하는 두 가지 방법, 당신의 선택은? • 422
- 37 혁신은 슈퍼스타 도시에서 나온다? • 434
- 38 나라 안에 다른 나라, 그 안에 또 다른 나라? • 446
- 39 우리는 왜 동네 선거에 관심이 없을까? • 454

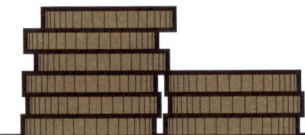
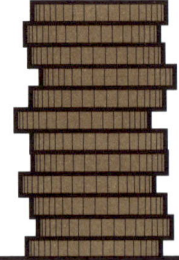

ECONOMICS
IN
10 MINUTES

경제학을

ECONOMICS
IN
10 MINUTES

나폴레옹은 왜 화려한 군복을 입었을까?
웨딩드레스가 흰색이 된 이유는?
단추 대신 지퍼를 사용하는 데 오래 걸린 이유는?
왜 샤넬 백을 사러 프랑스까지 가는 걸까?
조선시대 임금님도 브랜드 옷을 좋아했다?
몇 주만 지나면 할인하는 옷 가격, 어떻게 정하는 걸까?
치마가 짧아지면 경기가 살아난다?
빈티지가 유행하면 국가 경제가 어려워 보인다?
의류는 역시 명품? 아니면 SPA 브랜드?

#입다

1 나폴레옹은 왜 화려한 군복을 입었을까?

몇 해 전 루브르 박물관을 방문한 적이 있다. 거대한 박물관을 거닐며 인류 최고의 문화예술품을 만끽하는 즐거움을 누리던 중, 한 가지 특이한 점을 발견했다. 그림 속 군인들의 모습에서 약간의 의문을 느끼게 된 것이다. 그들은 한결같이 흰색 바지 차림에 파란색 코트를 걸치고 있었으며, 모자에는 깃털 형태의 술이 달려 있었다. 슬쩍 봐도 전투를 하기에는 너무 불편한 옷이 아닌가 하는 생각이 들었다. 군복이라기보다는 파티에 입고 가는 연미복에 가까워 보였다.

오늘날 우리가 생각하는 군복은 흔히 카키색이나 국방색으로 대표된다. 군복이 황갈색, 녹색 등을 혼합한 형태로 구성된 이유는 전장의 군인들을 보호하기 위해서다. 위장색이라 하여 주변 배경과 유사한 색으로 군복을 입게 함으로써, 그들의 소중한 생명을 보호하는

#역선택을 막는 전략

데 조금이라도 기여하고자 한 것이다. 그런데 루브르 박물관 그림 속 그 시절에는 군인들의 생명이 중요하지 않았던 것일까? 흰색, 파란색, 화려한 모자로 군복을 만들어 멀리서도 쉽게 눈에 띄는 복장으로 입힌 이유는 무엇일까? 그것은 다름 아닌 역선택을 방지하기

나폴레옹 시절의 화려한 군복과 현대의 위장색 군복

위함이었다.

역선택이란 무엇인가?

역선택이란 정보의 비대칭성으로 인해 유발되는 시장 실패의 한 종류다. 경제적 이해관계가 있는 당사자들 사이에서 한쪽이 다른 한쪽에 비해 거래에 수반된 정보(예를 들면 가격, 재화, 품질 등)를 더 많이 가지고 있는 경우, 비대칭적 정보의 상황이 발생했다고 하며 이를 정보의 비대칭성이라고 한다. 정보의 비대칭성 중에는 거래 당사자 중 한쪽이 다른 쪽의 특성에 대해 잘 모르는 상황에 놓일 수 있는데, 이때 발생하는 문제가 바로 역선택이다. **역선택은 정보의 비대칭성으로 인해 정보 수준이 낮은 쪽이 사전적으로 바람직하지 못한 상대방과 거래할 가능성이 높아지는 현상을 의미한다.**

역선택을 하는 사례는 일상생활 속에서 얼마든지 찾을 수 있다. 뷔페 식당도 역선택에 해당한다. 뷔페 식당은 일정 금액을 내면 손님들이 자신이 원하는 만큼 음식을 먹을 수 있다. 따라서 뷔페 식당 주인은 적게 먹는 손님을 더욱 선호할 것이다. 어차피 모든 손님에게 동일한 금액을 받게 되므로 당연히 적게 먹는 손님이 많이 방문해야 이익이 더 많이 남는다. 그러나 주인의 의도와는 달리 실제 뷔페 식당을 주로 이용하는 손님들은 식성이 좋을 가능성이 높다. 이들은 자신의 식성이 좋다는 사실을 알고 있으며, 일반 식당에 가면 배부르게 먹기 위해 추가 요금을 내야 한다. 하지만 뷔페 식당은 일정 금액만 내면 음식을 마음껏 먹을 수 있기 때문에 뷔페 식당을 더 선호할 수 있다. 만약 뷔페 식당의 주인이 손님들에 대한 정보를 충분히 갖고 있다면 식성 좋은 손님들에게는 식당 이용료를 추가로 받을 수 있겠지만, 충분한 정보를 갖고 있지 못한 주인은 별 수 없이 역선택의 상황에 직면하게 될 가능성이 높다.

역선택은 중고차 시장에서도 발생한다. 중고차 시장의 수요자(구매자)는 자동차의 품질에 대해 정확히 알 수 없다. 유사한 연식과 주행거리를 기록하고 있다고 해도 차량 주인의 관리 방식이나 노력에 따라 중고차 품질은 천차만별이다. 소비자는 무사고에 정기적으로 검진을 받고 관리도 잘 받은 중고차라면 고가에 구입할 것이며, 사고 이력이 있거나 관리를 소홀히 받았던 중고차는 저가에 구입할 것이다. 그런데 문제는 소비자가 차의 겉만 보고서는 이와 같은 자동차의 '숨겨진 특성'을 알 수 없다는 데 있다. 반면 중고차를 내놓은 공급자(판매자)는 자신이 타왔던 차량이니 그 상태를 누구보다 정확히 알고 있다.

정보가 불완전할 때 가격과 품질 등에 관한 예측은 확률에 근거한다. 만약 좋은 차와 나쁜 차가 시장에 50 대 50의 비율로 유통되고 있다면 이에 기초한 평균 가격에 근거해서 소비자와 생산자의 구매의사 가격과 판매의사 가격을 책정한다. 이때 소비자는 개별 중고차에 대한 정보가 불완전하므로 평균 가격에 근거하여 지불의사를 표현한다. 하지만 공급자는 자신이 팔 중고차에 대한 정보를 잘 알고 있다. 정보의 비대칭이 나타나는 것이다. 좋은 차를 팔고자 하는 공급자는 자신의 중고차 가치가 평균 가격보다 높기 때문에 차량을 중고차 시장에 내놓지 않을 것이다. 반면에 나쁜 품질의 자동차를 팔려는 사람은 자신의 차량을 평균 가격에 팔 수 있기 때문에 차량을 중고차 시장에 내놓는다. 이런 현상이 반복되면 점점 좋은 품질의 자동차가 시장에서 사라지고, 소비자는 나쁜 품질의 차량을 선택하는 역선택에 직면하게 된다.

군복이 화려한 이유는
역선택을 방지하기 위한 방편이었다

화려한 군복의 탄생 원인은 화약에 있다. 중세를 지나 근세에 접어들면서 유럽의 많은 국가들은 검은색 화약을 활용한 대포와 총 등의 무기 개발에 열을 올렸다. 그 결과 프랑스를 비롯한 여러 유럽 국가들이 성능 좋은 대포나 총포를 소유할 수 있게 되었다. 하지만 문제가 하나 생겼다. 화약에서 발생하는 검은 연기로 인해 전쟁터에서 누가 아군이고 누가 적군인지 육안으로 구분하기 어려워진 것이다. 화염으로 인해 정보의 비대칭 상황이 발생했고, 이로 인해 아군에게 총구를 겨눌 수도 있는 역선택의 상황이 전개되었다. 이러한 상황에서 아군을 구별하기 위해 선택한 방법은 멀리서도 아군을 쉽게 식별할 수 있도록 화려한 군복을 입히는 것이었다.

루브르 박물관에서 본 그림들 속 군인들의 모습이 중세를 지나 근세로 이어지면서 점점 더 화려해진 이유도 바로 여기에 있다. 중세에는 화약 기반 무기가 발달하지 못했기 때문에 굳이 전장의 군인들을 화려하게 입힐 필요가 없었다. 오히려 두꺼운 갑옷으로 그들의 소중한 생명을 보호하는 데 주력했다. 하지만 칼이 아니라 대포와 총포를 갖고 싸우게 되면서 칼에 대비하기 위한 두꺼운 갑옷보다는 검은 화염 속 역선택으로부터 아군을 지키기 위한 화려한 군복이 필요했다.

화려한 군복이 역사 속 유물로 사라진 계기 역시 화약의 발달 때문이다. 19세기 말에 이르러 화약을 다루는 기술이 비약적으로 발달했다. 결국 1880년대 무렵부터 전투에 무연 화약이 사용되기 시작했다. 이제 검은 화약이 만연한 전쟁터는 사라지게 된 것이다. 연기가 없는 전장에서 화려한 군복은 되려 생명을 앗아가는 복장으로 바뀌어 버렸다. 오늘날 우리가 흔히 떠올리는 카키색 복장은 이즈음에 처음 도입된 것이다.

역선택을 방지하는 방법, 신호와 선별

경제학에서는 역선택으로 인한 시장 실패를 해결하는 여러 가지 방법을 제시하고 있다. 그중 대표적인 것이 '신호'와 '선별'이다. **먼저 신호는 정보를 가지고 있는 쪽이 상대방에게 적극적으로 정보를 알리는 행동을 통해 역선택을 방지하는 방법이다.** 취업할 때를 생각해보면 쉽게 이해할 수 있다. 면접관들은 지원자들이 우수한 인재인지 아닌지 판단할 수 있는 명확한 정보를 갖고 있지 못한 상태이다. 이러한 정보의 비대칭 상태를 해결하기 위해 정보를 갖고 있는 지원자가 자신이 우수한 인재라는 사실을 알리는 신호를 보내어 역선택을 방지하고자 한다. 구직자들이 여러 개의 자격증을 취득하고 우수한 영어 성적을 보유하기 위해 노력하는 행위들은 모두 역선택을 방지하기 위한 신호의 일환으로 볼 수 있다.

선별은 신호와 달리 정보를 갖지 못한 쪽이 역선택에서 벗어나기 위해 적극적으로 상대방의 숨겨진 특성을 알아내려는 방법이다. 보험회사가 가입자들에게 건강진단서의 제출을 요청하는 행위 등이 이에 해당한다. 보험회사는 보험 가입자가 건강한 사람인지 아닌지 정확히 알 수 없다. 이러한 정보의 비대칭 상황에서 보험 가입에 더욱 적극적인 쪽은 상대적으로 건강에 자신이 없는 고객들일 것이다. 바로 역선택의 상황에 맞닥트린 것이다. 이 같은 역선택을 방지하고자 보험회사는 고객들에게 진단서를 요구하는 등 고객 상황을 확인할 수 있는 선별적 행위를 시도한다.

제복은 역선택을 방지하기 위한
신호와 선별 행위였다

앞서 언급한 군복을 우리는 제복이라 부르기도 한다. 국립국어원에 따르면, 제복에 대한 정확한 정의는 '학교나 관청, 회사 따위에서 정하여진 규정에 따라 입도록 한 옷'이라고 나와 있다. 말하자면 우리가 보통 유니폼이라 부르는 옷들이 제복이다.

제복에 대한 지금의 정의와 달리, 예전에는 신분과 계급을 서열화하고 역선택을 방지할 목적으로 제복이 만들어졌다. 계급이 정해진 신분 사회에서는 그 사람이 어떤 신분인지에 따라 다른 대접을 해줘야 한다. 이때 신분에 대한 정보를 가장 쉽게 전달하는 방법이 바로 신분에 따라 다른 제복을 입는 것이다. 옷차림을 통해 자신의 신분을 알리면 매번 자신이 어떤 신분의 사람인지 일일이 말로 표현하지 않아도 된다. 뿐만 아니라 특정인의 신분을 잘못 파악하여 유발할 수 있는 역선택도 방지할 수 있다.

고대 로마에서도 계급별로 색상과 재질을 달리하여 의복만 보고도 그 사람의 신분을 직감할 수 있도록 제복을 고안해냈다고 한다. 의복에 신분에 대한 정보를 반영하여 상대방의 역선택을 막기 위한 노력을 기울인 것은 로마에서만 행해진 것은 아니다. 우리 선조들 역시 선비들의 옷차림을 구분했다는 것은 주지의 사실이다.

때로는 자신의 신분에 대한 명확한 정보를 전달하기 위해서, 자욱한 연기 속 전장에서 군인들의 생명을 보호하기 위해서, 회사나 학교 등의 소속을 구분하기 위해서 옷차림을 달리하여 역선택을 방지했던 우리 선조들의 경제 관념이 그저 놀라울 따름이다.

ECONOMICS
IN
10 MINUTES

2. 웨딩드레스가 흰색이 된 이유는?

우리는 언제부터 크리스마스에 가족들의 선물을 사기 시작했을까? 세뱃돈을 주는 풍습은 누가 생각해낸 것일까? 돌잔치 때 금반지를 선물하거나, 결혼식 예물로 다이아몬드 반지를 선물하게 된 이유는 또 무엇일까? 우리는 이러한 것들을 '관습' 또는 '풍습'이라 부르며 대개의 경우 아무 비판 없이 그대로 따른다. 그런데 도대체 이러한 풍습은 어떻게 형성된 것일까?

지금 우리가 별생각 없이 받아들이고 따르는 관습이나 풍습이 형성되는 과정은 의외로 경제원리를 통해 설명할 수 있는 것들이 많다. 물론 인류의 문화 행태가 오로지 경제적인 요인만으로 형성된 것은 아니지만, 그러한 관습이나 풍습이 형성되고 지속되는 데 있어 경제원리 역시 중요한 요인 중 하나였음은 분명하다. 지금은 너무

#밴드웨건 효과

나도 당연히 '웨딩드레스는 흰색'이라고 여기는 관습을 경제원리를 통해 설명해보려 한다.

웨딩드레스는 원래 흰색이 아니었다

본디 웨딩드레스는 반드시 흰색인 것은 아니었다. 20세기 이전까지 결혼식을 묘사한 여러 그림이나 문학 작품의 내용을 보면 노란색, 파란색, 심지어 검은색의 웨딩드레스도 입었다. 그렇다면 순백의 웨딩드레스를 대중에게 처음 알리고 이를 추종하도록 만든 사람은 누구일까? 그 주인공은 영국이 '해가 지지 않는 나라'라고 불리며 최고의 전성기를 구가하던 시절 영국 여왕으로 등극한 빅토리아 여왕 Queen Victoria 이었다.

빅토리아가 영국 여왕에 등극했을 때의 나이는 18세였다. 누군가 한 나라의 여왕에 등극했다는 사실만으로도 적지 않은 뉴스거리인데, 고작 18세의 어린 나이에 세계 최강 국가의 여왕이 되었으니 당시 이 소식이 영국뿐만 아니라 전 세계적으로 얼마만큼 이슈가 되었을지 쉽게 짐작할 수 있다.

당시 영국이 해가 지지 않는 나라로 불린 이유는, 자국의 시간이 밤이더라도 세계 어딘가 영국의 식민지 중 어느 나라는 낮인 곳이 있기 때문이었다. 그만큼 전 세계에 막강한 영향력을 행사하는 국가였다. 이는 오늘날까지 명맥을 유지하고 있는 영연방 Commonwealth of Nations의 모습에서도 쉽게 확인할 수 있다. 영연방은 영국과 빅토리아 여왕 시절 영국의 식민지였던 국가들로 구성된 연합체이다. 현재 영연방 연합체에 소속된 국가들은 호주, 캐나다, 싱가포르, 인도, 나이지리아, 말레이시아 등 53개 국가다. 영국의 여왕은 지금까지도 이 50여 개 국가의 나라 중 10여 개 국가의 원수를 겸하고 있으며, 2년에 한 번씩 전체 회의를 개최하기도 한다. 당시 빅토리아 여왕은 최초로 인도제국의 수장을 겸한 바 있다고 한다.

그렇기에 영국의 어린 여왕 빅토리아의 행적은 이후 전 세계 초미의 관심사일 수밖에 없었다. 사람들이 가장 먼저 궁금해한 점은 당연히 과연 누가 여왕의 남편이 될 것인가 하는 문제였다. 많은 유럽 국가들과 왕실들이 세계에서 가장 영향력이 있는 나라인 영국과의 관계를 원만히 하기 위해 영국 여왕과 자국의 귀족 또는 왕족이 혼인을 올리기를 원했다. 영국 왕실은 빅토리아에게 여러 국가 왕자들을 소개했다. 빅토리아는 그중 그녀의 외삼촌 격인 벨기에 왕 레오파드가 소개한 독일의 삭스 코버그 공국의 앨버트 왕자Prince Albert를 선택했다. 두 사람은 단 두 번 만난 상태에서 결혼을 선포했다.

자, 이제 사람들의 관심사는 어린 여왕의 결혼식으로 몰렸다. 18세 신부의 풍부한 감수성이 결혼식에 어떻게 투영될지, 전 세계 모든 귀족을 비롯해 일반인들까지도 주목하기 시작했다. 왜냐하면 일반인들은 아무리 풍부한 감수성을 갖고 자신만의 독특한 결혼식을 구상했다 하더라도, 이를 실질적으로 실현할 수 있는 물질적 환경과 비물질적 환경이 뒷받침해주지 않는 경우가 많기 때문이다. 그러나 세계 최강 국가인 영국 여왕이라면 상황이 다르다. 빅토리아라면 자신이 꿈꾸는 결혼식이 무엇이든 간에 이를 실현할 수 있는 권력과 돈을 갖고 있었다. 그런 그녀가 선택한 것은 다름 아닌 '흰색'이었다.

여왕이 제일 먼저 낙점한 것은 흰색 드레스였다. 그녀는 드레스 일부분에만 흰색이 들어간 것이 아니라 머리끝부터 발끝까지 오로지 흰색으로 된 드레스를 선택했다. 드레스만 그런 것이 아니었다.

결혼식장 자체도 흰색을 위주로 꾸미도록 지시하였으며, 각국에서 신부의 들러리로 초청된 12명의 공주들에게도 흰색 드레스를 입게 했다. 당시 여왕의 결혼식을 묘사한 기록을 보면, 여왕의 결혼식에서 흰색이 아닌 것은 여왕의 가슴에 달린 파란색 브로치뿐이었다고 한다. 이 브로치는 신랑 앨버트 왕자가 준 선물이었다. 신랑이 준 선물을 제외한 모든 것에 흰색을 사용해 분위기를 연출한 것이다. 어찌 보면 오늘날 우리가 결혼식장에서 흔히 볼 수 있는 예식장 분위기도 그녀가 처음 구성했다고 할 수 있다.

당시 영국 〈더 타임스The Times〉의 보도 내용 중에는 이런 구절이

흰색 웨딩드레스를 입은 빅토리아 여왕

있다. "이렇게 많은 사람들이 한 자리에 모인 적은 영국 역사상 없었을 것이다." 당시 빅토리아 여왕의 결혼식이 얼마나 세간의 관심을 집중시켰는지 쉽게 짐작할 수 있는 대목이다. 빅토리아 여왕의 결혼식 장면은 그림, 사진, 언론기사를 통해 전 세계 여성들에게 삽시간에 퍼져나갔다. 이를 통해 유럽을 비롯한 전 세계 여성들은 세계 최고의 권력을 가진 여성이 선택한 웨딩드레스는 바로 흰색이라는 사실을 알게 되었다. 그 뒤로 많은 여성들이 자신도 순백의 결혼식을 올리길 꿈꾸었다.

밴드왜건 효과는 어떻게 확산되는가

오늘날에도 많은 사람들이 자신이 선망하는 사람이 입은 옷이나 먹는 음식, 사는 거주지를 추종하는 것을 자주 목격할 수 있다. 경제학에서도 다른 사람들의 구매 행태에 영향을 받아 유발되는 소비 현상을 설명하는 이론들이 있다. 그중 하나가 밴드왜건Bandwagon 효과다.

우리는 물건을 구매할 때 가격, 디자인, 성능 등 여러 가지 요인들을 종합적으로 고려해 구매를 결정한다. 그런데 이때 우리가 고려하는 사항들은 이러한 제품 내부 요인 이외에 다른 사람들이 해당 재화를 얼마나 많이 구매하는지에 따라 영향을 받기도 한다.

 하지만 경제학에서는 기본적으로 개별 소비자들은 다른 사람의 소비 행태와는 관계없이 자신의 구매 행태를 결정한다고 언급하고 있다. 말하자면, 개별 수요는 서로 상호 독립적으로 작용한다고 가정한다. 그러나 실제 우리가 일상생활에서 보게 되는 소비 행태는 반드시 그런 것만은 아니다. 예를 들어 특정 브랜드의 청바지가 유행이라서 너도나도 덩달아 샀던 경험이 있거나, 반대로 다른 사람들이 너무 많이들 구입해서 흔해 보인다고 느껴 정작 사고 싶었던 옷이어도 구매를 포기했던 경험이 있을 것이다. 즉, 개인의 소비 행위는 다른 사람의 소비 행위로부터 영향을 받는다.

 이처럼 다른 사람의 소비 행태는 또 다른 사람의 소비에 영향을 주는데, 이를 설명하는 이론 중 하나가 밴드왜건 효과인 것이다. 밴드왜건 효과는 사람들이 많이 소비하는 재화를 나도 덩달아 소비하는 것을 말하며 '편승 효과'라고도 불린다. 원래 밴드왜건은 서부 개척시대의 마차를 가리킨다. 당시 많은 사람들이 황금을 찾아 서부로 떠날 때 덩달아 서부로 간 사람들이 많다는 사실에 빗대어 이러한 소비 행태를 표현하게 되었다. 앞에서 제시한 사례처럼 특정 청바지가 유행할 때 나도 하나 구입해본 경험이 있다면 이것은 밴드왜건 효과를 몸소 실천한 것이라 할 수 있다.

앞서 언급한 빅토리아 여왕의 웨딩드레스는 다른 사람들로 하여금 동일한 선택을 유발하기 충분했다. 다른 사람들의 편승 효과를 유발할 원인이 되었던 것이다. 특히 빅토리아는 많은 영국인들의 사랑을 받는 여왕이었기에 그녀의 모든 행동은 추종과 선망의 대상이었다. 영국의 〈텔레그래프The Telegraph〉가 엘리자베스 2세 여왕 Queen Elizabeth II의 재위 60주년을 기념하여 영국의 가장 위대한 군주를 묻는 설문조사를 실시한 바 있다. 당시 설문조사 결과 엘리자베스 2세 여왕(35%)에 이어 빅토리아 여왕이 2위(24%)를 기록했다. 당시 설문조사가 엘리자베스 여왕 재위를 기념하며 실시된 조사였다는 점을 감안할 때 실질적인 1위는 빅토리아 여왕이 아닐까 싶다. 영국인들이 빅토리아 여왕을 얼마나 진심으로 사랑하고 존경했는지 쉽게 확인할 수 있는 결과이다.

하지만 아무리 존경하고 사랑하는 여왕이 선택한 웨딩드레스라고 해도, 많은 사람들이 곧바로 이를 추종할 수 있는 것은 아니다. 이러한 편승 효과를 유발하기 위해서는 흰색의 웨딩드레스가 전 세계, 전 계층이 쉽게 선택할 수 있는 가격 수준이어야 한다. 그렇지 못할 경우 흰색의 웨딩드레스는 상류층의 전유물로 동경의 대상에 머무를 수밖에 없다.

실제로 당시 서민들은 자신의 웨딩드레스를 고를 때 단순히 결혼식 예복으로만 사용할 것이 아니라 이후의 집안 행사나 일상생활 중에도 즐겨 입을 수 있는 것으로 골라야 했다. 이 때문에 쉽게 때가 타거나 변색될 우려가 있는 흰색으로 웨딩드레스를 맞춘다는 것은 결코 쉬운 선택이 아니었다. 그래서 19세기 이전의 웨딩드레스는 흰색이 오히려 적었고 색이 있는 웨딩드레스가 더 많이 선택되었다.

이러한 실용적인 목적 때문만이 아니라 당시에는 흰색 옷감이 다른 색 옷감보다 훨씬 비쌌다. 옷을 진한 색으로 염색하는 것보다 흰색으로 표백하는 것이 더 어려웠기 때문이다. 빅토리아 여왕이라면 흰색 옷을 입는 것이 그리 어려운 일이 아니었지만, 일반인들에게 흰색 옷, 그것도 흰색 웨딩드레스는 동경의 대상일 뿐 결코 그에 편승한 소비 행태를 보일 수 있는 것이 아니었다.

그런데 20세기 들어 상황이 달라졌다. 표백 기술이 보편화되면서 흰색 옷감의 가격이 다른 색 옷감의 가격과 비슷한 수준으로 내려온 것이다. 사람들이 이전보다 더 쉽게 흰색의 옷들을 선택할 수 있는 환경이 도래하였다. 이와 함께 '웨딩드레스는 곧 흰색'을 떠올릴 수 있도록 만들어준 또 한 번의 사건이 등장했다. 1920년에 세계적인 디자이너 코코 샤넬이 하얀 웨딩드레스를 선보인 것이다. 이 때문에 순백의 웨딩드레스가 다시 선풍적인 인기를 끌었다. 이러한 사실을 종합해볼 때 흰색의 웨딩드레스가 보편화되기까지 세계적인 여왕과 디자이너의 선택, 그리고 소비자들이 기꺼이 선택할 수 있는 가격 수준이 뒷받침되었다고 할 수 있다.

무엇이 타인을 추종하게 하는가

마지막으로 흰색 웨딩드레스를 입고 결혼했던 빅토리아 여왕의 순탄하고 아름다운 결혼생활도 편승 효과를 유발하는 데 한몫 했을 것이다. 그녀의 자식 9명 모두 유럽 주요 왕족들과 결혼하며 비교적 순탄한 결혼생활을 했고, 이로 인해 빅토리아 여왕은 말년에 '유럽의 할머니'라는 별칭도 얻게 되었다. 흰색 웨딩드레스를 입고 결혼한 여왕의 결혼생활에 대한 다양한 미담들은 많은 신부들로 하여금 흰색의 웨딩드레스에 긍정적인 선입견을 갖도록 만들었을 것이다.

빅토리아 여왕은 사실 흰색 웨딩드레스 이외에도 여러 가지의 편승 효과를 유발한 여왕이었다. 아동복의 대명사인 세일러 Sailor 복장을 아이들에게 처음 입힌 사람도 빅토리아 여왕이었다. 1845년 영국 왕립 해군이 빅토리아 여왕의 아들인 에드워드 왕자 Prince Edward 에게 해군복을 선물했는데, 여왕이 왕자에게 이 옷을 입혀 공식 행사에 참석하도록 했다. 이러한 사실이 세간에 알려지면서 당시 해군복을 납품하던 회사가 해군복을 어린이용으로 변형하여 만들어 공

세일러복을 입은 빈 소년합창단

급하기 시작했고, 유럽 귀족들 사이에서 아이들 복장으로 세일러복이 유행하기 시작했다. 지금도 이러한 전통이 남아 있어 빈 소년합창단 등이 세일러복을 유니폼으로 채택하고 있다.

스카치 위스키Scotch Whisky가 고급 술의 대명사가 된 데에도 빅토리아 여왕의 기여가 컸다고 한다. 로크나가 위스키Lochnagar Whishy 증류소의 존 베그John Begg는 자신의 위스키 증류 과정을 여왕에게 보여주고 싶다는 내용의 편지를 영국 왕실에 보냈다. 실제로 왕실 가족은 다음 날 증류소를 방문해 스카치 위스키를 시음했다고 한다. 이후 빅토리아 여왕은 로크나가 증류소에 왕실이 인정한 위스키라는 칭호를 하사하였고, 여왕 스스로 보르도산 포도주에 이 위스키를 섞어 마시는 것을 즐겼다. 이러한 음용 방법이 '빅토리아 여왕의 술'로 알려지면서 그동안 영국 사회에서 저평가되었던 스카치 위스키는 영국 상류사회의 대표적인 음료로 그 위상이 높아졌다.

이 밖에도 여왕이 즐겨 사용하며 기사 작위를 부여한 도자기인 로열덜튼Royaldoulton은 세계적인 명품 도자기가 되었고, 여왕이 아침에 즐겨 먹던 케이크는 빅토리아 스펀지케이크로 불리며 오늘날까지도 전해져 내려오고 있다. 이 같은 사실을 살펴보면, 전 인류가 무비판적으로 추종하며 따르는 관습도 처음에는 사소한 일화에서 시작된 것들이 참 많은 듯하다.

3

단추 대신 지퍼를 사용하는 데 오래 걸린 이유는?

너무나 친숙하기에 명확하게 개념을 확인하지 않고 즐겨 사용하는 단어들이 종종 있다. 경제학 분야에서는 '수요'와 '공급'이 이에 해당한다. 물론 수요라는 단어가 무엇을 의미하는지 모르는 사람은 거의 없을 것이다. 하지만 이를 정확하게 알고 있는 사람도 드물다.

수요는 다른 조건이 일정하다는 가정 아래 일정 기간 동안 주어진 가격으로 수요자들이 구입하고자 계획하는 재화와 서비스의 총량이다. 수요는 가격과 수요량 간의 관계를 의미하는데, **수요의 개념에서 유의해야 할 것은 '다른 조건이 일정하다'는 가정과 '일정 기간 동안'을 기준으로 측정된다는 점, 그리고 '구매 계획'을 의미한다는 부분이다.**

#수요와 유효수요

수요에 대한 오해

왜 수요를 정의할 때 '다른 조건이 일정하다'는 전제조건이 붙는 걸까? 소비자가 구매하려는 양은 가격 외에도 자신의 소득, 연관재의 가격 등 많은 요인으로부터 영향을 받기 때문이다. 수요량에 영향을 미칠 수 있는 가격을 제외한 다른 모든 요인들이 일정하게 유지되어야만 가격과 수요량 간의 관계를 설명할 수 있다. 따라서 수요를 정의할 때 반드시 필요한 전제조건이다.

다음으로 수요는 '일정 기간 동안' 측정되는 유량이다. 경제 변수는 유량과 저량으로 구분할 수 있다. 저량이라는 말은 원래 저수지에 고여 있는 물의 양을 가리킨다. 즉, 시간 개념 없이 일정 시점에서 측정되는 변수를 의미하는 것이다. "너희 집 재산이 얼마나 되니?"

라는 질문은 특정 시점에 해당 가구가 쌓은 부의 수준을 물어보는 말이므로, 저량에 해당한다. 반면 유량은 일정 시간에 걸쳐 측정되는 변수다. 원래 유량은 저수지에서 흘러나오는 물의 양을 가리키는 말이다. 이때 물의 양은 시간을 얼마나 오래 잡아 측정하는지에 따라 달라질 것이다. "너는 연봉이 얼마야?" 또는 "너는 월급이 얼마야?" 등의 질문은 각각 연간과 월간이라는 특정 기간 동안의 소득을 물어보는 것이므로 유량에 해당한다. 자본량, 통화량 등은 작년 말, 현재, 지금 이 시각 등의 시점과 함께 언급해야 하므로 저량에 해당한다. 그리고 소득, 생산, 소비, 투자, 저축 등은 언제부터 언제까지라는 기간과 함께 언급해야 하므로 유량에 해당한다. 수요는 기간과 함께 언급해야 하는 유량이다.

마지막으로 사람들이 수요의 개념 중 가장 많이 혼동하는 지점이다. 바로 수요가 '앞으로의 계획'을 의미한다는 점이다. 수요는 실제로 구입한 양을 의미하지 않는다. 수요는 소비자들이 앞으로 어떻게 구입하고자 하는지에 대한 사전적인 계획의 개념이지, 실제 구매한 사후적 개념이 아니다.

케인즈, 수요에 주목하다

수요의 개념에 주목한 학자가 바로 케인즈 John Maynard Keynes다. 케인즈가 수요에 주목한 계기는 대공황 때문이다. 대공황 이전에 경제학은 '공급은 스스로 수요를 창출한다'고 믿었다. 이를 세이의 법칙 Say's law이라고 한다. 세이의 법칙은 모든 사람이 생산자인 동시에 소비자라는 점에 주목한다. 물건을 생산하는 과정에서 누군가는 노동력을 제공하고, 누군가는 자본을 제공하며, 누군가는 토지를 제공한다. 이들은 각각 자신들이 제공한 생산 요소의 대가로 임금과 이자, 지대라는 수익을 거둔다. 이들은 이렇게 얻은 소득으로 자신이 필요한 물건을 구매할 것이기 때문에 공급만 원활히 이루어지면 수요는 저절로 창출된다는 것이 세이의 법칙 주요 내용이다. 이런 논리에 따르면 공급이 원활할 경우 만성적인 수요 부족 내지 실업의 발생은 일어날 수 없는 현상이다. 하지만 1930년대에는 세이의 법칙에서 말하는 상황과 전혀 다른 경제 상황이 전개되었다. 공급에 아무런 문제가 없음에도 실업률이 치솟았으며, 만성적인 수요 부족 상태에 직면했다. 이에 고전학파 경제학자들 중 그 누구도 설득력 있는 대답을 내놓지 못했다.

이러한 상황에서 케인즈는 유효수요이론을 통해 문제의 핵심은 바로 수요에 있다고 말했다. **케인즈는 구매력을 수반하지 않는 수요**

는 단지 잠재적 수요에 지나지 않으며, 실제로 물건을 살 수 있는 돈을 갖고 물건을 구매하려는 유효수요에 주목해야 한다고 주장했다. 그는 장기적으로는 인구 증가와 같은 공급 측면이 경제 활동의 수준을 결정하는 데 중요하게 작용할 수 있지만, 단기적으로는 유효수요의 크기에 따라 사회의 경제활동 수준이 결정된다고 보았다. 따라서 케인즈는 만성적인 불황을 극복하기 위해서는 정부 지출을 늘리거나 조세 감면을 통해 구매력을 갖춘 수요를 인위적으로 만들어내야 한다고 주장했다. 이것이 유효수요이론의 가장 핵심적인 내용이다.

지퍼의 수요를 만들어내다

케인즈가 유효수요 개념을 제기하기 10여 년 전, 실질적인 구매력이 뒷받침된 수요의 중요성을 실감케 해주는 사건이 하나 있었다. 그것은 바로 지퍼나 단추, 벨크로와 같은 옷의 여밈 장치의 도입 과정이다. 인류의 의복은 크게 두 가지 방식으로 진화해왔다. 열대지방을 중심으로 하는 천을 두르는 방식, 온대지방이나 한대지방을 중심으로 발전한 바느질로 꿰매어 만든 의복을 입는 방식이다. 옷을 여미어 입는 방식에 대한 고민은 후자의 문화가 형성된 지역으로부터 시작됐다.

옷을 여미는 방식으로 가장 먼저 활용해왔던 방법은 끈이었다. 끈을 통해서 의복을 자신의 몸에 고정시키거나 자신의 체형에 맞는 형태로 조절하여 입기 시작했다. 하지만 끈을 동여매는 불편함이 크자 인류는 이를 대체하고자 단추를 고안했다. 역사상 첫 번째 단추는 기원전 3,000년 전 인더스 강 유역에서 발견되었다고 하니, 인류가 단추를 고안해낸 것은 아주 오래된 일인 듯하다. 하지만 단추가 보편적으로 사용된 것은 아니었다. 고대의 그림이나 문헌에 언급된 과거 복식 문화를 살펴보면, 단추가 크게 활용되지는 않았던 것으로 보인다. 하지만 중세에 접어들면서 단추의 활용은 상류층 중심으로 확산되기 시작했다. 중세에는 옷을 여미는 목적 이외에도 옷을 꾸미는 일종의 액세서리로 단추를 활용했다. 옷을 치장하는 용도이기도 했기에 당시 단추의 소재로 귀금속, 구리, 크리스털, 유리와 같은 고가의 소재들을 사용했다. 비록 중세에 단추 사용이 늘어났다고는 하지만, 옷을 여미는 보편적인 장치로 사용된 것이 아니었다. 많은 사람들이 단추를 구매할 수 있는 구매력을 갖지 못했기 때문이다. 다시 말해 값비싼 소재로 만들어진 단추는 유효수요를 형성하지 못했다.

18세기 들어 단추는 저렴한 소재로 대량생산이 이루어졌다. 영국 버밍엄에서 철제로 만든 단추를 대량생산하기 시작했다. 이때부터 일반인들도 옷을 여미는 수단으로 단추를 쉽게 사용할 수 있었다. 유효수요를 확보하여 대중화된 단추는 19세기 무렵 더욱 발달하여 덴마크의 베르텔산데스Bertelsandes에 의해 암수 형태의 누름단추가 개발되었고, 국내에서 흔히 '떡볶이 단추'라 불리는 뿔 형태의 단추도 소과 동물들에게서 나온 뼈나 아메리카산 상아야자류의 굵은 낟알로 제작되어 이 시기에 활성화되었다. 결국 우리 인류가 단추를 보편적으로 사용하기 시작한 것은 단추를 처음 고안한 지 4,000년 이상이 지난 뒤부터였다.

 단추를 사용하기 시작했다고 해서 모든 불편함이 사라진 것은 아니었다. 바지 앞섶이나 치마의 트임 부분을 단추로 잠가야 해서, 입고 벗을 때마다 여러 개의 단추를 풀었다 끼워야 하는 불편함이 있었다. 이런 문제점을 해결하기 위해 등장한 것이 바로 지퍼였다.

 초기에 패스트너Fastener로 불리며 등장한 지퍼는 단추의 불편함을 덜어주기 위해 탄생했다. 하지만 패스트너는 쇠로 만들어진 지퍼여서 오히려 단추보다 불편했다. 뻣뻣한 금속으로 된 지퍼는 단추처럼 쉽게 옷에 부착하기도 어려웠을 뿐만 아니라, 빨래 등으로 물에 젖으면 녹물이 흘러나오고 쇠가 녹슬었다. 옷을 세탁할 때마다 지퍼를 떼었다 달았다 해야 하는 불편함이 너무 컸다. 지퍼의 이런 문제점은 얼마 지나지 않아 개선되기 시작했다. 지퍼를 쇠가 아닌 구리로 만들게 된 것이다. 뿐만 아니라 이전에 비해 유연성을 높여 옷에 쉽게 부착할 수 있게 되었다.

지퍼의 편리성이 개선되었지만, 지퍼의 사용은 좀처럼 늘어나지 않았다. 이전의 단추가 그랬듯, 지퍼의 유효수요가 부족했기 때문이었다. 지퍼의 장점에는 충분히 공감했지만, 단추에 비해 월등히 비싼 지퍼를 구매하고자 하는 사람들은 그리 많지 않았다. 그렇다고 해서 지퍼의 생산 단가를 떨어뜨리는 것도 어려웠다. 결국 지퍼 생산업체는 다른 방법을 고심해야 했는데, 이때 해답이 되어 준 회사가 오늘날 세계적인 타이어 회사로 거듭난 굿리치Googrich다.

굿리치는 고무로 만든 일상용품을 제조하는 회사였다. 당시 굿리치의 주력 제품은 갈로 슈즈라는 일종의 덧신이었다. 당시에는 포장된 도로가 많지 않아 시내 곳곳이 진흙탕인 경우가 많았다. 밖에 나갔다 들어오면 신발이 엉망이 되기 일쑤였기 때문에 이를 방지하기 위해 신발 위에 덧신인 갈로 슈즈를 신고 다닌 것이다. 지퍼 제조회사는 바로 이 덧신에 주목하였다. 옷은 한 번 입으면 자기 전이나 화장실에 가기 전까지는 벗을 일이 거의 없다. 하지만 덧신은 밖에 나갔다 들어올 때마다 신었다 벗었다 해야 하는데, 이때마다 단추나 끈을 풀어야 하는 불편함이 컸다. 따라서 덧신에 지퍼를 적용하면 의복보다 사람들이 느끼는 편리함이 더욱 클 것이라는 사실을 깨달은 것이다.

그들의 판단은 적중했다. 사람들은 지퍼가 달린 덧신에 큰 호응을 보이기 시작했다. 초기 패스트너라고 불리던 여밈 장치가 지퍼라는 이름을 얻게 된 것도 이때부터다. 굿리치가 판매한 덧신의 이름이 바로 지퍼Zipper였다.

수요는 단지 소득에 의해 결정되는 것이 아니다

의류에 부착했을 때는 크게 각광받지 못한 지퍼가 갈로 슈즈에서 커다란 성과를 가져다준 장면에서, 우리는 유효수요의 중요한 개념을 하나 유추할 수 있다. **구매력이 뒷받침된 수요인 유효수요의 개념은 자신이 가지고 있는 소득보다 제품 가격이 높은지 아닌지를 바탕으로 판단하지 않는다는 사실이다.** 사람들이 어떤 제품에 얼마만큼의 비용을 지불할 것인지 결정하는 데 있어 자신의 소득도 물론 중요한 고려 요인이지만, 이와 함께 해당 제품을 소비하여 누릴 수 있는 편익 등 여러 요인이 종합적으로 고려되어 지출 수준을 결정한다. 껌 한 통이 만 원이라고 하면 아마 선뜻 구매할 소비자들은 많지 않을 것이다. 소득이 만 원 미만이라서 그런 것이 아니고, 껌 한 통을 사서 누릴 수 있는 만족에 비해 만 원의 비용이 부담되기 때문이다.

지퍼의 사례 역시 마찬가지다. 물론 지퍼의 가격이 비싼 것도 유효수요를 유발하지 못한 요인 중 하나다. 치마에 지퍼를 달면 하루에 몇 차례 이용하지 않을 가능성이 높아, 이를 위해 비싼 돈을 지불할 소비자는 많지 않다. 그러나 갈로 슈즈는 다르다. 갈로 슈즈에 부착된 지퍼나 치마에 부착된 지퍼의 가격은 똑같을 것이다. 그렇지만 갈로 슈즈의 지퍼는 밖으로 나가고 들어올 때마다 사용하기 때문에 이로 인한 편리성이 훨씬 크다. 그래서 소비자들은 갈로 슈즈에 부착된 지퍼에 기꺼이 비용을 지불할 의사가 있다.

지퍼가 달린 갈로 슈즈

지퍼의 사용으로 편의성이 한층 높아지는 제품에 대해 소비자들이 기꺼이 돈을 지불한다는 사실을 확인한 제조회사들은 지퍼의 실용성을 보여줄 또 다른 제품을 생각해냈다. 그것은 담배쌈지였다. 과거에는 오늘날처럼 낱개로 포장된 담배가 없었다. 담배를 피우려면 파이프에 담뱃가루를 넣어 피워야 했고, 그래서 파이프와 담뱃가루를 넣고 다니는 담배쌈지를 가지고 다녔다. 그런데 단추나 끈으로 된 담배쌈지는 군데군데 틈이 벌어져 담뱃가루가 밖으로 쉽게 새어 나오는 불편함이 있었다. 바지 주머니 안에 넣어둔 담배쌈지에서 담뱃가루가 쏟아지기 일쑤였다. 그런데 지퍼가 달린 담배쌈지를 이용하면 이런 문제를 아주 쉽게 해결할 수 있었다. 지퍼가 달린 담배쌈지는 소비자들에게 큰 호응을 얻었다. 가격은 다소 비싸도 담뱃가루가 쏟아지는 불편함에서 자유로워질 수 있기에, 이 담배쌈지를 구매하기 위해 지갑을 열었다.

가장 최근에 등장한 여밈 장치는 우리가 찍찍이라고 부르는 벨크로Velcro다. 벨크로는 한쪽에 갈고리가 있고, 다른 한쪽에는 걸림고리가 있는 테이프다. 그래서 영어로는 '후크 앤드 루프 패스트너Hook-and-loop fastener'라고 부른다. 굳이 번역하자면 갈고리 형태의 잠금쇠를 의미한다. 벨크로라는 단어 역시 불어로 벨벳을 뜻하는 '벨루Velour'와 고리를 뜻하는 '크로셰Crochet'의 합성어다.

벨크로의 발명가 조르주 드 메스트랄George de Mestral은 엉겅퀴 씨앗이 개털에 걸려 있는 것을 관찰하다 벨크로를 고안해냈다고 한다. 1941년 드 메스트랄은 개와 함께 사냥을 나갔다가 자신의 옷과 개의 털에 엉겅퀴 씨앗이 잔뜩 묻은 것을 발견했다. 그는 씨앗이 털어도 잘 떨어지지 않는다는 점에 주목해 현미경으로 엉겅퀴 씨앗을 들여다보았는데, 엉겅퀴 씨앗의 미세한 갈고리가 올가미 모양의 섬유에 들러붙어 있는 것을 발견했다. 바로 이점에 착안하여 지금의 벨크로가 탄생하게 됐다. 사방 5cm의 벨크로에는 고리와 갈고리가 각각 3,000개가 있으며, 이들을 서로 붙이면 벨크로의 고리와 갈고리 중 3분의 1만 맞물린다 하더라도 무려 80kg의 무게를 견딜 수 있다고 한다.

벨크로도 처음부터 많은 사람들에게 관심을 받지는 못했다. 역시나 초창기 비싼 가격으로 인해 유효수요가 부족했다. 이에 드 메스트랄은 벨크로를 싼값에 만들 수 있는 기계를 만들었지만 6년이나 걸렸고, 벨크로사는 1952년 탄생하게 되었다. 특허 승인은 이보다 더 늦은 1955년이었다고 한다. 벨크로가 처음 고안된 시점이 1948년이니, 거의 10년이나 걸린 셈이다.

인류에게 커다란 혜택을 부여한 새로운 발명품이 초기 유효수요 부족으로 곧바로 많은 사람에게 이용되지 못한 것은 여밈 장치에서만 나타나는 현상이 아니다. 단추나 지퍼, 벨크로처럼 지금도 세상 어느 곳에서 우리 인류에게 커다란 편리함을 선사할 발명품을 만들어냈지만 대중에게 어필하지 못해 마음 아파하고 있는 사람이 있을지도 모른다. 그들에게 이 글이 조금이라도 위안이 되기를 바란다.

4

왜 샤넬 백을
사러
프랑스까지
가는 걸까?

언젠가 '샤테크'라는 말이 이슈가 된 적이 있다. 샤테크는 '샤넬'과 '재테크'를 합친 신조어다. 학술적으로 규정한 용어가 아니기에 의미가 다소 혼용되긴 하지만, 크게 두 가지로 풀이된다. 먼저 샤넬 제품 가격이 해가 갈수록 올라가기 때문에 미리 사두었다가 되팔아도 이익이 된다는 의미이다. 샤테크의 또 다른 의미는 프랑스로 휴가를 떠나 현지에서 샤넬 백을 구매하면, 비행기 값을 고려하더라도 국내보다 더 저렴하게 구매할 수 있다는 것이다. 제품에 따라, 환율 시세 등에 따라 다소의 변동은 있겠지만 통상적으로 프랑스 현지와 국내 가격의 편차가 200~300만 원에 달한다. 150만 원의 비행기 값을 지불하더라도 더 싸게 구매할 수 있다는 것이다. 여기에 특정 인기 제품은 국내에서 구입할 때 주문 후 몇 개월이나 기다려야 한다는 불편함까지 고려한다면 이러한 구매 행태는 더욱 설득력 있어 보인다.

#가격차별을 통한 이윤극대화

　똑같은 제품인데 가격이 이렇게 다른 이유는 무엇일까? 환율, 관세, 유통 마진 등에서 원인을 찾을 수도 있다. 그런데 이러한 요인들이 가격 차이를 설명하기에 그다지 적합하지 않다. 먼저 환율이 떨어졌음에도 명품 가방의 가격은 오히려 상승하기도 한다. 뿐만 아니라 명품 브랜드는 환율 상승을 핑계로 가격을 올린 적은 많아도, 환율이 하락했다고 해서 가격이 낮아진 경우는 좀처럼 없다. 유통 마진도 원인이 되기는 어려워 보인다. 일반적으로 명품 브랜드 백화점 입점 수수료는 국내 브랜드의 4분의 1 수준으로 더욱 낮기 때문이다. 관세 역시 FTA가 발효되면서 단계적으로 낮아지고 있다. 따라서 샤넬을 비롯한 명품 백의 가격이 유럽에 비해 상대적으로 비싼 이유는 인위적인 가격 인상 때문이다.

왜 가격차별을 실시하는가

경제학에서는 동일한 재화나 서비스를 공급하는 데 있어 비용상 차이가 없음에도 불구하고 각기 다른 소비자들에게 각기 다른 가격을 책정한다. 이러한 행위를 가격차별Price discrimination이라고 한다. 각각의 소비자에게 재화나 서비스를 공급하는 비용이 서로 다른 상황에서 동일한 가격을 부과하는 것 역시 가격차별에 해당한다. 같은 영화라도 아침에 보면 조조할인을 해주는 것, 같은 미용실에서 머리를 잘라도 성인과 학생의 커트 비용이 서로 다른 것, 같은 자동차이지만 내수용과 수출용 가격이 각각 다른 것 모두 가격차별이다.

　기업이 동일한 서비스나 재화에 다른 가격을 부여하는 이유는 가격차별 전략을 취하면 보다 높은 이윤을 달성할 수 있기 때문이다. 10명의 부유한 사람과 100명의 가난한 사람이 있다고 가정해보자. 가난한 사람은 영화를 보러 갈 용의가 있지만 표 값으로 5,000원 이상을 낼 형편이 못 된다. 반면 부유한 사람은 10,000원 이내라면 얼마든지 영화 관람료를 지불할 의사가 있다. 이런 상황에서 가격차별 전략을 추진하지 않는다면 어떻게 될까? 해당 영화관은 5,000원의 가격으로 부유한 사람과 가난한 사람을 모두 합친 110명에게 판매하여 550,000원의 수익을 거둘 수 있다. 혹은 10,000원의 가격으로 부유한 사람 10명에게만 판매하여 100,000원의 수익을 거둘 수도 있다. 이때 영화관이 두 가지 방식 중 어느 쪽을 선택할지는 영화 상영 비용에 의해 결정된다. 10명에게 상영할 때의 비용, 그리고 110명 모두에게 상영할 때 추가적으로 들어가는 비용이 얼마인지를 살펴봐야 한다. 10명이 아닌 110명에게 상영할 때 들어가는 비용이 추가로 얻게 되는 수익보다 적다면 5,000원의 저렴한 가격에 모든 사람에게 영화를 제공하는 것이 더 유리하다.

가격차별을 활용하는 영화관

그런데 만일 이 영화관이 가격차별 전략을 추진한다면 어떻게 될까? 가난한 사람 100명에게는 5,000원의 가격을 부과하고, 부유한 사람 10명에게는 10,000원의 가격을 부과한다면 총 600,000원의 수익을 거둘 수 있게 된다. 가격차별을 하지 않았을 때 얻었던 수익

550,000원보다 50,000원이 더 많다. 즉 가격차별을 통해 기업은 보다 더 높은 수익을 거둘 수 있게 된다.

물론 이는 가상의 상황이고, 실제 영화관이 가난한 사람과 부유한 사람을 구분하여 입장료를 받지는 않는다. 다만 비슷한 맥락에서 학생들에게 할인된 입장료를 부과하고 있긴 하다. 학생은 일반적으로 직장을 다니는 성인에 비해 소득이 적다. 따라서 학생들에게 성인에 비해 낮은 입장료를 부과하여 학생들의 관람 수를 늘리고, 이로 인해 영화관은 더 큰 수익을 얻을 수 있다.

다양한 가격차별 전략

가격차별은 기업으로 하여금 보다 높은 수익을 올릴 수 있게 해주는 유용한 방편이다. 특히 1990년대 들어서는 경쟁기업의 경쟁력을 약화하기 위한 전략으로 많이 쓰이며 활용도와 방법이 더욱 넓어지고 있다.

가격차별 전략은 크게 1차, 2차, 3차 세 가지로 구분할 수 있다. **1차 가격차별은 소비자를 모두 구분하여 각각 다른 가격을 부과하는 매우 강력한 형태의 가격차별 전략이다.** 다른 말로 '완전가격차별'

이라고도 부른다. 각각의 소비자가 해당 제품에 대해 지불할 용의가 있는 최대한의 가격을 부과하는 가격 설정 방식이다. 1차 가격차별 전략이 활용된 대표적인 방식이 이중가격책정 Two-part pricing이다. 이중가격책정은 일단 소비자에게 재화를 구입할 수 있는 자격을 취득한다는 명목의 회비를 청구한 뒤, 소비자가 실제로 해당 재화를 구입하거나 서비스를 이용할 때 한 단위당 가격을 다시 부과하는 방식을 말한다. 이중가격책정 방식이 적용된 대표적인 사례는 회원권과 라운딩비를 따로 받는 골프회원, 입장료와 놀이기구 이용료를 따로 받는 놀이공원 등이 있다.

이에 반해 2차 가격차별은 소비자들의 구입량에 따라 몇 개의 그룹으로 구분한 뒤, 각각 상이한 그룹에 대해서 다른 가격을 부과한다. 1차 가격차별이 개별 소비자에 따라 다른 가격을 받는 것에 반해 수량별로 가격을 책정한다는 점에서 차이가 있다. 즉 동일한 수량을 구입하는 사람들은 모두 같은 가격을 적용받는다. 할인 마트에서 라면이나 맥주를 낱개로 사는 것보다 묶음으로 구입할 때 개당 구입 단가가 낮아지는데, 전형적인 2차 가격차별의 예다. 전기 요금이나 휴대폰 요금도 사용량에 따라 다른 가격이 부과되므로, 2차 가격차별에 해당한다. 이런 기업들은 왜 2차 가격차별 전략을 선택하는 것일까? 주된 이유는 개별 소비자를 일일이 구분하기 어렵기 때문이다. 따라서 모든 소비자에게 수량에 따라 다른 가격이 부여되도록 제시하고, 소비자들이 스스로 자신의 최적 가격과 소비량에 맞추어 선택하도록 유도한다.

마지막 3차 가격차별은 소비자들의 특징에 따라 시장을 몇 개로 나누고, 각 시장마다 서로 다른 가격을 설정하는 것을 말한다. 가격에 민감한 시장에서는 가격을 낮추어 보다 많은 구매를 유도하여 추가적인 수익을 확보한다. 가격에 둔감한 시장에서는 가격을 올려 추가적인 수익을 확보하는 전략이다. 일반적으로 가격차별이라고 하면 3차 가격차별을 의미한다. 앞서 설명한 2차 가격차별은 사람들의 지불 용의를 알지 못하기 때문에 상품을 구분하여 구매자들이 스스로 선택하게 한다. 즉 구매자들이 스스로 선택하게 하여 간접적으로 지불 용의가 높은 사람과 낮은 사람을 구분할 수 있다. 그러나 3차 가격차별은 사람들의 지불 용의를 알고 있기 때문에 직접적으로 구매자들을 구분하여 동일한 상품에 대해 각각 다른 가격을 부과할 수 있다는 점에서 다르다.

3차 가격차별이 성공하기 위해서는 몇 가지 전제조건이 필요하다. 먼저 상이한 소비자 집단 또는 시장이 존재해야 한다. 소비자 집단이나 시장이 모두 동일한 수준의 지불 의사를 가지고 있다면 굳이 가격에 차별을 둘 이유가 없다. 다음으로 해당 기업이 서로 다른 소비자 집단이나 시장을 구분하고 분리시킬 수 있어야 한다. 시장이 엄격하게 분리되지 못하면 차익거래가 가능하기 때문이다. 쉽게 말해 시장이 분리되지 못하면 특정 소비자가 한 시장에서 싸게 구입하여 다른 시장에다 비싸게 판매할 수 있게 된다. 따라서 3차 가격차별 전략 수행을 위해서는 소비자들이 싸게 사서 비싸게 되파는 전매가 불가능해야 한다. 마지막으로 가격차별 전략을 위해 시장을 분리하며 드는 비용보다 시장을 분리했을 때 얻게 되는 수입이 더 커야만 해당 기업이 가격차별 전략에 성공할 수 있다.

유럽과 한국 시장에서 샤넬 백의 가격이 다른 것도 여기에 해당한다. 유럽의 소비자 집단과 한국의 소비자 집단은 지리적 차이로 인해 쉽게 분리하여 접근할 수 있다. 뿐만 아니라 전통적인 명품 시장이 유럽 소비자들과 아시아 지역 소비자들은 명품에 대해 서로 다른 소비 성향을 가지고 있다. 실제로 한국과 중국의 일부 소비자들은 브랜드에 대한 명확한 판단 없이 비쌀수록 해당 브랜드를 선호하는 경향이 높다고 한다. 중국에서 원가 몇만 원의 싸구려 시계를 엘리자베스 영국 여왕을 비롯한 유럽 왕족들이 차는 최고의 명품 시계라고 속여 9,750만 원에 판매하는 사기극이 벌어진 일도 있다. 아시아 지역 명품 소비자들의 소비 패턴을 단적으로 드러내는 대목이다. 이와 같이 두 시장의 소비 패턴이 명확히 다르고, 시장을 쉽게 구분할 수 있는 상황이라면 명품 회사들은 추가적인 이윤을 획득할 수 있는 가격차별 전략을 수월하게 선택할 수 있다. 그리고 제품에 일련번호 등을 매겨 저가에 제품을 구입한 소비자가 해당 중고품을 높은 가격에 되파는 전매 행위도 쉽게 막을 수 있다.

가격차별의 수준은 어떻게 결정하는가?

기업들은 소비자 집단과 시장의 특성에 따라 다양한 방식으로 가격차별 전략을 추진하여 추가적인 이윤을 얻고자 노력한다. 하지만 가격차별의 수위를 도대체 어느 정도로 결정해야 하는지 명확히 알기 어렵다. 개별 소비자나 시장이 정확히 얼마만큼의 비용을 지불할 의사가 있는지 구분하기 어렵기 때문이다. 게다가 비싼 비용을 지불할 의사가 있는 사람이 낮은 비용에 물건을 구매하지 못하도록 해야 한다는 문제점도 안고 있다.

오늘날 많은 기업들은 두 가지 문제를 부분적으로나마 해결하는 방법으로 장애물을 활용한다. 소비자들이 가격 할인을 받으려면 일종의 장애물을 통과하도록 하는 것이다. 이를 두고 장애물을 이용한 가격차별이라고 부른다. 할인쿠폰이 여기에 해당한다. 어떤 제품을 정가에 판매한 뒤, 제품에 붙어 있는 할인쿠폰을 우편으로 반환한 소비자에게 일정 금액을 되돌려주는 방식으로 판매하는 것이다. 만일 가격에 민감한 소비자들이라면 할인쿠폰을 우편으로 돌려

보내는 번거로움을 기꺼이 감수하면서 저렴한 가격에 물건을 구매하려 할 것이다. 반면 가격에 둔감한 소비자들은 할인쿠폰을 반환하는 번거로움을 감수하지 않은 채, 상대적으로 비싼 가격의 물건을 구입하려 들 것이다. 할인쿠폰이 장애물 역할을 해서 가격에 민감한 소비자 집단과 가격에 둔감한 소비자 집단을 가르는 기능을 담당한다.

장애물을 활용한 가격차별 전략은 우리 일상생활 속에서도 자주 볼 수 있다. 특정 기간 동안 할인 행사를 하는 것도 이에 해당한다. 우리는 여러 가게에서 일시적으로 가격 할인 행사를 벌이는 것을 종종 목격한다. 대부분의 기간 동안 정가에 판매하다가 일정 기간에만 할인된 가격에 판매하는 이유 역시 가격에 민감한 소비자와 둔감한 소비자를 구분하기 위함이다. 가격에 민감한 소비자들은 할인 행사를 진행하는 가게를 찾기 위한 노력과, 할인 기간을 기다리는 번거로움을 기꺼이 감수한다. 이들 중 일부는 할인된 가격이 아니면 절대 해당 물건을 구매할 생각이 없던 사람들이다. 따라서 특정 기간 동안의 할인 행사는 이들로 하여금 구매를 이끌어낼 수 있다는 장점이 있다. 그 외에도 할인권을 가져오면 보다 낮은 가격에 물건을 살 수 있게 하는 전략을 추구하는 모든 회사는 장애물을 활용한 가격차별 전략을 사용하고 있다고 볼 수 있다.

영화 제작회사 역시 장애물을 활용한 가격차별 전략을 취한다. 영화 제작회사가 어떤 영화를 처음 개봉할 때는 비싼 입장료를 지불하고 극장에 가야만 그 영화를 볼 수 있도록 한다. 물론 가격에 민감한 관람객들은 아무리 자신이 보고 싶은 영화라 하더라도 한두 달 참는 장애물을 넘어 변두리 오래된 영화관에서 다소 싼 입장료를 내고 볼 것이다. 이보다 더 가격에 민감한 관객들이라면 추가로 몇 달을 더 기다려 유료 케이블 방송을 통해 해당 영화를 볼 것이다. 마지막은 몇 년을 기다려 지상파 방송국에서 명절에 무료로 틀어줄 때까지 기다릴 수도 있을 것이다. 이 밖에 항공 요금, 자동차 가격, 음반 가격 등은 모두 장애물을 이용한 가격차별 전략을 확인할 수 있는 대표적인 품목이다.

가격차별 전략, 이윤추구에만 사용되지는 않는다

가격차별 전략이 기업의 이윤극대화 수단으로만 쓰이는 건 아니다. 가격차별 전략은 학생이나 노인처럼 소득이 낮은 사람들에게만 할인을 제공할 때에도 활용할 수 있다. 가난한 사람에게 저렴한 진찰료를 부과하거나, 장학금을 지급해 낮은 학비를 부여하는 것 모두 가격차별에 해당한다. 도서 지역이나 외진 곳까지 배송하는 우편과 도심지로 배송하는 우편에 들어가는 실제 비용은 다름에도 불구하고, 모두 동일한 금액을 부여하여 낙후된 지역 사람들에게도 우편 서비스를 원활히 제공하는 것 역시 가격차별을 통한 혜택이라고 할 수 있다. 동일한 경제원리라고 하더라도 이렇게 사용 목적에 따라 전혀 다른 방식으로 활용될 수 있음을 기억해야 한다.

5

조선시대 임금님도 브랜드 옷을 좋아했다?

경제학 용어 가운데 흔히 '개별 수요곡선'과 '시장 수요곡선'을 혼용하여 사용하곤 한다. 일반적으로 수요곡선은 상품 가격이 하락함에 따라 해당 상품의 수요량이 늘어나는 현상을 표현하는 곡선을 의미한다. 그러니까 개별 수요곡선이란 개별 소비자가 해당 상품의 가격 변화에 따라 자신이 수요량을 변화시킨 결과를 표현한 것이다.

그런데 시장 수요곡선은 개별 수요곡선과는 다르다. 물론 그렇다고 둘 사이에 아무런 관계가 없는 것은 아니다. 개별 소비자의 수요곡선을 합하면 시장 수요곡선이 되기 때문이다. 보다 구체적으로 설명해보겠다. 특정 시장의 소비자로 갑, 을, 병 이렇게 세 사람이 있다고 가정해보자. 한 달 동안 커피 한 잔의 가격이 4천 원일 때 세 사람이 각각 3잔, 4잔, 5잔의 수요량을 보였다. 이때 커피 가격 4천 원에

#속물 효과

서 시장 전체의 수요량은 세 사람의 수요량을 모두 합한 12잔(3잔+4잔+5잔)이 된다. 시장 전체 수요곡선은 개개인이 특정한 가격 수준에서 구매하고자 하는 수요량을 모두 더하여 도출할 수 있으며, 이렇게 도출된 시장 전체 수요곡선은 개별 소비자의 수요곡선을 각 가격 수준에서 수평으로 합하여 그려진다.

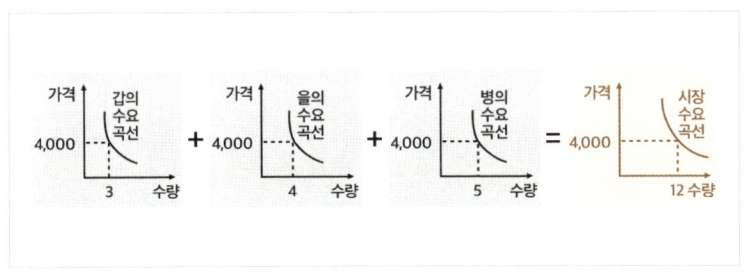

개별 수요곡선과 시장 수요곡선

하지만 시장 수요곡선이 항상 개별 소비자의 수요곡선을 수평으로 합하여 도출되는 것은 아니다. 이는 우리가 특정 물건의 구매 여부를 결정할 때, 단순히 가격만 보는 것이 아니라 다른 사람들의 구매 행태에 영향을 받기 때문이다.

남들과 다르고 싶다는 욕구, 속물 효과

우리는 물건을 구매할 때 수많은 요인을 고려한다. 제품의 가격은 물론이고 디자인, 성능, A/S 등 제품 자체의 요인을 고려할 뿐만 아니라 다른 사람의 구매 행태도 함께 고려한다. 주변 사람들이 구매하는 것을 보고 나도 덩달아 구매를 결정하기도 한다는 말이다. 반대로 너무 많은 사람들이 구매한 물건에 대해서는 오히려 사고 싶었던 마음을 접는 경우도 있다. 경제학은 일찍부터 이러한 일련의 행태들을 주목하고, 이를 규명하는 다양한 이론을 제시해왔다.

이 중 사회 전체의 소비량이 증가함에 따라 개별 소비자가 해당 상품에 대한 수요량을 줄이는 현상을 속물 효과라고 한다. 즉, 유행 때문에 많은 사람들이 구매한 물품에 대해 사람들이 흥미를 잃어버리는 경우가 이에 해당한다. 사람들이 많이 구매하는 제품을 구매하지 않음으로써 자신을 다른 사람과 구별 지으려는 태도가 마치 속물과 같다고 해서 속물 효과 또는 속물이라는 뜻의 스놉 효과 Snob effect 라고 부르게 되었다.

　사람은 누구나 남들이 갖고 있지 않은 나만의 물건을 소유하고픈 욕구가 있기 때문에 이러한 현상이 일어난다. 속물 효과가 유발되면, 결국 다른 사람들의 수요량이 증가하는 것을 목격한 누군가가 자신의 수요량을 줄이게 된다. 따라서 각 개인의 수요량이 커짐에 따라 증가하는 시장 전체의 수요량 증가폭이 각 개인의 수요량 증가폭보다 작게 된다. 이 때문에 개별 소비자의 수요곡선을 단순히 합하여 도출된 수요곡선보다 시장 수요곡선이 더 가파른 형태를 갖는 것이 통상적이다.

　옷은 속물 효과를 가장 자주 목격하게 되는 품목 중 하나다. 우리는 종종 주변에서 명품이라고 불리는 고가 브랜드 옷을 주로 구매하는 사람들을 보곤 한다. 물론 이들이 고가의 옷을 구매하는 이유를 한두 가지만으로 설명할 수는 없을 것이다. 하지만 이러한 현상을 속물 효과로도 얼마든지 설명할 수 있다. 고가의 옷은 일반인들이 쉽게 구매하기 어렵다. 따라서 보통 사람들이 사 입기 어려운 명품 의류를 입고 다니면, 남들이 잘 안 입는 옷을 입고 다닐 가능성이 높아진다. 따라서 남들과 구분되고 싶은 심리를 가진 사람들일수록 명품 브랜드를 선호하는 경향이 강하다. 누구나 쉽게 사는 물건을 구매할 경우에는 자신의 속물적 욕구를 충족시키기 어렵기 때문이다.

옷으로 자신을 구별 지어온 역사

그렇다면 명품 브랜드로 자신을 남들과 구분하기 어려웠던 예전에는 어떻게 속물 근성을 풀었을까? 우리 인간은 스스로 브랜드를 만들어 내거나 복식에 격차를 두는 방식으로 타인과 자신을 구분 지으려는 시도를 지속해왔다.

용포로 지위를 드러낸 임금

타인과 자신을 명확하게 구분할 필요가 있던 사람은 단연 임금이었을 것이다. 임금은 오로지 자신만 입을 수 있는 옷인 용포龍袍라는 브랜드를 고안해냈다. 예로부터 상서로운 동물로 여겨졌던 용을 자신의 상징물로 삼아, 옷만으로도 자신이 남들보다 더 높은 지위로 구분된다는 사실을 쉽게 전달하고자 했다. 용포의 앞부분을 곤의袞衣라 하는데, 이는 왕만 입는 것이 아니라 삼공三公도 함께 입을 수 있었다.

하지만 용포를 자세히 들여다보면, 왕이 입는 용포의 용의 모양과 삼공이 입는 용포의 용의 모양은 다른 형태를 취하고 있다. 왕이 입는 용포는 하늘로 승천하는 용의 모양이다. 가장 지위가 높은 신하이지만 결코 왕의 지위를 범할 수 없는 삼공은 꼬리만 하늘로 향하고 머리는 땅으로 조아리는 모양으로 그려져 있다. 물론 역대 왕조에 따라 용의 모양과 형태에는 다소 변화가 있었지만, 임금의 옷에 그려진 용의 모양과 신하의 옷에 그려진 용의 모양을 구분하는 예법은 지속되었다.

절대적 권한을 가진 제왕과 달리 비교적 권한이 약한 제왕들은 봉황이 그려진 옷을 입었다. 봉황과 용을 이처럼 상하관계로 구분하게 된 배경에는 여러 설이 있다. 그 중 하나가 고증학자 왕웨이띠Wang Wei-ti의 견해다. 원래 상고시대 용을 숭상하던 부족과 봉황을 숭상하던 부족이 화하족華夏族이라는 하나의 부족을 형성했다고 한다. 그런데 용을 숭상하던 부족이 봉황을 숭상하던 부족과 싸워 이겼고, 이에 중원에 800년 동안 군림하게 되면서 이와 같은 상하관계가 형성되었다는 이야기가 있다.

또 다른 의견도 있다. 봉황을 숭상하며 출범한 중국의 진나라는 진시황 다음 대에 멸망하는 아주 짧은 왕조를 남겼지만, 이후 다시 중국을 통일한 유방劉邦의 한나라는 용을 숭상했으며 몇 대에 걸쳐 강성한 왕조를 유지했다. 이에 이후 많은 왕조들이 봉황에 비해 용을 더욱 숭상하게 되었다는 설도 있다.

임금이 자신만의 의복을 만들어 입고, 이를 통해 자신을 다른 사람과 구분하는 모습을 지켜본 신하들도 자신들의 품계를 구분 지을 수 있도록 관복을 차별화하기 시작했다. 한서의 손숙통孫叔通 전에 따르면, 한 고조 유방劉邦 때 유생 손숙통은 유방에게 천하를 유지하기 위한 방편으로 복색服色에 대한 예법을 제정할 것을 권고했다. 신하가 황제를 알현할 때는 어떤 의복과 예를 갖춰야 하는지 법률로 정하여 엄히 따르게 하였을 뿐만 아니라, 다른 복식을 사용해 상하 존귀를 구별할 수 있도록 규정했다. 이에 유방은 "이제야 황제의 존귀함이 바로 섰다."라고 칭송했다고 한다.

사실 옷을 통해 상하를 구분 지으려는 시도는 한나라가 이를 엄격히 법률을 통해서 제정했을 뿐이지, 이미 한나라 이전부터 존재했던 방식이다. 계급 사회에서는 늘 옷을 통해 신분의 높고 낮음이 표현되었다. 하지만 한나라 이후부터는 신분에 따라서 도안과 색깔, 옷감의 질까지도 신분에 따라 엄격하게 규정되었던 것이다. 명나라 때는 관리의 공복에 꽃을 사용해 등급을 표시했다. 1품은 지름 5촌의 큰 꽃 한 그루가 그려졌으며, 2품은 이보다 작은 꽃 한 그루, 3품은 잎이 없는 꽃 그림, 다시 4품과 5품은 잡화雜花의 그림을 수놓은 옷을 입어야 했다. 청나라 때는 관복에 붙은 옥의 숫자와 크기 등을 통해 지위의 높고 낮음을 나타냈으며, 8품 이하의 관직에는 아예 옥을 붙일 수 없게 했다. 물론 옷에 대한 제약은 평민에게도 적용되어 사士 이상의 신분에만 옷에 문양을 사용할 수 있었으며, 평민의 옷에는 문양을 넣을 수 없게 규정했다.

우리나라의 경우는 어떨까? 우리 고유의 의복 문화 변천 과정을 살펴보면 역시나 옷을 통해 서로를 구분 지으려는 움직임은 동일하게 있어왔다. 우리의 언어가 알타이어 계통인 것과 마찬가지로, 우리의 복식 역시 기마 수렵 생활을 하던 서호西胡적 형태에 속했다. 삼국시대 우리 선조가 입었던 하의가 기본적으로 바지 형태인 것을 보면 알 수 있다. 이는 당시 중국의 하의가 치마 형태였던 것과는 명확하게 구분되는 지점이다.

중국과 구분되는 우리 고유의 복식 문화는 신라 삼국 통일을 기점으로 변화가 일기 시작했다. 신라의 왕실과 일부 귀족층이 의복의 형태를 중국 양식으로 바꾸었기 때문이다. 반면 당시 서민들은 이전부터 자신들이 즐겨 입었던 복식 문화를 그대로 유지했다. 이때부터 서민층의 전통적인 복식 문화와 지배층의 외래 복식 문화가 명확하게 구분되기 시작했다. 지배층은 이후에도 중국 왕조의 변화에 따라 복식 문화가 지속되는 반면, 서민들은 저고리와 바지, 두루마기 형태의 전통적인 복식 문화를 유지해왔다. 단편적인 예로 삼국시대 입었던 저고리는 엉덩이까지 내려오는 형태였지만, 조선 중기에는 간소화되고, 조선 후기에 이르러 더욱 작아졌을 뿐이지, 어쨌든 저고리라는 기본적인 우리의 전통 복식 구조는 조선 말기까지 계승되었다.

우리나라 역시 중국과 마찬가지로 공복 제도가 활용되었다. 의복의 형태를 법령으로 지정하여 의복을 통해 서로를 분명히 구분 짓기 시작한 것이다. 최초의 공복 제도는 백제 고이왕 때 제정되었다. 삼국사기에 따르면 당시 백제는 허리띠의 색깔을 계급에 따라 자주, 검정, 빨강, 파랑 등으로 구분하였으며, 옷의 색은 1~16품까지는 모두 붉은 색으로 규정하고, 평민은 비색을 금지했다고 한다.

우리나라의 경우 의복을 통해 신분의 높고 낮음을 구분하려는 시도들은 1884년 갑신 의제 개혁, 1894년 갑오 의제 개혁, 1895년 을미 의제 개혁 등을 통해 완전히 사라졌다. 당시 의복 개혁의 주된 내용은 이전까지 용도와 신분에 따라 다양했던 포의 형태를 두루마기 하나로 통일시켜 이를 통해 반상과 상하 존비의 구분이 불가능하도록 유도했다.

경제학자 라이벤슈타인 Leibenstein**은 다른 사람의 소비 행태에 영향을 받아 이루어지는 소비 행태들은 합리적인 선택이 아니라고 지적했다. 그는 이러한 소비수요 행태를 '비기능적 수요'라고 불렀다.** 라이벤슈타인의 견해에 따르면, 남들과 달라 보이기 위해 명품 브랜드에 집착하는 속물 근성 역시 다른 사람의 소비 행태에 기인하여 형성된 소비 행태이기 때문에 비기능적 수요 중 하나라고 할 수 있다.

하지만 앞서 살펴본 역사적인 상황에서도 알 수 있듯이, 우리는 아주 오랫동안 의복을 통해 나와 다른 사람을 구분 지으려는 노력을 끊임없이 이어왔다. 의제 개혁에 의해 전통 복장으로는 더 이상 신분을 확인할 수 없게 되자, 이번엔 신식 복장인 양복을 발 빠르게 도입해 자신이 남들과 달리 신식 문명에 익숙한 개화된 사람임을 보이려는 시도가 이어지기도 했다.

이러한 사실로 미루어 볼 때, 남들과 다른 의복이나 브랜드를 구매하며 자신을 타인과 구분하고자 하는 욕구를 그저 속물 근성으로 치부할 것이 아닐지도 모른다. 어쩌면 우리 인간이 타고난 본능이 아닐까?

6

몇 주만 지나면 할인하는 옷 가격, 어떻게 정하는 걸까?

가격결정을 학습하기에 가장 좋은 재화는 옷이다. 일반적으로 재화의 가격을 결정하는 가장 큰 근거는 해당 재화의 기능과 필요이다. 소비자들에게 반드시 필요한 재화나, 다른 것보다 더욱 편리한 기능을 가진 재화라면 그만큼 높은 가격을 매길 수 있다. 그런데 옷은 그렇지 않다. 사실 기능 면에서 명품 의류나 저가 브랜드 의류나 크게 다를 건 없다. 하지만 우리는 거의 동일한 스타일의 옷임에도 불구하고 브랜드가 다르다는 이유로 주저 없이 3~4배 이상 높은 가격을 지불하곤 한다.

심지어 옷은 같은 브랜드의 똑같은 상품에 대해서도 다른 가격이 매겨진다. 판매하는 장소나 시점에 따라 가격이 전혀 달라질 수 있다는 것이다. 먼저 같은 옷이라고 해도 백화점과 전문 매장에서의 가격이 각각 다르다. 그리고 처음 출시되었을 때는 정가로 판매되지

#수요의 가격탄력성

만, 짧게는 불과 3주 만에 정기세일을 통해 할인된 가격에 판매되기 시작된다. 여기서 조금 더 시간이 지나면 아웃렛에서 더욱 파격적인 가격으로 판매된다.

의류 매장이 가격을 할인하는 이유

의류의 가격 결정 방법

이처럼 들쑥날쑥한 옷 가격의 변화는 무엇에 의해 결정될까? **의류회사가 가장 흔하게 사용하는 방법은 '원가중심 가격결정'이다. 제조원가에 일정한 마진을 더해 판매가격을 결정하는 방식이다.** 가격을 쉽게 결정할 수 있기 때문에 의류회사는 이러한 방법을 즐겨 사용한다. 의류회사는 의류 제조 과정에서 투여한 비용을 잘 알고 있으며, 회사를 지속적으로 운영하기 위해 필요한 이익 수준 역시 잘 알고 있다. 혹은 해당 업계의 통상적인 마진율을 적용하여 원가에 가산하기도 한다.

다음으로 '목표이익 가격결정'이 있다. 이는 해당 회사가 목표로 삼은 이익을 달성하기 위해 필요한 매출 수준에 따라 제품 가격을 결정하는 방법이다. 예를 들어 어떤 의류회사가 판매하고자 하는 매출량이 1,000벌이고 이를 통해 얻고자 하는 목표이익이 10억 원이라고 결정되면, 이러한 목표이익을 실현하기 위한 가격 수준으로 결정하는 것이다.

의류회사는 재고 관리를 위해 가격을 조절하기도 한다. 의류는 다른 재화에 비해 시간에 따라 재화의 가치가 훨씬 빨리 손실되는 경향이 있다. 따라서 조속히 재고를 소진하는 것이 중요하다. 그렇다고 해서 재고를 무조건 빨리 소진해선 안 된다. 아직 해당 제품을 원하는 소비자가 많음에도 불구하고 일찍 재고가 소진될 경우 매출 극대화를 이룰 수 없을뿐더러 소비자들의 불만으로 이어질 수 있기 때문이다. 이 같은 이유로 의류회사는 재고를 유지하기 위한 방편으로써 가격을 이용한다.

'손실유도 가격결정'은 의류회사가 자주 취하는 전략 중 하나이다. 쉽게 말해 해당 의류회사의 제품 중 일부만 할인하는 방법이다. 몇 개의 의류만 할인된 가격으로 제공하여 매장에 보다 많은 사람을 끌어들이고, 이를 통해 정상적인 가격을 부과한 다른 의류들의 판매량을 올리기 위한 전략이라고 할 수 있다.

그 밖에도 일시적으로 많은 고객을 유치하기 위한 특별행사 가격결정이나, 재고 부담을 줄이기 위한 할인 가격결정도 있다. 지금까지 소개한 일련의 가격결정 전략에는 한 가지 공통점이 있다. 소비자의 의사와는 무관하게 해당 의류회사의 입장을 중심에 놓고 가격을 결정한다는 것이다.

한편 경쟁사의 상황을 중심에 놓고 가격을 결정하는 방법도 있다. 자사 목표이익이나 원가보다는 경쟁사의 가격을 근거로 자사 제품 가격을 결정하는 것이다. 이러한 전략은 경쟁사 가격을 바탕으로 자사 목적을 실현하기 위한 최선의 가격 수준을 결정한다. 이를테면 자사의 시장점유율을 올리기 위해 경쟁사보다 가격을 낮추는 전략을 취할 수도 있고, 자사 브랜드 가치를 높이기 위해 경쟁사보다 높은 가격을 부여할 수도 있다.

수요의 가격탄력성

옷의 가격은 의류회사의 내부 상황, 경영 목표, 경쟁사 가격 정책 등 많은 요소를 종합적으로 고려하여 결정된다. 하지만 이와 함께 반드시 고려해야 할 것이 하나 있다. 그것은 바로 고객이다. 고객이 해당 의류에 부여하는 가치가 어느 정도인가에 따라, 고객이 부담할 수 있는 가장 높은 수준에서 가격이 결정되기 때문이다. 자신이 원하는 수준 이상으로 지불할 고객은 없다. 따라서 고객이 해당 의류에 얼마만큼의 가치를 부여했는지는 가격 수준을 결정하는 또 하나의 빼놓을 수 없는 중요한 기준점이다.

그렇다면 의류회사는 소비자의 마음을 가격에 어떻게 반영하여 자신의 이윤을 극대화할 수 있을까? 다양한 방식이 있으나 그 중 수요의 가격탄력성에 대해 이야기하고자 한다. 원래 탄력성이란 물리학에서 사용하는 개념이다. 어떤 충격에 대해 어떤 변수가 얼마만큼 잘 움직이는지를 나타내는 것이 탄력성이다. 경제학은 외부 충격에 대한 반응 정도를 비교할 수 있는 탄력성의 개념을 차용하여 가격 변화라는 외부 충격에 대한 소비자 반응 정도를 확인하는 개념을 생각해냈다. 소비자가 가격 변화에 얼마나 민감하게 혹은 둔감하게 반응하는지를 확인하기 위한 지표를 개발한 것이다. 이를 수요의 가격탄력성이라고 한다. 수요의 가격탄력성은 수요량의 변동률을 가격 변동률로 나누어 계산하며, 가격 변화에 비해 수요량 변화가 크면 탄력적이라고 하고, 가격 변화에 비해 수요량 변화가 크지 않으면 비탄력적이라고 한다.

$$\text{수요의 가격탄력성} = \frac{\text{수요량의 변동률(\%)}}{\text{가격 변동률(\%)}}$$

수요의 가격탄력성

 수요의 가격탄력성은 특정 회사가 자사 매출액을 놓이기 위해서 가격을 할인해 더 많이 팔아야 하는지, 아니면 다소 판매량이 줄어든다 하더라도 가격을 올려 비싼 값에 팔아야 하는지를 판단할 수 있게 도와준다. 만약 어떤 의류에 대한 수요의 가격탄력성이 탄력적인 것으로 조사되었다고 해보자. 이때 의류회사가 매출액을 높이고 싶다면 가격을 낮추어야 한다. 수요의 가격탄력성이 탄력적이라는 것은 소비자들이 가격에 민감하다는 뜻이다. 가격을 살짝만 내려도 수요량이 가격 하락폭에 비해 상대적으로 크게 증가할 수 있다. 반대로 수요의 가격탄력성이 탄력적이지 않은 경우 소비자가 해당 의류의 가격에 둔감하다는 의미이다. 이때는 의류 가격을 올려도 소비자들이 소비를 줄이는 정도가 상대적으로 덜하기 때문에, 오히려 가격을 올리는 것이 매출액 증가에 도움이 된다.

　수요의 가격탄력성은 의류 가격을 올리거나 낮춤에 따라 회사 매출이 증가할지 감소할지 판단하는 중요한 근거가 된다. 그러나 수요의 가격탄력성을 맹신해서는 안 된다. 소비자 심리 이외에도 다양한 요인이 수요의 가격탄력성에 영향을 미치기 때문이다. 먼저 수요의 가격탄력성은 물건의 특성에 따라 달라진다. 먼저 사치품은 상품의 가격 변화의 정도보다 상품 수요량이 더욱 크게 변화하므로 수요의 가격탄력성이 더욱 크게 나타난다. 반대로 필수품의 경우 상품 가격 변화보다 상품 수요량이 더 작게 변화하여 수요의 가격탄력성이 작게 나타난다. 필수품이 사치품에 비해서 가격 변화에 더 둔감한 이유는 무엇일까? 필수품은 일상생활에 반드시 필요한 물건이라는 성격을 갖고 있어 가격이 다소 올라가도 어쩔 수 없이 구매해야 한다. 따라서 필수품은 가격이 변하더라도 수요량을 줄이기 쉽지 않은 재화이다.

수요의 가격탄력성의 다양한 변화 요소

수요의 가격탄력성은 해당 물건의 특성 외에도 다양한 요소에 의해 변화한다. 먼저 대체재가 많은 물건의 경우를 생각해보자. 대체재가 많으면 해당 물건의 가격이 오르더라도 이를 대신하여 구매할 수 있는 다른 물건이 많다. 굳이 인상된 가격에 해당 물건을 구매하지 않아도 된다는 뜻이다. 이처럼 어떤 재화를 대체할 수 있는 재화가 많다면, 해당 재화의 가격이 오를 때 수요량은 크게 감소하게 된다. 즉 대체재가 많을수록 수요의 가격탄력성은 커진다.

소득 역시 수요의 가격탄력성에 커다란 영향을 미친다. 어떤 재화에 대한 지출이 소득에서 차지하는 비중이 높을수록 수요의 가격탄력성이 커진다. 소득에서 차지하는 비중이 큰 물건의 가격이 인상되면, 소득에서 차지하는 비중이 작은 제품에 비해 상대적으로 개인의 소비 생활에 더 큰 영향을 준다. 이는 다른 경제활동 전체에 미치는 영향이 크다는 의미이며, 그만큼 가격 변화에 민감하게 반응할 수밖에 없다는 뜻이다.

시장을 좁게 정의하는 경우에도 수요의 가격탄력성은 크게 측정된다. 시장을 좁게 정의하여 하나의 상품만 가지고 수요의 가격탄력성을 측정한다면 상품군 전체를 묶어서 측정할 때보다 더 많은 대체재가 있는 것으로 평가된다. 예를 들어 음료 시장에서 콜라 하나만 가지고 수요의 가격탄력성을 측정하면 사이다와 환타가 대체재로 구분되어 수요의 가격탄력성을 크게 만든다. 하지만 콜라와 사이다, 환타를 함께 묶어 탄산음료로 분류하고, 탄산음료에 대한 수요의 가격탄력성을 측정한다면 대체재가 줄어들어 수요의 가격탄력성이 작아진다.

수요의 가격탄력성은 측정하는 기간이 길어지면 길어질수록 더욱 탄력적이다. 같은 폭의 가격 변화라 하더라도 기간이 길어질수록 수요량의 변화가 더욱 커진다는 말이다. 가격이 인상되었다 하더라도 처음에는 타성에 젖어 계속해서 구매할 수도 있고, 대체재를 찾지 못해서 해당 물건을 계속 구매할 수도 있다. 하지만 어느 정도 기간이 지나면 소비자들 중 일부는 적절한 다른 대체재를 찾아낼 것이고, 가격이 오른 해당 물건을 더 이상 구매하지 않는 사람이 생길 것이다. 따라서 기간이 길어지면 가격 변화에 따른 수요량 변화가 더욱 커진다.

수요의 가격탄력성은 아주 다양한 요인에 의해 좌우되는 척도이다. 하지만 지금도 많은 기업 현장에서는 수요의 가격탄력성을 고려하여 가격 전략을 수립하는 경우가 많다. 이미 많은 국내 의류회사들이 수요의 가격탄력성을 바탕으로 마케팅 전략을 펼치고 있다. 대체할 수 있는 경쟁 제품이 없는 의류라면 소비자가 상대적으로 해당 제품의 가격에 둔감할 것이다. 그리고 소비자가 제품 원가 수준을 파악하지 못한 경우에도 소비자는 가격에 둔감하다. 가령 과거에는 소비자들이 수입 의류의 수입 원가를 잘 알지 못했기에 실제 제품 가격에 비해 비싸게 사는 경우가 많았다고 한다. 지금 어디선가 매출을 올리기 위해 가격을 할인해야 할지, 아니면 고가의 프리미엄 전략을 택해야 할지 고민하는 사람이 있다면 수요의 가격탄력성 개념을 떠올려보면 도움이 되지 않을까 싶다.

7

치마가 짧아지면 경기가 살아난다?

많은 경제주체가 제각각의 이유로 경기 변화를 항상 예의주시하고 있다. 경기는 해당 국가의 전반적인 경제 활동 수준을 말한다. 즉 해당 국가의 생산, 소비, 투자, 고용, 수출 및 수입 등과 같은 경제 활동이 얼마나 활발하게 이루어지고 있는지를 의미한다. 따라서 '경기가 좋다'는 것은 이러한 일련의 경제 활동이 활발하게 전개되고 있다는 뜻이다.

기업은 신상품의 출시 시기와 가격 등을 정할 때 앞으로 경기 상황이 어떻게 변화할지를 고려해야 한다. 개인 역시 지금 돈을 써도 되는지 아니면 저축을 해야 하는지를 결정하기 위해 경기에 관심을 두어야 한다. 경제가 어떻게 전개되고 있는지 주시해야 하는 것은 경제정책을 수립해야 하는 정부 역시 마찬가지다. 이처럼 경기는 많은 사람들의 초미의 관심사 중 하나다. 미래의 경제 상황을 정확히

#경기지표

파악하는 것은 직접적이고 금전적인 혜택을 가져다주기 때문이다.

경기가 좋다는 것의 의미

이러한 이유로 많은 사람들이 경기를 정확하게 예측할 수 있는 다양한 방법을 제시해왔으며, 지금도 이러한 시도는 계속되고 있다. 대표적인 접근 방법 중 하나는 경기 상황 변화를 잘 나타내는 특정 경제 행위를 통해 미래의 경제 상황을 예측하는 것이다. 숱한 시도 속에서 많은 경제학자들의 관심의 대상이 된 것이 있으니, 그것은 다름 아닌 여성의 치마 길이였다.

여성의 치마 길이와 경기 변동의 상관관계

경기 변동과 치마 길이의 상관관계에 가장 먼저 주목한 경제학자는 조지 테일러George Taylor였다. 그는 1926년 치마 길이와 경기 변동의 상관관계를 보여주는 지표인 '헴라인 지수Hemline Index'를 발표한다. 그가 발표한 내용에 따르면, 경기가 불황일 때는 여성들이 스타킹을 살 돈이 부족하기 때문에 오래된 스타킹을 감추기 위해 치마를 길게 입는다는 것이다. 반대로 경기가 호황일 때는 자신의 실크 스타킹을 다른 사람에게 보여주기 위해 치마의 길이가 짧아진다는 것이다. 헴라인 지수는 이러한 전제 아래, 지수가 높을수록 치마 길이는 더욱 짧아지고 이를 경기에 대한 긍정적인 신호로 해석했다. 실제로 헴라인 지수가 발표된 이후 1930년 대공황 시절 여성들의 치마가 20년대에 비해 상대적으로 길어져, 헴라인 지수에 대한 사람들의 신뢰도가 높아지기도 했다.

이후 1960년대 들어 경제학자 마브리Mabry가 뉴욕 증시와 치마 길이의 상관관계를 연구했다. 그는 자신의 연구결과를 바탕으로 '치마 길이가 짧아지면 주가가 오른다'는 치마 길이 이론Skirt-length Theory을 제시했다. 치마 길이 이론이 제시된 이후에도 한동안은 이같은 이론의 타당성을 보여주는 행태가 목격되었다. 세계경제가 호황이었던 1960년대에는 짧은 치마가 크게 유행한 반면, 오일쇼크 등으로 세계경제가 불황에 직면하였던 1970년대에는 긴 치마가 유행했기 때문이다.

치마 길이에 대한 일련의 연구결과가 도출된 이유에 대해서는 다양한 해석이 존재한다. 조지 테일러처럼 오래된 스타킹을 가리려 불황에는 긴 치마를 입게 된다는 해석, 경기가 좋아지면 건물 냉방이 좋아지기 때문이라는 해석, 경기가 좋아질 경우 여성들의 사회 참여가 활발해지기 때문이라는 해석도 있다.

하지만 이와 반대되는 주장 역시 많다. 다시 말해 호황일수록 여성의 치마 길이가 길어지고, 불황일수록 오히려 짧아진다는 것이다. 실제로 제2차 세계대전 당시 영국은 군수물자가 부족해 옷감 절약 차원에서 여성들에게 짧은 치마를 입을 것을 권고한 바 있으며, 이것이 법령으로 제정하기까지 했다. 우리나라에서도 미니스커트를 불황의 전조로 여기는 사람들이 많다. 특히 증권가에서는 여성들이 미니스커트를 찾는 이유는 우울함을 벗어버리고 기분 전환을 하기 위한 욕구가 투영된 것이라고 여기며, 이 같은 심리가 불황기에 더욱 잘 목격된다고 보았다. 또 다른 해석으로는 불황에는 남성들이 여성에게 눈을 돌릴 여유가 없기 때문에 남성들의 눈길을 끌고자 짧은 치마가 유행한다는 주장도 있다.

치마 길이와 경기 변화의 상관관계는 이처럼 서로 상반된 의견이 있어왔다. 오늘날 여성의 치마 길이는 경기와 무관하다는 것이 정설이다. 여성이 어떤 치마를 사 입을 것인지 결정하는 데 영향을 미치는 요인은 경기 외에도 유행 등 다양한 요인이 있기 때문이다.

사실 치마 길이 외에도 여성의 속옷을 통해 경기를 예측하려는 움직임도 있었으며, 미국과 영국 유수의 언론사에서 이에 대해 소개한 적이 있다. 재미있는 점은 속옷을 통한 경기 예측 역시 앞서 소개한 미니스커트와 마찬가지로 그 해석이 전혀 달랐다는 것이다. 먼저 미국 경제전문 방송국인 CNBC는 미국의 속옷 브랜드 빅토리아 시크릿의 '판타지 브라' 가격과 전반적인 증시 현황을 설명해주는 S&P500지수 사이에 밀접한 상관관계가 있다고 보도했다. 판타지 브라는 빅토리아 시크릿에서 연말 패션쇼를 위해 제작하는 초고가 속옷을 의미하며, 통상 1,000만 달러 이상을 호가한다. 그런데 한때 IT 붐으로 미국 경기가 호황을 누렸던 시기 1,500만 달러 이상이었던 판타지 브라 가격이, 금융위기로 경기 상황이 악화되자 2006년 200만 달러 수준으로 크게 떨어지고 만 것이다. 즉 호황일 때는 비싼 속옷이, 불황일 때는 값싼 속옷이 등장한다는 내용이었다.

영국 저명한 경제전문지인 〈이코노미스트The Economist〉 역시 여성의 속옷이 경기와 밀접한 연관이 있음을 제시했으나, 이들이 보도한 내용은 정반대였다. 이코노미스트는 여성들은 불황이 되면 비싼 외투를 사기 어렵기 때문에 속옷이라도 좋은 것을 사 입자는 생각을 갖게 된다고 말했다. 요컨대 한 쪽에서는 불황에 값싼 속옷을 선호한다고 해석했고, 다른 쪽에서는 불황에 오히려 비싼 속옷을 선호한다고 해석했던 것이다.

일상의 소소한 소비 행태 변화에서도 경기 변화는 예측된다

여성의 치마 길이, 속옷의 가격을 통한 경기 예측에는 이처럼 상반된 견해가 존재한다. 하지만 그렇다고 해서 일상의 소소한 소비 행태 변화를 통해 경기 변화를 예측하려는 시도가 아예 중단된 것은 아니다. 저명한 경제학자이자 전 FRB(미국 연방준비제도 이사회) 의장이었던 앨런 그린스펀Alan Greenspan은 일상의 작은 변화로부터 경기의 흐름을 읽어내기 위해 노력한 것으로 유명하다. 그는 금리 정책을 결정하기 앞서 쓰레기통을 들여다보거나, 세탁소 손님 수를 관찰하곤 했다. 각 가정에서 버리는 쓰레기 양이 많아지거나, 세탁소에 옷을 맡기는 손님이 많아지는 것이 경기가 좋아지는 신호라고 여겼다. 굳이 FRB 의장까지 거론하지 않더라도, 우리 주변에서도 그와 비슷한 노력을 흔히 발견할 수 있다. 남대문 시장 상인들은 오래 전부터 신사복의 판매 추이를 통해 경기 변동의 흐름을 읽어냈다고 한다. 이들의 말에 따르면 상대적으로 겉옷에 덜 민감한 남성들은 가정의 형편이 나빠지면 자신의 옷 구매부터 줄이기 시작하고, 형편이 좋아지더라도 가장 나중에 자신의 신사복을 구매한다는 것이다.

영국의 유력 일간지 〈파이낸셜 타임스Financial Times〉 역시 남성복을 통해 경기를 예측한 바 있다. 경기가 좋아질 경우 남성들의 셔츠 깃이 다양해진다는 것이다. 경기가 좋아지면 셔츠 같은 상품을 다양하게 소비하려는 움직임이 일어나기 때문이라고 한다. 당시 보도 내용에 따르면, 금융위기 당시 영란은행 총재였던 머빈 킹과 금융 위기를 벗어나기 시작할 무렵 총재였던 카니의 셔츠 깃 모양을 비교하며, 현직 총재는 경기가 살아나는 것에 자신감을 갖고 있는 듯하다고 보도했다.

한편 주류 판매 추이를 통해 경기를 설명하려는 사람들도 있다.

경기가 좋아지면 업소용 주류가 많이 팔리지만, 경기가 나빠지면 업소용 주류 판매량은 줄어들고 가정용 주류의 판매량이 늘어난다는 것이다. 심지어 경기가 주류의 종류에도 영향을 미친다는 말이 있다. 경기가 나쁘면 상대적으로 소주 판매량이 올라가고, 경기가 좋아지면 맥주 판매량이 올라간다는 설명이다.

보험 해약률을 보고 경기 변동을 설명하기도 한다. 보험 상품에 가입하여 얻는 혜택은 지금 당장 누릴 수 있는 것이 아니라, 머나먼 미래에 누리는 것이다. 따라서 불황이 되면 많은 사람들이 먼 미래에나 혜택을 받는 보험 상품부터 해약한다는 해석이다.

이 밖에도 길거리에 떨어진 담배꽁초의 길이, 유기견의 수, 성형외과 환자수를 통해 경기 상황을 파악하려는 시도도 있었다. 여기까지 설명한 다양한 시도들은 모두 일상의 소소한 변화를 통해 경기의 변화를 예측하려는 시도라고 할 수 있다. 이러한 시도 중 나름의 타당성이 검증된 사항은 실제 경기 변화를 파악하는 지표로 개발해 활용하고 있다. 광공업 생산지수, 생산자 출하지수, 건축허가 및 착공면적, 기계류 수입액 등이 이에 해당한다. 통계청, 관세청, 한국은행 등에서 이러한 지표를 집계하여 일정 기간 주기로 지속적으로 발표하고 있다.

개별 경제주체들의 심리 상태를 통한 경기 예측

개별 경제주체들의 심리 상태를 통해 경기를 예측을 시도하는 경우도 있다. 이를 '경제심리지표'라 한다. **경제심리지표는 기업가, 소비자 등 경제주체들의 경기에 대한 판단, 전망 등이 생산, 매출, 투자, 소비지출 형태 등에 중대한 영향을 미치는 점을 감안하여 설문조사에 의해 수집된 정보를 바탕으로 작성되는 지수이다.** 대표적인 경제심리지표로 기업실사지수BSI와 소비자동향지수CSI가 있다.

기업실사지수는 기업 활동의 실적, 계획, 경기 동향에 관한 기업가의 의견을 직접 조사하여 이를 지수화한 것이다. 기업실사지수가 100 이상인 경우 경기를 긍정적으로 보는 업체가 부정적으로 보는 업체 수보다 많다는 것을 의미하고, 100 이하의 경우는 그 반대를 나타낸다. 기업실사지수는 다른 경기지표와는 달리 재고나 설비투자 판단, 고용수준 판단 등과 같은 주관적, 심리적 요소까지도 조사가 가능하다는 장점이 있다. 반면 기업가의 예상이나 계획은 항상 유동적이고, 계획을 집행하며 어느 정도 오차가 생기는 것을 피할 수 없다. 따라서 기업실사지수를 이용해 경기를 분석할 때는 이런 부분을 감안해야만 한다.

소비자동향지수는 소비자의 소비지출 계획 및 경기에 대한 인식을 조사하는 것으로 1946년 미국 미시간대학에서 최초로 작성하였으며, 그 이후 세계 각국에서 소비자동향지수를 편제하여 공표하고 있다. 조사항목은 소비자의 현재 경제 상황에 대한 판단, 향후 경제 상황에 대한 전망, 향후 소비지출에 대한 계획 등과 관련된 17개 항목으로 구성되어 있으며 성별, 연령별, 주거지역별, 업종별, 직업별, 학력별, 소득계층별로 구분하여 조사하고 있다. 기업경기실사지수가 경기에 대한 응답이 좋음, 보통, 나쁨 세 가지로 이루어는 데 반해 소비자동향지수는 매우 좋아짐, 약간 좋아짐, 변동 없음, 약간 나빠짐, 매우 나빠짐 등 다섯 가지로 구성되어 있어 정도에 따라 보다 섬세하게 가중치를 부여할 수 있다. 하지만 해석에 있어서는 기업실사지수와 마찬가지로 100을 초과한 경우 긍정적으로 답한 소비자가 부정적으로 답한 소비자보다 많다는 것을 의미하며, 100 미만의 경우 그 반대이다.

심리지표는 실물지표와 전반적으로는 높은 상관관계를 보이지만, 일부 시점에서는 다소의 괴리가 발생하기도 한다. 이러한 차이는 양 지표 간 미래 정보 및 기대 수준의 반영 여부, 질적/양적 통계 간 조사 척도 차이, 조사 결과의 가중치 반영 방법 차이, 경제 불확실성 증대, 언론의 보도 태도 등 여러 가지 요인에서 기인하고 있다. 경기의 정점과 저점 부근에서는 신규 수주와 같이 계수 통계에 잡히지 않는 미래에 대한 정보가 심리지표에 반영되어 대체로 경기에 비해 먼저 움직이는 특성을 보인다. 그러나 실물지표가 개선되더라도 기대 수준에 미치지 못하는 경우 심리지표는 곧바로 회복되지 않고 다소 뒤처지는 경향을 보이기도 한다.

그 외에도 각국 정부와 금융기관은 미래의 경제 상황을 예측하기 위한 다각적인 노력을 지속해오고 있다. 그만큼 미래 경기 상황의 명확한 예측이 우리에게 커다란 반대급부를 가져다준다는 사실을 의미한다. 우리는 다양한 경기지표의 타당성 여부를 떠나 앞으로 또 어떤 방법이 제기될지 지켜볼 필요가 있다. 해당 지표의 유용성을 떠나 지표 자체가 경제를 이해하는 데 있어 커다란 학습 기회를 제공하기 때문이다.

ECONOMICS
IN
10 MINUTES

빈티지가 유행하면 국가 경제가 어려워 보인다?

대학 시절 교수님 한 분이 퀴즈를 하나 낸 적이 있다.

"영화 산업, 의류 산업, 의약품 산업, 휴대폰 산업 중
어느 산업의 시장 규모가 가장 클까요?"

학생들의 실물 경제 감각이 어느 정도인지 확인해보겠다는 의도의 질문이었다. 학생들은 저마다 나름의 근거를 바탕으로 자신의 의견을 제시했다. 수십억에서 수백억의 제작비가 들어가는 영화 산업의 시장 규모가 가장 클 것이라는 의견이 있었는가 하면, 살아가면서 크고 작은 질병으로 인해 상시 복용하게 되는 약의 특성을 들어 의약품 산업의 시장 규모가 가장 클 것이라는 의견도 있었다. 한 달 동안 지불하는 통신요금이 가장 크다는 사실을 근거로 이동통신 산

#GDP의 개념

업 시장 규모가 가장 클 것이라는 의견 등 여러 가지 견해가 나왔다. 하지만 당시 거론된 산업 중 시장 규모가 가장 큰 산업은 다름 아닌 의류 산업이었다.

시장 규모가 가장 큰 산업에 대한 토론

교수님은 옷이 해지거나 낡아야만 새 옷을 사는 게 아니라는 점을 떠올려보라고 말했다. 옷장 안에 한두 번 입고 만 옷들이 그리 많은데 아직도 새 옷을 사는 자신의 소비 패턴을 떠올려보라는 것이었다. 글로벌 시장조사업체 스태티스타Statista에 따르면 2019년에 약 4,399억 달러(약 571조원)를 기록했던 글로벌 패션 시장 매출은 2020년에 5,444억 달러(약 700조 원), 2021년에는 6,540억 달러(약 849조 원)로 성장했다. 특히 코로나 19 이후에는 SNS 쇼핑, 온라인 쇼핑의 강화가 패션 소비를 크게 견인하고 있다. 통상적으로 글로벌 의류시장은 세계 GDP의 약 1.8%에 해당되는 규모라고 한다. 우리가 일상생활 중 즐겨 구입하는 수백 가지의 품목들을 떠올려보면 이는 단연 높은 수치이다.

헌 옷의 경제학

의류 산업의 시장 규모가 다른 산업에 비해 큰 비중을 차지하고 있다지만, 의류 산업의 실제 시장 규모는 사실 이것보다도 훨씬 크다. 이는 우리가 흔히 구제라고 부르는 헌 옷 때문이기도 하다. 구제舊製란 오래되고 낡은 옷이라는 뜻으로 빈티지Vintage라고도 부른다. 입다 버리는 헌 옷 따위가 의류 산업 규모와 무슨 관계가 있다는 걸까? 하지만 산업 현장에서 헌 옷은 이미 중요한 수출 품목이자 많은 소비자들에게 새로운 만족감을 가져다주는 어엿한 재화 중 하나이다.

이전에 헌 옷이 갖고 있는 경제적 가치가 어느 정도 수준인지를 예감케 하는 사건이 하나 보도된 적이 있다. 다름 아닌, 많은 사람들이 의류 수거함을 불법으로 설치하거나 의류 수거함을 통째로 훔쳐 간다는 내용이었다. 왜 이런 현상이 벌어질까? 헌 옷이 돈이 되기 때문이다. 헌 옷은 크게 두 가지 방식으로 거래된다. kg당 거래되거나 장당 단가를 쳐서 거래된다. 헌 옷은 보통 kg당 600~700원으로 계산되는데, 보통 1kg라고 하면 가벼운 여름옷은 6~7벌, 무거운 겨울옷은 한 벌 정도가 된다. 따져보면 여름옷은 한 벌 당 100원, 겨울옷은 500~600원 꼴로 거래되는 셈이다. 따라서 1톤 트럭 한 대에 헌 옷을 가득 싣고 가면 추가 비용 없이 50~70만 원의 수익을 얻을 수 있는 수익성 높은 사업인 것이다.

시각을 넓혀 전 세계 단위로 보면 헌 옷은 매년 1000억벌 생산되고 있다. 그런데 이 중 73%는 팔리지 않고 소각·매립된다. 국내의 경우 2020년 생활폐기물 통계를 보면 '분리배출된 폐의류 발생량'이 8만2423톤, 사업장 폐기물이 3628톤으로 집계되었다. 대부분 패션 재고, 폐원단으로 추정된다. 이처럼 패션 산업은 1초에 한 번씩 2.6톤짜리 쓰레기 트럭 한 대만큼의 옷을 소각·매립하도록 만들며 이는 극심한 환경 오염으로 이어진다. 패션 산업은 실제 가장 심한 환경 오염을 일으키는 산업 2위에 해당하며, 1위는 합성섬유 등으로 의류와 연관이 깊은 석유화학산업이다. 이러한 일련의 상황을 종합해보면 헌 옷, 즉 구제 옷은 이름처럼 오래되고 낡은 물건이 아니라, 새로운 부가가치를 창출하는 또 다른 자원인 듯하다.

그렇다면 헌 옷은 대체 어디에 쓰일까? 그리고 누가 헌 옷을 찾는 것일까? 국내에서 수거되고 분리되는 헌 옷의 대부분은 아프리카와 동남아시아 지역으로 수출된다. 해당 국가의 현지인들은 우리가 새 옷이나 다름없는 옷들을 버리면 이를 값싸게 구입하여 입는다. 최근에는 한류 열풍과 함께 한국산 헌 옷에 대한 수요가 더욱 증가하고 있다고 한다.

헌 옷 중 일부는 다시 국내에 유통된다. 새 옷이나 다름없는 구제 옷은 알뜰한 소비자에게 가장 쉽게 생활비를 아낄 수 있는 방편이기 때문이다. 구제 옷 중 티셔츠나 스커트는 1~3천 원 수준인 경우도 많다. 재킷도 2~4만 원이면 구입할 수 있는 품목도 많다. 해외 유명 브랜드의 구제 제품은 대개 이를 전문으로 취급하는 매장이 따로 있지만, 운이 좋으면 100만 원이 넘는 해외 명품 브랜드의 옷도 구제 가게를 통해 구입할 수 있다고 한다.

구제 옷을 찾는 사람은 알뜰족뿐만이 아니다. 자신만의 독특한 분위기를 연출하고자 하는 스타일리스트들도 구제 가게를 즐겨 찾는다고 한다. 의류 산업의 특성상 유행이 반영된 스타일의 의류가 아니면 좀처럼 백화점 등의 매장에 올려놓기가 어렵다. 이 때문에 현재 유행하고 있는 스타일이 아닌 다른 스타일의 옷을 구매하고자 하는 사람들은 옷을 구하기가 쉽지 않다. 그리고 유행과 상관없이 예전에 즐겨 입었던 옷 스타일을 고집하는 사람들의 경우에도 마찬가지다. 이런 사람들에게는 구제 가게가 효과적인 대안이다.

뿐만 아니라 구제 옷의 독특한 분위기를 즐기는 사람마저 형성되고 있는 추세이다. 글로벌 리세일 플랫폼 스래드업 ThredUp은 '제12차 연간 리세일 리포터'를 발표하며 세계 중고의류시장이 2028년까지 3,500억 달러(약 470조 5,000억 원) 규모로 성장할 것으로 전망했다. 미국 시장은 730억 달러(약 98조 5,865억 원)에 달할 것으로 보인다.

이처럼 헌 옷은 오래되고 낡아서 소비자들로 하여금 아무 효용도 주지 못하는 물건이 아니라 저렴한 비용으로 높은 만족을 얻을 수 있는 유용한 자원이다. 또한 헌 옷을 적절하게 활용하는 것은 합리적인 경제 활동의 일환으로 볼 수 있다. 더 나아가 국가 경제 차원에서도 옷을 만드는 데 투여된 자원을 재활용하는 기회를 제공하기 때문에 구제 옷 시장의 활성화는 유익한 경제 활동이라고 할 수 있다.

헌 옷의 구입이 늘어나면 국가가 더 어려워 보이는 이유

그런데 여기서 한 가지 흥미로운 점이 있다. 구제 시장이 활성화되어 많은 사람들이 새 옷이 아니라 헌 옷을 구입하는 비중이 높아진다면, 해당 국가는 실제로 보다 합리적이고 풍요로운 경제 활동을 수행하게 된다. 그러나 이상하게도 국민소득 지표상에서는 오히려 해당 국가의 전반적인 상황이 악화된 것으로 표현될 수 있다. 왜 이런 현상이 일어나는 것일까? 이는 국민소득의 특성에서 기인한다.

국민소득은 한 나라 안의 모든 경제주체가 일정 기간 동안 새로이 생산한 재화와 서비스의 가치를 모두 합한 금액을 말한다. 우리가 신문이나 뉴스에서 흔하게 접하는 국내총생산GDP, 국민총소득GNI, 국민순소득NNI, 국민처분가능소득NDI, 국민소득NI 등이 이에 해당한다. 이러한 국민소득의 지표들은 한 나라의 경제력과 해당 국가 국민들의 생활수준을 개괄적으로 확인할 수 있는 주요한 근거자료가 된다.

대표적인 국민소득지표이자 가장 많이 활용되는 GDP를 통해 국민소득의 구체적인 내용을 살펴보자. **GDP의 정확한 정의를 하나하나 분리해보면, 5가지 요건으로 구성되어 있음을 알 수 있다. GDP는 ❶일정 기간 동안 ❷한 나라 내에서 ❸생산된 ❹모든 최종 재화와 서

비스의 ❺시장가치 합을 말한다.

먼저 '일정 기간 동안'이란 주어진 특정 기간 내 이루어진 생산의 가치를 측정한다는 의미이다. 쉽게 말하자면 2024년도 GDP를 측정할 경우, 2023년도에 일어난 경제 활동은 포함되지 않는다. GDP는 국가 전반의 상황을 집계하는 것이기 때문에 빈번하게 집계할 수 있는 내용이 아니다. 따라서 통상적으로 1년 단위로 계산된다.

다음으로 '한 나라 안에서'의 의미는 GDP가 한 국가의 영토 내에서 일어난 생산 활동만을 측정한다는 뜻이다. 따라서 외국인이 국내에서 생산한 것은 포함되지만, 내국인이 외국에서 생산한 것은 제외된다. 예를 들어 류현진 선수가 아무리 해외에서 엄청난 연봉을 받으며 커다란 부가가치를 창출한다 하더라도 GDP 수치상에는 전혀 기여하지 못한다. 한국인이긴 하지만 해외에서 수행한 경제 활동이기 때문이다. 하지만 외국인이라 하더라도 국내에 체류하며 생산한 내용은 GDP에 포함된다.

세 번째 '생산된'의 의미이다. 이는 GDP에 포함되기 위해서는 여러 경제 활동 중에서 생산과 관련된 활동만이 GDP에 집계된다는 뜻이다. 가령 인터넷 커뮤니티에서 만난 두 사람이 아파트를 매매했다고 가정해보자. 수억 원을 호가하는 아파트를 매매한 이들의 행위는 분명 중요한 경제 활동을 수행한 것이다. 하지만 이는 새롭게 무언가를 생산한 것이 아니기 때문에 GDP에 포함되지 않는다.

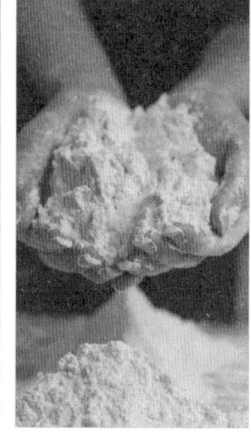

농부가 생산한 밀이 빵이 되기까지

마지막으로 '모든 최종 재화와 서비스의'와 '시장가치 합'은 GDP 계산에 생산이 완료된 최종 재화만을 포함시킨다는 의미이며, 이를 시장에서 거래되는 가격으로 계산되어 포함한다는 것이다. 농부가 밀을 생산하면, 제분업자가 밀을 가지고 밀가루를 생산하고, 제빵업자가 밀가루를 가져다 빵을 만든다. 이러한 과정에서 결국 국가 경제에 생산해낸 재화는 빵 하나뿐이다. 이때 중간생산물을 모두 계산한다면 빵과 밀가루, 밀까지 모두 따로따로 생산해낸 것으로 중복 계산된다. 이러한 착오를 막기 위해 오직 최종생산물만 GDP에 포함시킨다.

다시 헌 옷 이야기로 돌아가보겠다. 앞서 설명한 바와 같이 헌 옷의 구매는 여러 가지 측면에서 다양한 편익을 가져다주는 유용한 재화이다. 그러니 헌 옷과 같은 재화를 사고파는 행위는 분명 권장되어야 마땅하다. 하지만 헌 옷의 거래가 아무리 많이 증가한다고 하더라도 이것이 GDP 수치 개선에 기여하지는 못한다. 방금 설명한 GDP의 개념을 떠올려보면 쉽게 이해할 수 있다. GDP에 집계되려면 무언가 새롭게 생산된 것이어야 하지만, 헌 옷은 새로 생산된 것이 아닌 기존에 있던 재화이다. 따라서 헌 옷 거래를 통해 개별 경제주체들이 아무리 커다란 만족을 얻었다고 하더라도 이는 GDP에 포함되지 않는다.

　물론 헌 옷을 거래한 결과가 GDP에 포함되는 경우도 있다. 하지만 전혀 다른 관점에서 집계되어 포함이 된다. 앞서 두 사람이 직접 아파트를 사고팔 때 이들의 경제 활동이 새롭게 생산한 것이 아니므로 GDP에 포함되지 않는다고 말했다. 하지만 이 두 사람이 부동산중개인을 통해 아파트를 거래한다면 상황이 조금 달라진다. 부동산중개인이 '아파트 매매 중개'라는 서비스를 새롭게 생산해낸 것으로 볼 수 있다. 따라서 두 사람이 직접 아파트를 매매했을 때와는 달리, 부동산중개인의 중개수수료가 GDP에 포함이 된다. 헌 옷도 마찬가지다. 구매자와 소비자가 직접 헌 옷을 사고판다면 GDP에 아무런 영향을 미치지 않는다. 그렇지만 누군가 헌 옷을 수거하여 이를 전문적으로 판매하는 가게를 차렸다면 가게에서 일어나는 거래는 GDP에 포함될 수 있다.

   국내의 경우 구제 품목을 전문적으로 취급하는 가게에서 구제 옷이 거래되는 경우가 직거래의 경우보다 더 많다. 그렇다면 헌 옷이 가져다주는 다양한 혜택이 부분적으로 GDP에 포함이 될 것이라 생각할 수도 있는데, 또 다른 이유로 누락되고 있다. 구제 옷 거래 중 많은 부분이 지하경제 형태로 이루어지기 때문이다. 지하경제란 일반적으로 상품과 서비스를 생산하는 경제 활동 중에서 GDP의 공식적인 계정 상에 나타나지 않는 활동 영역을 말한다. 달리 설명하면 세금을 비롯한 각종 규제를 피해 정부에 보고되지 않는 경제활동을 의미한다. 현재 많은 구제 가게들이 결제를 현금으로만 받는 대신 물품을 최저가로 제공하는 경우가 많다. 이렇게 현금 거래를 하는 대부분의 결과는 공식 집계 과정에서 누락되어 결국 GDP에 포함되지 않는다.

GDP의 한계

GDP에 누락되는 요인들은 의외로 많다. 대표적인 예로 가정주부가 가족을 위해 제공하는 식사, 빨래, 육아, 청소 등의 가치는 시장에서 거래되지 않는다는 이유로 GDP에 포함되지 않는다. 똑같은 일이 음식점, 세탁소, 가정부 또는 청소부 등의 의해 이루어지면 시장에서 평가 거래되기 때문에 GDP에 포함되는데도 말이다. 이처럼 전업주부의 가사노동이 비중이 있음에도 불구하고 GDP에서는 이를 고려하지 않는 이유 또한 상당하다. 먼저 가사 서비스의 생산은 타 경제 부문에 거의 영향을 주지 않는 독립적인 활동이며, 시장 판매를 위한 생산이 아니라 가치를 평가하는 데 논란이 있을 수 있다. 그리고 가사 서비스는 보수를 받고 다른 가계를 위해 생산한 경우와 경제적 가치가 동일하지 않고, 이를 생산에 포함할 경우 거의 모든 성인인구가 경제활동인구 및 취업자가 되어 고용 통계에 왜곡을 야기하기 때문이다.

마지막으로 헌 옷을 전문적으로 거래하는 가게들이 공식 통계에 포함되었다고 하더라도 문제는 여전히 남아 있다. 예를 들어 헌 옷을 이용하는 문화가 잘 형성되지 않은 지역의 소비자들은 청바지를 하나 구입하고자 할 때 새 옷을 고집할 것이다. 그러면 사람들의 집에 한두 번 입고 그냥 둔 청바지가 아주 많이 있다고 해도 의류회사들은 계속해서 추가로 새 청바지를 생산할 것이다. 새 청바지에 대한 수요가 지속적으로 형성되기 때문이다. 이 과정에서 GDP는 그만큼 상승하게 된다. 반대로 헌 옷을 효율적으로 사용하는 데 익숙한 문화가 형성된 지역에서는 누군가 사놓고 입지 않은 청바지를 구매하려는 사람들이 있을 것이다. 그래서 앞선 사례보다 신규 청바지에 대한 수요가 작을 수 있다. 따라서 새 청바지의 생산 역시 많지 않을 수 있기에 GDP는 더 작게 집계된다.

   이 지점에서 우리는 GDP의 또 다른 한계점을 확인할 수 있다. 생산을 중심으로 집계된 GDP는 국가 경제의 삶의 질을 실질적으로 보여주는 데 한계가 있다. 대표적으로 여가에 대한 부분이 있다. 여가는 국가 경제의 후생을 높이는 중요한 요인이다. 하지만 GDP는 이렇게 중요한 요소인 여가를 반영하지 못한다. 여가 없이 주말까지 계속 일을 하면 자연히 GDP는 올라가겠지만, 사회의 전체적인 삶의 질은 오히려 떨어질 수 있다. 때문에 GDP만 가지고 해당 국가의 후생 정도를 모두 파악할 수 있다고 보기는 힘들다. 게다가 GDP는 질적인 판단이 이루어지지 못한다. 재화의 생산 과정에서 유발되는 대기 및 수질 오염, 소음 등의 공해는 모두 GDP 계산에서 도외시된다. 이 역시 물질적 풍요 못지않게 중요한 부분인데도 말이다.

   또한 GDP는 그 나라의 소득 분배나 빈부격차를 알려주지 못한다. GDP가 같은 나라들 사이에서도 소득 분배 상태는 나라별로 크게 차이가 날 수 있다. 예컨대 어떤 나라는 소득이 높은 계층과 낮은 계층 사이에 수만 배의 차이가 있고, 다른 나라는 수십 배 정도의 차이에 그칠 수도 있는 것이다. 이처럼 GDP는 각 나라의 경제적 규모만 알 수 있을 따름이지, GDP를 통해 나라 국민들의 빈부격차나 소득 분배 상태를 알기는 어렵다.

이처럼 GDP는 다양한 한계점을 내포하고 있다. 프랑스 전 대통령 니콜라 사르코지Nicolas Sarkozy는 GDP가 실제 삶의 질을 반영하지 못하고 경제 현실과 괴리감이 있다는 부분을 지적했다. 그는 일명 '행복 GDP'와 같은 새로운 지표가 필요함을 역설했다. 최근 국민의 삶의 질을 보여주지 못하는 기존 GDP를 보완하기 위해 각국에서 다양한 방법을 모색하고 있다. 영국 통계청은 GDP 지표의 한계를 지적하면서 1인당 국민순가처분소득 등 7가지 기타 지표를 보완할 수 있는 새로운 방안을 제시하기도 했다.

한편 미국상무부장관인 윌리엄 데일리William M. Daley와 미국 FRB 의장이었던 앨런 그린스펀Alan Greenspan 등은 GDP 통계편제는 지난 20세기 미국 상무부가 수행한 최고의 업적이었다고 평가한 바 있다. 이들은 GDP 통계를 통해 국가 경제의 전반적인 상황을 파악할 수 없다면, 적절한 정책을 취할 수도 없음을 지적했다. 그렇다고 하더라도 이들 또한 보다 개선된 국민소득지표를 거부하는 것은 결코 아니다. 과거 우리가 GDP와 같은 국민소득지표를 통해 여러 경제문제를 해결하는 실마리를 얻었다면, 이제는 실제 경제 현실을 보다 적절히 반영할 수 있는 경제지표가 발명되어 유용하게 쓰일 수 있는 날을 고대해 본다. 그래야 헌 옷을 적절히 활용하는 합리적인 국민들이 많은 국가가 더 퇴보한 것으로 보이는 잘못된 판단을 막을 수 있을 것이다.

ECONOMICS
IN
10 MINUTES

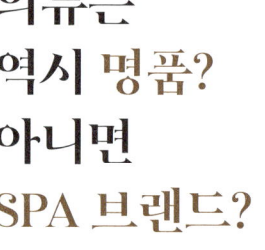

의류는 역시 명품? 아니면 SPA 브랜드?

9

최근 의류 소비 추이를 보면 특이한 현상을 하나 발견할 수 있다. 그것은 의류 소비가 초고가 명품 브랜드 위주의 소비와 초저가 SPA 브랜드 위주의 소비 양극단으로 양분되고 있다는 사실이다.

전 세계 명품 시장은 세계적인 불경기 속에서도 여전히 꾸준한 성장세를 보이고 있으며, 미국 투자은행 모건스탠리가 2023년 분석한 보고서에 따르면 우리나라 1인당 명품 소비액은 325달러로 세계 1위라고 한다. 또한 한국의 명품 시장 규모는 약 18조 6,000억 원으로 세계 7위에 해당하는 대표적인 명품 소비국이 되었다. 명품 중에서도 초고가 명품이라 할 수 있는 샤넬, 헤르메스 등의 일부 브랜드가 더욱 주목받는 현상이 확인되고 있으며, 앞으로도 이들 초고가 명품시장은 더욱 각광을 받을 전망이라고 한다.

이석주 경제학

#다양한 소득분배 지수

의류 소비는 왜 양극단으로 양분되었는가?

SPA는 일반적으로 해당 의류 제조회사가 기획부터 생산, 유통까지 직접 담당하는 의류 브랜드를 말한다. SPA가 의류를 초저가로 판매할 수 있는 비밀도 바로 여기에 있다. 다른 의류들은 백화점이나 전문 매장을 통해 유통되는 과정에서 중간 마진이 붙어 가격이 올라가는 데 반해, SPA는 의류 제조사가 직접 매장을 운영하기 때문에 저렴한 가격에 팔 수 있는 것이다.

더욱이 SPA는 의류 생산 기간을 줄여 생산 비용을 절감하고 있다. 여타 의류는 제품이 출시될 때까지 통상 6개월 정도가 소요된다고 한다. 하지만 SPA는 최신 유행 트렌드가 반영된 옷을 불과 1~2주 만에 출시한다. 이 때문에 SPA 의류를 '패스트 패션 Fast Fashion'이라고 부르기도 한다. SPA 브랜드가 국내에 처음 진출한 것은 2006년으로, 당시 205억 원 수준에 불과했던 SPA 의류 시장은 2018년 기준으로 5조 원이 넘었으며, 최근까지도 지속적인 성장세를 유지하고 있다.

그렇다면 명품 의류 시장과 초저가 의류 시장이 특히 대두되는 이유는 무엇일까? 가장 먼저 급변하는 유행에 대응하는 소비자들의 전략이 서로 다르기 때문이다. 명품을 선호하는 사람들은 유행을 타지 않을 만한 옷을 한 벌 사서 오래 입자는 의도일 수 있다. 유행은 시시각각 빠르게 변하고, 매번 그때그때 유행에 맞는 옷을 사 입는 것보다는 좋은 옷을 사서 몇 해 동안 입는 것이 더 합리적이라고 생각했을지 모른다.

반면 SPA 의류를 선호하는 사람들은 빠른 유행의 변화에 대응하기 위해 전자와 다른 전략을 택한 것이다. 어차피 유행이 지난 뒤에는 좀처럼 손이 가지 않을 옷이라면 유행에 맞는 옷을 가장 저렴하게 사서 유행하는 동안만 입자는 생각이었을 것이다. SPA 의류 제조사들이 2주라는 짧은 시간 내 최종 완제품을 출시하는 배경에는 단순히 비용 절감의 목적뿐만 아니라, 이러한 소비자들의 니즈를 충족하기 위한 의도가 함께 담겨 있다.

의류 시장이 명품 시장과 초저가 시장 중심으로 재편되는 것은 이에 부응하는 공급자의 움직임이 함께했기에 가능했다. 일반적인 의류는 특정 유행이 지나고 나면 전혀 판매가 이루어지지 않는다는 특징이 있다. 하지만 명품은 다르다. 명품은 몇 해 전에 출시된 모델이라고 하더라도 지속적으로 팔리고, 오히려 매장 직원들이 물건을 판매할 때 꾸준히 나가는 제품이라며 소비자들을 설득하곤 한다. 소비자 역시 명품 매장에서는 굳이 신제품만 고집하지 않는다. 이처럼 명품 브랜드는 특정 기간에만 한정적으로 판매되는 것이 아니라, 비교적 장기간에 걸쳐 판매될 여지가 있어 상대적으로 재고 부담이 적다. 그렇기에 의류 제조사들이 자사 브랜드를 명품 브랜드로 육성할 이유는 충분하다.

의류 제조사들이 명품 브랜드를 추종할 만한 이유가 하나 더 있다. 명품 브랜드는 경기를 타지 않는 것으로 유명하다. 남성 신사복과 같은 특정 의류는 경기 변화에 민감하지만, 이는 명품 시장과는 거리가 먼 이야기다. 몇 해 전 글로벌 금융위기로 극심한 불황을 겪었을 때도 명품 시장만은 지속적인 성장세를 보였다. 그 밖에도 높은 부가가치를 실현할 수 있다는 점, 브랜드의 외부 확장성이 높다는 점 등의 여러 이유와 함께 명품 브랜드 소유는 의류 제조사의 희망사항 중 하나가 되었다.

의류 공급자들이 SPA 브랜드를 선호하는 이유도 비슷한 맥락이다. SPA 의류는 다품종 소량 생산이 일반적이다. 이러한 생산 방식은 한 제품의 디자인과 색깔이 고객에게 큰 호응을 얻지 못했다 하더라도 재고 부담으로부터 비교적 자유로울 수 있다. 그리고 '이 옷은 한 번 입고 다시는 안 입을 것 같은데…'와 같은 이유로 구매를 주저하는 소비자를 초저가 가격으로 쉽게 설득할 수 있다는 점도 SPA 방식을 선호하게 만드는 요인 중 하나이다.

의류업계에서 주목받는 SPA 브랜드

소득 양극화 현상을 파악하는 방법

여기까지 열거한 일련의 이유들은 최근 의류 소비가 명품 브랜드와 SPA 브랜드 위주로 재편되는 현상을 설명하는 데 충분하다. 다만 의류 제조사들의 재고에 대한 부담은 비단 최근의 일만은 아니다. 예전에도 재고 부담은 의류 제조사들의 가장 큰 고민 중 하나였다. 이들은 늘 소비자와 유행의 변화에 어떻게 대응해야 하는지 고민해왔다. 그런데 왜 최근에 와서야 의류 시장이 초고가, 초저가 시장으로 양극화되고 있을까?

이는 최근 전개되고 있는 소득 양극화와 무관하지 않아 보인다. **양극화Polarization란 소득계층이 상류층과 빈곤층 둘로 갈라지고 중산층이 몰락하는 현상 내지 지수를 의미한다.** 양극화 개념은 1980년대 유럽의 학자들이 소개하면서 대두되었는데, 현재 국내에서는 양극화의 개념을 넓은 범위로 확대하여 사용하고 있다. 많은 경제학자들이 양극화 현상에 주목하는 이유는 명료하다. 소득의 양극화 현상이 심화될수록 상류층과 빈곤층 두 계층 간 갈등이 깊어지고, 이로 인해 범죄율 증가 및 사회 통합 저하, 경제성장 저해와 같은 다양한 사회적 비용이 유발될 수 있기 때문이다.

이에 경제학자들은 소득불균등 현상을 정확히 확인하기 위해 다양한 소득 분배 지수를 개발하여 활용하고 있다. 먼저 10분위 분배율이라는 것이 있다. **10분위 분배율은 최상위 20% 소득 계층의 소득점유율에 대한 최하위 40% 소득 계층의 소득점유율의 비율을 말한다.**

$$10분위\ 분배율 = \frac{최하위\ 40\%\ 소득점유율}{최상위\ 20\%\ 소득점유율}$$

10분위 분배율

10분위 소득분배율은 세계적으로 가장 널리 사용되는 소득 분배 측정 방법이다. 10분위 분배율은 측정하기가 간단하면서도 소득 분배 정책의 주 대상이 되는 하위 40% 계층의 분배 상태를 직접 나타낼 수 있고, 또 이를 상위 계층의 소득 분배 상태와 비교할 수 있다는 커다란 장점을 갖고 있기 때문이다.

10분위 분배율은 값이 클수록 소득 분배가 균등하다는 것을 나타낸다. 이론적으로는 0과 2사이의 값을 가질 수 있지만, 실제로는 1을 넘는 경우가 거의 없다. 흔히 10분위 분배율이 0.55 이상이면 소득 분배가 아주 양호한 것으로 보고, 0.35 이하면 소득 분배가 불균등한 것으로 평가한다.

10분위 분배율과 유사한 소득 분배 관련 지표 중에는 5분위 배율이 있다. **5분위 배율은 전체 가구를 소득의 크기에 따라 정렬한 후 가구들을 5등분하고, 소득 수준이 가장 높은 5등급(상위 20%)의 평균 소득을 가장 낮은 1등급(하위 20%)의 평균 소득으로 나눈 비율을 말한다.**

$$5분위\ 분배율 = \frac{최하위\ 20\%\ 소득점유율}{최상위\ 20\%\ 소득점유율}$$

5분위 분배율

　모든 사람의 소득이 같다면 최상위 20%의 소득점유율과 최하위 20%의 소득점유율이 같을 것이고 이때 5분위 배율은 1이 된다. 5분위 배율이 점차 커지면 최하위 20% 계층의 소득 대비 최상위 20% 계층의 소득이 높다는 것으로, 소득의 양극화가 확대되는 것으로 볼 수 있다.

로렌츠 곡선과 지니계수

　10분위 분배율, 5분위 배율과 같은 수치가 아니라 그래프를 통해서 소득 분배 정도를 가늠할 수 있는 방식이 있는데, 로렌츠 곡선이 그 것이다. **로렌츠 곡선 그래프의 가로축은 원점을 기준으로, 조사 대상 지역의 전 인구를 가장 못사는 사람부터 가장 잘 사는 사람까지 소득액 순에 따라 일렬로 배열한 누적인구 백분율을 나타낸다.** 이와 함께 세로축에는 그들이 차지하고 있는 소득금액을 누적하여 백분율로 표시한다.

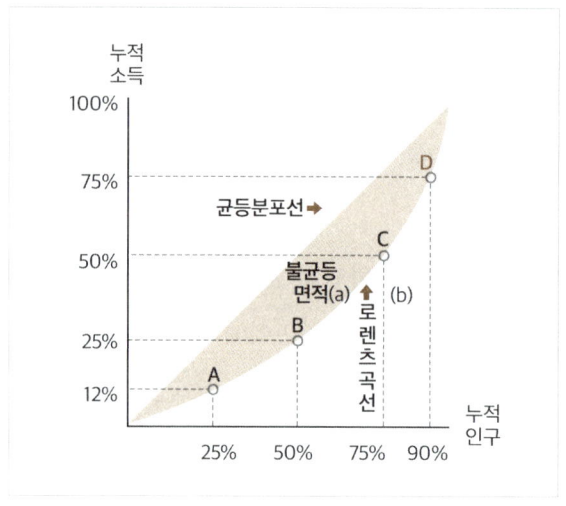

로렌츠 곡선

로렌츠 곡선 위의 점 A, B, C, D는 소득액 순으로 누적 인구의 몇 퍼센트가 전체 소득의 몇 퍼센트를 차지하고 있는가를 나타낸다. 점 A는 소득액 하위 25% 인구가 전체 소득의 12%를, 점 B는 소득액 하위 50% 인구가 전체 소득의 25%를, 점 C는 소득액 하위 75% 인구가 전체 소득의 50%를, 그리고 점 D는 소득액 하위 90% 인구가 전체 소득의 75%를 차지한다는 의미이다.

　　로렌츠 곡선은 대각선에서 얼마나 멀리 떨어져 있는가를 통해서 현재 소득불균등 상태의 심각성을 한눈에 확인할 수 있다는 장점이 있다. 로렌츠 곡선은 대각선에 가까울수록 소득 분배가 평등한 상태를 의미하며, 대각선에서 멀어져 아래로 처질수록 소득 분배는 불균등한 상태인 것이다. 예를 들어 어떤 국가의 전체 소득이 1억 원이고, 10명의 사람으로 구성되어 있다고 가정해보자. 이때 10명이 모두 동일한 소득인 1천만 원씩 소득을 얻고 있다.

　　이러한 로렌츠 곡선은 대각선에서 얼마나 멀리 떨어져 있느냐를 통해서 현재 소득불균등 상태의 심각성을 한눈에 확인할 수 있다는 장점이 있다. 로렌츠 곡선은 대각선에 가까울수록 소득 분배가 평등한 상태를 의미하며, 대각선에서 멀어져 아래로 처질수록 소득 분배는 불균등한 상태를 의미한다. 만약 어떤 국가의 전체 소득이 1억이고, 10명의 사람으로 구성되어 있다고 가정해보자. 이때 10명은 모두 동일하게 1천만 원씩의 소득을 얻고 있다. 그러면 해당 국가의 로렌츠 곡선의 가로축에 10명의 사람들을 순서대로 놓고 이들이 각각 보유하고 있는 소득을 누적하면 45도 기울기의 대각선의 형태가 나타난다. 이를 완전균등선이라고 부른다. 이와는 달리 10명 중 한 명이 1억 원을 가지고 있고 나머지 9명이 0원의 소득을 얻고 있다면 로렌츠 곡선은 9번째 사람까지는 가로축과 동일한 수준으로 그려지다가 10번째 사람에 이르러 수직으로 상승하여, 45도 대각선과 가장 멀리 그려지게 된다. 따라서 로렌츠 곡선은 완전균등선인 45도 대각선에 얼마나 멀리/가까이 위치해 있는지를 바탕으로 해당 국가나 지역의 소득불균등 정도를 쉽게 가늠할 수 있게 한다.

로렌츠 곡선은 소득 분배 상태가 얼마나 균등한지 한눈에 볼 수 있다는 장점이 있지만, 하나의 숫자로 표시할 수 없기 때문에 여러 나라의 소득 분배 상태를 비교할 수 없다는 단점이 있다. 이탈리아 통계학자인 코르라도 지니Corrado Gini는 이러한 단점을 감안하여 소득 분배 상태를 객관적으로 비교할 수 있도록 지니계수를 고안했다. 지니계수는 로렌츠 곡선과 균등분포선 사이의 면적(a)을, 균등분포선이 그래프상에서 만드는 삼각형의 면적(a+b)으로 나눈 것이다.

$$\text{지니계수} = \frac{\text{불균등 면적}}{\text{45선을 이루는 직각삼각형의 면적}} = \frac{a}{a+b}$$

지니계수

로렌츠 곡선이 45도 대각선에 가까울수록 해당 사회는 더 평등한 상태에 놓여 있다고 말할 수 있다. 따라서 45도 대각선과 실제 로렌츠 곡선 사이의 면적이 얼마나 큰가에 따라 불평등한 정도를 측정할 수 있으며, 이를 이용한 것이 바로 지니계수이다.

지니계수는 0과 1사이의 값으로 표현되며, 그 값이 1에 가까워질수록 더 불평등하다는 사실을 알 수 있다. 지니계수가 어느 정도여야 한 사회의 소득 분배가 균등한지에 대한 엄밀한 기준은 없으나, 일반적으로 0.4 이상이면 불균등한 것으로 본다. 체너리 Hollis B. Chenery 등은 지니계수가 0.5 이상이면 고불균등, 0.5~0.4이면 중불균등, 그리고 0.4 미만이면 저불균등으로 분류하였다.

왜 소득 분배 지표를 지켜보아야 하는가?

앞서 살펴본 형평성 관련 지수에서 동일한 수치가 나왔다 하더라도, 실제 해당 지역이나 국가 사람들이 느끼는 형평성 수준은 각각 다르게 인식될 수 있다는 것이 소득 분배 지표가 가지는 가장 큰 약점이다. 한 사회에 존재하는 불평등성은 여러 가지 다양한 측면을 갖고 있는 복합적인 현상이다. 허나 지니계수는 그 중에서 오직 한 가지 측면에만 초점을 맞추어 불평등의 정도를 측정한다. 다른 측면은 전혀 개의치 않고 단지 '부유한 사람과 가난한 사람의 소득에 얼마만큼의 격차가 있는지'에 따라서 불평등 정도를 평가한 지표인 것이다. 그러므로 지니계수만 의존하여 불평등의 성격을 파악한다면 현실과 동떨어진 결론에 도달할 가능성이 크다.

사실 이와 같은 성격은 지니계수에만 나타나는 것은 아니며, 현존하는 거의 모든 불평등 관련 지수가 갖고 있는 문제이다. 따라서 지니계수로 측정하든 다른 불평등지수로 계산하든 간에 구해진 지수 하나만 가지고 그 사회에 존재하는 불평등성을 포괄적으로 파악하기 힘들다.

불평등과 양극화

분배 상태의 정당성은 결국 누가, 어떤 과정을 거쳐, 얼마나 큰돈을 벌 수 있었는가에 의해 평가된다. 가령 기발한 아이디어로 사업에 성공해 큰돈을 번 사람이라면 그가 축적한 부의 정당성을 인정해준다. 운동을 잘하거나 노래를 잘 불러 큰돈을 번 사람도 정당성을 인정해준다. 이런 사람들이 소득 계층의 최상층을 차지하고 있으면 이들의 정당성을 의심하는 사람들은 거의 없을 것이다. 그러나 정부 특혜나 부정부패와 같은 방식으로 큰 부를 쌓았거나, 상속을 통해 큰돈을 가진 사람들이 많다면 해당 사회의 공정성이 달성되었다고 보기 어렵다. 다시 말해 어떤 사회가 얼마만큼 형평한지 평가하는 데 있어 오직 소득불평등의 결과만을 바탕으로 평가하지 않는다는 것이다. 소득불균등을 가져온 과정에 대한 고려도 중요하기 때문이다.

　다양한 소득 분배 지표들이 이 같은 한계점을 갖고 있긴 하지만, 현재 해당 국가나 지역이 어떠한 분배 상태를 경험하고 있는지 명확히 보여준다는 것은 분명한 장점이다. 또한 이런 지표들이 악화되는 상황은 분명히 주의해야 할 부분이다. 과거 우리나라는 경제성장과 분배 정의가 비교적 균등하게 잘 달성되어왔다는 평가를 받은 적도 있다. 하지만 최근 들어 여타 OECD 국가와 마찬가지로 소득불평등이 심화되고 있는 추세이다. 지금은 여러 수치상 OECD 국가들과 비교했을 때 중간 정도 수준의 소득불균등 상황을 보이고 있으며, 선진국의 경우 상위 1%의 소득점유율 비중이 매우 높다는 것과 비교하면 아직까지는 괜찮은 상황이다. 하지만 현재 진행되고 있는 소득불평등 추이는 많은 사람들의 우려를 낳고 있다.

　소득 분배 관련 수치의 변화와 함께 실물 경제에 있어서도 양극화 현상이 두드러지고 있다. 저렴한 가격으로 어필하는 상품들과 프리미엄을 내세워 어필하는 상품들이 여기에 해당한다. 앞서 언급한 명품 의류와 SPA 의류는 이러한 추세의 연장선상에 놓여 있는 것이라 판단된다. 요즘은 과거에 우리가 즐겨 입었던 중저가 의류 매장을 찾아보기 점점 어려워지고 있다. 그래서인지 어쩌다 길에서 학창 시절 즐겨 입었던 중저가 브랜드를 마주치게 되면 왈칵 반가운 마음이 든다. 어린 시절의 추억과 함께 우리의 삶이 조금은 나아지고 있는 것일까 하는 기대 때문일지도 모른다.

ECONOMICS
IN
10 MINUTES

경제학을

ECONOMICS
IN
10 MINUTES

우리는 왜 매번 다이어트에 실패하는가?
막걸리 한 잔에 담긴 일석N조의 비밀?
환타를 만들게 한 원인 제공자는 히틀러다?
탕수육은 불균형에서 태어났다?
감자, 참치, 시금치의 공통점은?
한국인이 매운 음식을 좋아하게 된 이유는?
병뚜껑은 아무나 만들 수 없다?
라면 종류가 많은 이유는 따로 있다?
점심값, 왜 돈으로 안 주고 식권으로 줄까?
우리 민족이 귤과 고추를 먹게 된 이유는?
최고급 커피의 가격은 어떻게 결정되는가?
월급 중 먹는 것에 쓰는 돈의 비율은?
우리는 모두 강력한 옥수수 소비자이다?

#먹다

10

우리는 왜 매번 다이어트에 실패하는가?

새로운 해가 시작될 때마다 언론에서 자주 발표하는 내용이 하나 있다. 국민을 대상으로 한 새해 목표에 대한 설문조사이다. 그런데 이 설문조사 결과는 누구나 쉽게 예측할 수 있다. 별로 큰 변동이 없기 때문이다. 남성들은 금연, 여성들은 다이어트가 매년 압도적 1순위로 집계된다. 특히 여성들은 평생에 걸쳐 다이어트를 한다고 말할 만큼, 다이어트를 위해 많은 시간과 공을 들이곤 한다. 그렇기 때문에 새해가 되면 그런 열정이 더욱 커지면서 설문조사 결과로 도출되는 것이다. 하지만 이 설문조사 결과가 보여주는 또 다른 의미가 있다. 바로 대부분의 사람들이 매년 다이어트에 성공하지 못하고 있다는 사실의 반증이라는 점이다.

실제 비만 인구에 대한 통계조사 결과를 보면, 다이어트의 실패가 단순히 심리적인 요인이 아니라는 것을 알 수 있다. 미국의 경우

#과도한 가치 폄하 효과

1991년에는 비만 인구 비율이 15% 이상인 주가 4개뿐이었지만, 지금은 미국 대부분의 주에 해당하는 37개로 크게 확산되었다. 영국의 10대 과체중 인구의 비율은 1980년대에 비해 두 배 이상 증가했다고 한다. 다만 우리나라의 경우 아직까지 비만 인구가 심각한 수

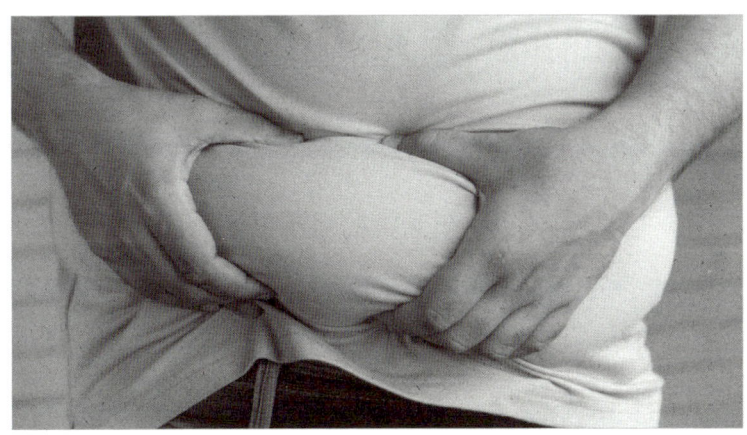

늘 결심하고 실패하는 다이어트

준은 아닌 것으로 보인다. 기획재정부 발표에 따르면, 우리나라의 비만 인구 비율은 OECD 회원국 평균에 비해 낮은 수준이다. 하지만 최근 들어 점차 비만 인구의 비중이 늘고 있으며, 이로 인한 사회적 비용의 지출도 크게 늘어나고 있다. 실제로 2021년 기준 비만으로 인한 사회적 비용은 15조 6,382억 원으로 연평균 7% 수준으로 증가하고 있다. 이러한 조사 결과가 우리에게 보여주는 사실은 자못 확실하다. 많은 사람들이 다이어트에 시간과 비용을 들이고 있지만, 기대한 만큼의 성과를 거두지 못하고 있다는 것이다.

매번 다이어트에 실패하는 이유

몇 번이나 다이어트에 도전하는데도, 번번히 실패하고 마는 이유는 도대체 무엇일까? 이에 대해 경제학에서 의미 있는 분석을 내놓고 있다.

가장 먼저 음식 섭취 행위를 비용-편익 관점에서 살펴본 연구가 있다. 워싱턴 대학의 애덤 드레브노프스키Adam Drewnowski 교수는 저소득층 가구가 몸에 해로운 음식을 상대적으로 더 많이 섭취한다는 사실에 주목했다. 그는 이 현상을 경제적 관점에서 규명하기 위해 1달러를 통해 얻을 수 있는 칼로리 정도를 음식별로 구분했다. 채소나 과일 등을 구매하여 1달러당 얻은 칼로리와, 패스트푸드점의 음식을 구매하여 1달러당 얻은 칼로리를 비교한 것이다.

애덤 교수는 소득 수준이 높은 사람들은 저칼로리 음식을 구매한다고 해도 부족한 칼로리를 보충하기 위해 추가적으로 지출하는 데 별 부담이 없다고 지적했다. 상대적으로 저칼로리 식재료인 채소, 과일, 통밀빵 등에 대한 구매가 원만하게 이루어질 수 있다는 것이다. 반면 저소득층 사람들은 저칼로리 음식을 섭취할 경우 모자란 칼로리를 보충하기 위해 추가적인 식비를 지출하는 것에 부담이 있다. 따라서 채소나 과일 같은 저칼로리 음식에 대한 지출이 상대적으로 쉽지만은 않다. 실제 미국의 경우, 평균 이상의 수입을 가진 사람에 비해 빈곤선 근처 수입을 거두는 사람들의 비만율이 2배 이상 높은 것으로 드러났다.

한편 소득 수준과 무관하게 전반적인 비만 인구 비율 증가 추세를 비용편익 관점에서 설명하는 연구결과도 있다. 하버드 대학의 데이비드 커틀러 David Cutler 교수는 음식을 섭취하기 위해 들어가는 제반 비용이 줄어들었다는 사실에 주목했다. 음식을 섭취하기 위해서는 음식을 만드는 시간이 들고, 음식을 만들어 먹은 뒤 치워야 하는 등 여러 가지 불편함을 감수해야 한다. 그리고 이러한 불편함 역시 분명 비용이라고 말할 수 있다. 그런데 무언가 먹었을 때 누리는 편익보다 불편함으로 인해 들어가는 비용이 더 크다면 어떨까? 당연히 음식 섭취가 줄어들게 된다. "배는 고픈데… 귀찮아서 그냥 굶었어."라고 말하는 사람들의 태도가 이에 해당한다.

 오늘날에는 냉동식품이나 간편식품이 발달하여 자신이 원하는 음식을 별다른 불편함 없이 쉽게 사 먹을 수 있는 환경이 만들어졌다. 대형 마트 식품 코너에 가보면, 우리가 일상생활에서 즐겨 먹는 거의 대부분의 음식이 제품으로 만들어져 판매되고 있다. 과거에는 식자재를 하나하나 사서 요리에 적합한 형태로 다듬고 양념도 손수 만들어야 했다. 하지만 지금은 잘 포장된 제품을 사서 전자레인지에 돌리기만 하면 원하는 음식을 간편하게 먹을 수 있다. 만일 일회용품이라면 그릇을 설거지할 필요조차 없다. 음식을 섭취하는 데 투여되는 여러 비용이 줄어든 것이다. 이러한 환경 변화는 당연히 음식 섭취의 횟수와 양을 증가시킬 수 있는 요인이 된다. 커틀러 교수는 감자를 예로 들어 이 같은 변화에 대해 설명했다. 과거에는 감자튀김을 먹으려면 감자 껍질을 까고, 적당히 썰고, 튀기는 행위를 직접 해야 했지만 지금은 냉동 감자튀김을 사다 튀기면 그걸로 끝이다. 그는 1970년대 이후 감자 소비가 30% 이상 증가한 가장 직접적인 원인이 여기에 있다고 주장했다.

 커틀러 교수가 음식 섭취에 투여되는 비용이 줄어들었다는 사실에 주목했다면, 시카고 대학의 토머스 필립슨Thomas Philipson과 리처드 포스너Richard Posner는 섭취한 칼로리를 소모하기 위한 비용이 지속적으로 증가했음에 주목했다. 과거 농경 사회에서는 근무 형태의 대부분이 육체노동이었기 때문에 자신이 섭취한 칼로리를 자연스럽게 소모할 수 있는 기회가 많았다. 더 정확히 표현하자면 누군가의 농장에서 돈을 받고 일을 하면서 칼로리를 소모할 수 있었다. 하지만 대부분의 사람들이 사무실에서 근무하는 오늘날은 사정이 달라졌다. 자신이 섭취한 칼로리를 소모하기 위해서는 별도의 시간과 비용을 투여해야 한다. 요컨대 과거에는 돈을 받으면서 칼로리를 소모했지만, 오늘날에는 칼로리를 소모하기 위해 돈을 써야 하기 때문에 비만율이 높아진다는 것이다.

앞서 열거한 일련의 연구들은 전반적인 비만 인구 비율의 증가를 설명함에 있어 유의미한 견해들이다. 그렇지만 우리가 매번 다이어트에 실패하는 이유를 설명하기에는 부족하다. 연초에 많은 사람들이 다이어트를 강력하게 희망한다는 것은 다이어트에 성공했을 때 얻게 되는 편익이 그만큼 크다는 사실을 내포한다. 그러므로 우리가 다이어트에 계속해서 실패하는 원인을 설명하기 위해서는 음식 섭취로 인한 편익 못지않게 다이어트 성공 시 얻게 되는 편익이 높음에도 불구하고, 왜 많은 사람들이 지속적으로 다이어트에 실패하게 되는지에 대한 설명이 필요한 것이다.

이때 비용과 편익을 비교하는 기본적인 접근법은 여전히 유효하다. 우리는 패스트푸드점의 피자가 칼로리도 높고 건강에도 좋지 않다는 대가를 지불해야 함을 알고 있지만, 맛있는 피자가 주는 편익이 더 크다고 판단했기 때문에 피자를 사 먹은 것이다. 그리고 치킨과 맥주를 시켜 TV 앞에 앉아 축구 경기를 보는 것이 밤에 강변에서 조깅하는 것보다 더 큰 편익을 준다고 판단했기 때문에 운동 대신 야식을 선택한 것이다.

미래의 편익을 선택할 것인가, 당장의 편익을 선택할 것인가

다이어트와 음식 섭취에 대한 여러 상황에는 한 가지 공통점이 있다. 다이어트 성공으로 얻는 편익은 먼 미래의 편익이지만, 맛있는 음식이 주는 기쁨은 지금 바로 누릴 수 있는 편익이라는 점이다. 우리는 먼 미래의 편익보다 지금 당장의 편익을 더 크게 생각하기 때문에, 맛있는 음식 앞에서 속절없이 무너졌던 것이다.

그렇다면 우리는 왜 먼 미래보다는 지금 당장의 편익을 더 크게 생각하는 걸까? 행동경제학자들은 '과도한 가치 폄하 효과Hyperbolic discounting'를 통해 그 이유를 설명한다. 과도한 가치 폄하 효과는 가까운 시일 안에 받을 수 있는 편익이라면, 비록 그 편익의 크기가 작아진다 하더라도 더 빨리 받는 것을 선호하는 현상을 말한다.

과도한 가치 폄하 효과를 단적으로 확인시켜준 실험이 있다. 바로 행동경제학의 대표적인 명저 〈넛지Nudge〉의 저자로 알려진 리처드 탈러Richard Thaler가 35살 때 수행한 실험이다. 그는 다음의 간단한 질문을 통해 사람들의 비일관적인 태도를 확인했다.

"1년을 기다렸다가 사과 1개를 받을 건가요?
아니면 1년하고 하루를 더 기다렸다가 사과 2개를 받을 건가요?"

대부분의 사람들은 1년이나 기다렸는데 하루를 더 못 기다릴 이유가 없다고 생각하며, 사과를 2개 받는 쪽을 선택한다. 그런데 여기서 사과를 받는 시점을 바꾸었더니 사람들의 답변이 달라졌다.

"지금 당장 사과를 1개 받을 건가요?
아니면 하루만 더 기다렸다가 내일 사과를 2개 받을 건가요?"

첫 번째 상황과 동일하게 하루만 더 기다리면 사과를 추가로 하나 더 받을 수 있음에도 불구하고, 사람들은 지금 당장 사과 1개를 받는 쪽을 선호했다. 즉 모순된 행동을 보였다. 먼 미래에는 사과 하나를 더 얻기 위해 기다릴 줄 알았던 사람들이 지금 당장은 하루를 더 기다리지 못하는 이유는 무엇일까? 탈러 교수에 따르면 사람들이 편익을 얻게 되는 시점에 따라 각기 다른 할인율을 적용하기 때문이다.

만일 똑같은 금액의 돈을 지금 당장 받을 것인지, 나중에 받을 것인지 두고 선택하라고 하면 누구나 지금 당장 받겠다고 할 것이다. 미래에 받게 될 편익은 지연된 기간만큼 할인되어 평가되기 때문이다. 그러니까 지금 당장 100만 원을 받으면 말 그대로 100만 원의 가치가 있지만, 1년 뒤에 받게 될 100만 원은 100만 원보다 적은 금액으로 평가된다. 이 같은 이유로 실제 상거래나 일상생활 중에서도 1년 뒤 100만 원을 받는 대신 차라리 지금 당장 80만 원만 달라는 식의 역제안을 하는 경우를 빈번하게 볼 수 있다.

그런데 탈러 교수의 실험을 잘 살펴보면 한 가지 흥미로운 사실을 발견할 수 있다. 사람들은 1년 뒤 사과 1개를 받기보다는 1년하고 하루를 더 기다려 사과를 2개 받기를 원했다. 1년을 기다린 사람들이 하루를 더 기다리기 싫어서 사과 2개 대신 받고자 하는 사과의 개수가 사과 1개보다는 더 크기 때문이다. 쉽게 말해 1년하고 하루를 더 기다리지 않고 1년이 되자마자 곧바로 사과를 받는다고 할 때, 그들이 원하는 사과의 개수는 1.5개 내지 1.7개로 사과 1개보다는 더 크다. 그래서 그들은 하루를 더 기다렸다 사과를 2개 받는 쪽을 택하게 된다. 하루라는 기다림의 비용보다 사과 1개가 가져다주는 편익이 더 크기 때문에 이렇게 결정한 것이다.

    하지만 지금 당장 사과 1개를 받을 것인지, 내일 2개를 받을 것인지에 대해서는 전혀 다른 결정을 내린다. 방금까지 사과 1개를 더 받기 위해 하루쯤 더 기다리겠다고 말했던 사람들이 이제는 사과 1개를 더 받을 필요가 없으니 지금 당장 달라고 한다. 이 경우 추가 사과 1개가 가져다주는 편익이 하루라는 기다림의 비용보다 더 작기 때문이다. 1년 뒤의 하루와 지금 당장의 하루는 다른 방식으로 판단된다.

    이러한 현상은 먼 미래에 받게 될 보상을 상대적으로 크게 평가 절하했기 때문에 생겨난다. 과도한 가치 폄하 현상이 일어난 것이다. 먼 미래에 얻게 될 편익은 작게 평가되어 하루이틀 더 기다려도 상관없지만, 지금 당장 받을 수 있는 보상은 남다르게 느끼기에 하루만 달라져도 평가가 크게 달라진다.

과도한 가치 폄하 효과와 다이어트 실패

사실 과도한 가치 폄하 효과는 다이어트 실패를 설명하기에 아주 유용하다. 다이어트를 통해 멋진 외모를 갖추고 건강해지는 것은 물론 아주 커다란 편익이다. 하지만 결코 지금 당장 누릴 수 있는 편익은 아니다. 그래서 다이어트 성공으로 먼 미래에 얻게 될 편익은 하루 이틀 늦게 얻는다고 해서 크게 달라질 것이 없다. 반면 지금 눈앞에 놓인 조각 케이크가 주는 기쁨은 상대적으로 크다. 조각 케이크를 좋아하는 사람에게 하루만 더 기다리면 케이크를 두 조각 준다고 해도 바꾸기 어려운 기쁨일지도 모른다. 이런 이유로 인해 우리는 늘 식탁 위 음식에게 속절없이 굴복하고 만다.

미래 편익에 대한 과도한 가치 폄하 효과는 금연에 번번이 실패하는 이유를 설명할 때도 적합하다. 흡연이 가져다주는 기쁨은 지금 당장 누릴 수 있다. 그러나 금연으로 얻게 될 건강 등의 편익은 한참 뒤에 누릴 수 있다. 건강은 아무리 나중에 얻게 되는 것일지라도 실제로 다른 무엇보다 큰 편익이라고 할 수 있다. 그럼에도 불구하고 단순히 먼 미래에 누리게 되는 편익이라는 이유 때문에 과도하게 평가 절하되고, 지금 당장 피는 담배의 기쁨과 비교되어 무시를 당한다.

큰 시험을 앞둔 수험생이 인기 드라마의 유혹을 뿌리치지 못하는 이유, 회사의 CEO가 장기적인 이익구조보다 단기 성과에 몰입하게 되는 이유도 모두 과도한 가치 폄하 효과에 의한 행태이다. 지금 내가 하는 행동 중에서 미래의 편익을 과도하게 폄하하는 것이 없는지

한번 돌이켜보자. 나 역시 예외가 아님을 아주 쉽게 확인할 수 있을 것이다.

막걸리
한 잔에 담긴
일석N조의
비밀?

한때 경제학에서는 우리 인간을 '호모 이코노미쿠스Homo economicus'라 지칭하였다. 경제인 또는 경제적 인간이라는 뜻으로, 우리 인류는 선천적으로 경제적인 합리성을 활용할 수 있는 존재라는 의미를 담고 있다. 이는 당연히 우리 선조들에게도 해당되는 말이다. 선조들의 삶의 지혜를 엿볼 때마다 그들이 다른 어느 민족 못지않게 합리성에 근거한 정교한 방법과 해법을 지녔던 경제인임을 쉽게 확인할 수 있다. 심지어 우리가 오늘날 사용하고 있는 여러 경제 개념과 이론이 정립되기 훨씬 이전부터 말이다.

주막 식탁에 놓인 시원한 막걸리 한 사발을 떠올려보자. 이 막걸리는 그냥 탄생한 것이 아니라, 합리성에 근거한 경제적 해법이 투영된 한 잔이다. 막걸리가 '범위의 경제'를 통한 결과물이기 때문이

#규모의 경제와 범위의 경제

다. **범위의 경제란 기업이 여러 재화나 서비스를 함께 생산할 때 발생하는 총비용이 여러 개의 기업이 이를 각각 생산할 때 발생하는 총비용보다 작아지는 경우를 의미한다.** 쉽게 말해 2개의 제품을 하나의 기업이 생산할 때의 총비용이, 2개의 제품을 각기 다른 기업 2곳이 생산할 때의 총비용의 합계보다 작을 때를 말한다.

흔히 범위의 경제와 규모의 경제를 혼동하는 경우가 많은데, 두 가지는 분명 다른 개념이다. **규모의 경제는 기업이 생산량을 늘림에 따라 제품 1개를 만드는 단위당 비용이 하락하는 현상이다.** 따라서 규모의 경제는 하나의 재화나 서비스의 생산량이 증가함에 따라 유발되는 비용 절감 효과와 관련된 것이고, 범위의 경제는 2개 이상의 재화를 생산할 때 얻게 되는 비용 절감 효과와 관련이 있다. 이처럼 서로 다른 내용을 담고 있기 때문에 규모의 경제가 유발된다고 해서 반드시 범위의 경제가 유발되는 것이 아니며, 반대로 범위의 경제가 유발된다고 하여 반드시 규모의 경제가 유발되는 것도 아니다.

막걸리는 범위의 경제의 산물이다

그렇다면 왜 많은 사람들이 범위의 경제와 규모의 경제를 혼동하는 걸까? 단순히 두 개념의 이름이 비슷하기 때문이 아니다. 범위의 경제와 규모의 경제를 가져오는 원인이 같은 경우가 많기 때문이다.

범위의 경제와 규모의 경제를 가져오는 원인으로 생산 과정에서의 '비분할성'을 들 수 있다. 어떤 제품을 생산하는 과정에서는 여러 가지 비용이 유발된다. 이 중 제품의 생산량이 줄어들면 이와 함께 해당 비용이 줄어드는 경우도 있고, 제품의 생산량이 줄어든다고 해도 해당 비용이 함께 줄어들지 않는 경우도 있다. **생산량이 줄어도 투여되는 생산 요소가 줄지 않아 비용을 줄이기 어려운 경우를 비분할성이라고 부르는 것이다. 비분할성은 규모의 경제와 범위의 경제를 유발하는 대표적인 원인이다.**

예를 들어 어떤 회사가 고객에게 물품을 발송하기 위해 트럭을 가지고 있다고 가정해보자. 이때 고객들이 물건을 1개 주문하든 10개 주문하든 물품 배송 트럭을 운행하는 비용은 크게 달라지지 않는다. 물건을 1개만 주문하면 10개 주문할 때보다 물건을 만드는 데 들어가는 원료비나 제조비 등은 그만큼 줄어들지만 배송비는 줄어들지 않는다. 즉 배송비는 비분할성을 갖고 있다.

이 회사의 경우 고객의 주문이 늘어나면 규모의 경제를 기대할 수 있다. 가령 한 번 배송 시 투여되는 비용이 10만 원이라고 한다면, 제품 1개를 배송하는 과정에서 투여된 배송비는 제품 1개당 10만 원이다. 하지만 10개의 제품을 배송하게 되면 제품 1개당 배송비는 1만 원으로 줄어든다. 생산량이 늘어남에 따라 제품 하나당 투여되는 비용이 줄어들었으므로, 규모의 경제를 달성할 수 있는 것이다. 배송비의 비분할성을 통해 범위의 경제 역시 기대해볼 수 있다. 만약 이 회사가 배송 트럭의 빈 공간을 활용하여 택배 배송업을 같이 하기로 결정한다면 어떨까? 이는 기존 제품의 판매 외에도 택배 운송업이라는 새로운 서비스를 추가한 것이며, 범위의 경제를 통해 이익을 추구하기 위한 결정이라고 볼 수 있다.

그럼 이제 막걸리가 왜 범위의 경제에 해당하는지 살펴볼 차례다. 우리나라 전통 술은 크게 청주, 탁주, 소주로 구분할 수 있다. 그리고 막걸리는 이 중 탁주에 해당한다. 많은 사람들이 막걸리와 탁주를 같은 것으로 알고 있지만, 보다 정확히 말하자면 막걸리는 탁주의 한 종류이다. 실제로 막걸리는 법적 공식 명칭이 아니며, 법적으로도 탁주로 분류되어 있다. 그런데 재미있는 사실은 우리네 전통술을 세 가지 종류로 구분하고 있지만, 사실 이 술들을 제조하는 방법은 하나의 과정에서 얻어진다는 점이다. 별도의 제조 과정을 통해 각각의 술이 탄생하는 것이 아니라, 하나의 제조 과정으로 다양한 술을 만들어내는 이른바 범위의 경제를 통해 얻은 결과물이다.

범위의 경제로 만들어지는 막걸리

먼저 청주와 막걸리를 만드는 데 필요한 재료는 똑같이 곡물과 물, 그리고 누룩이다. 누룩은 효모와 곰팡이가 섞여 있는 미생물 덩어리로 술을 빚는 데 필요한 발효제다. 멥쌀, 찹쌀, 밀과 같은 곡물이 술이 되기 위해서는 이러한 곡물이 함유하고 있는 전분을 당으로 분해해야 하는데, 누룩이 바로 이 역할을 수행한다.

누룩을 밥에 넣으면 흐물흐물해지면서 죽처럼 변하고, 다시 완전한 액체 상태로 바뀌며 술이 된다. 이 과정에서 액체와 고체가 섞여 있게 되는데, 단순히 말하자면 액체는 술이고 고체는 술지게미라고 할 수 있다. 여기서 술지게미는 술을 빚는 과정에서 술을 짜내고 남은 일종의 찌꺼기를 의미한다. 체를 이용해 술지게미를 제거하고 액체 중에서도 오로지 맑은 부분만 분리하여 얻은 술이 바로 청주이다. 그리고 남은 액체와 고체가 섞여 만들어진 술이 바로 막걸리이다. 이렇게 막걸리는 별도 제조 과정을 통해 얻어지는 술이 아니다. 청주를 얻는 과정에서 생기는 부산물이 술지게미에 다시 물을 넣어가며 체로 거른 술이 바로 막걸리인 것이다. 막걸리라는 이름의 어원 역시 '마구 거르다'하여 막걸리라고 한다. 우리 선조들이 하나의 제조 과정을 통해 청주와 막걸리라는 두 가지 결과물을 얻는 지혜를 발휘한 것이다.

동동주 역시 막걸리와 같은 과정에서 얻은 범위의 경제의 결과물이다. 곡물과 누룩, 물을 섞어 발표하다 보면 밥알이 가벼워져 술 위에 둥둥 떠오르는 시점이 온다. 이때 거른 술을 동동주라고 한다. 밥알이 술 위에서 '동동 떠다닌다'하여 동동주라는 이름이 붙여졌다고 한다. 동동주는 아직 완전하게 발효된 상태가 아니라 당의 성분이 많이 남아 있어 단맛이 더 강하다는 특징이 있다. 우리에게 동동주라는 명칭이 널리 알려지게 된 것은 과거 한 양조회사가 쌀로 빚은 막걸리를 출시한 것이 계기가 되었다고 한다. 이전까지 주로 마셨던 밀로 만든 막걸리가 아니라 쌀 막걸리임을 강조하기 위해 밥풀을 띄우고 제품 이름을 동동주라고 붙였다고. 하지만 동동주의 진짜 구분은 앞선 설명이 정확하다. 어쨌든 이러한 사실을 종합할 때 청주와 막걸리, 동동주 등은 하나의 과정을 통해 다양한 술을 만들어 낸 일종의 범위의 경제를 통한 결과물이라고 할 수 있다.

범위의 경제를 통한 비용 절감 효과

범위의 경제와 규모의 경제를 가져오는 또 다른 원인으로 '재고 비용'이 있다. 물건을 못 팔고 남은 것을 재고라고 한다. 사실 오늘날 많은 기업들은 물건이 없어서 못 파는 상황을 막고자 일정 수량을 재고로 가지고 있는 경우가 많다. 특히 제조업의 경우 특정 부품이 하나 부족하면 이것이 전체 생산공정을 중단하게 만드는 요인이 되기도 한다. 따라서 재고는 이러한 측면을 대비하기 위해서라도 유지해야 한다.

하지만 재고를 유지하는 것에는 비용이 발생한다. 일단 생산된 제품이 바로 팔리지 않으면 보관 비용이 발생한다. 그리고 이 제품을 만드는 과정에서 대출이 이루어졌다면 이자 비용이 발생하기도 한다. 이러한 일련의 비용은 재고를 유지하는 과정에서 생기는 비용들이며, 이는 다시 제품의 평균 생산 비용을 올리는 요인이 된다. 이러한 맥락에서 규모의 경제와 범위의 경제는 재고 비용을 절감하는 유의미한 방식이라고 할 수 있다. 규모의 경제를 실현하여 거래량이 많아지면 재고 보유로 인한 비용을 각 제품에 분담할 수 있기 때문이다. 따라서 제품의 평균 생산 비용이 줄어들게 된다. 그리고 범위의 경제를 통해서도 이러한 비용 절감 효과를 달성할 수 있는데, 그 전형적인 사례를 막걸리에서 찾아볼 수 있다.

   술을 만들며 꼭 필요한 재고 중 하나는 누룩이다. 누룩은 앞서 설명한 바와 같이 미생물 덩어리이며, 곡물에 포함된 당을 알코올로 바꾸는 중요한 역할을 한다. 포도나 사과, 사탕수수로 만드는 다른 술은 재료 자체에 당분을 포함하고 있기 때문에 누룩 같은 별도의 첨가물 없이도 알코올이 생산된다. 그러나 찹쌀과 멥쌀 등의 곡물은 주성분인 전분을 분해하여 당으로 바꾸는 과정을 돕는 누룩이 꼭 필요하다. 이처럼 술을 만드는 데 있어 몹시 중요하기에 누룩은 예로부터 주모나 양조업자들이 애지중지해온 신비의 물건이기도 하다. 국내에서 누룩을 제조하는 체계적인 기술을 보유하기 시작한 시기는 고려시대로 보인다. 고려 문인 이규보의 〈국선생전麴先生傳〉에서 누룩에 대해 언급하고 있다. 이후 전국 각 지방마다 자신만의 독특한 누룩 제조법을 발전시켜 다양한 토속주들이 발전하기 시작했다.

일반적으로 누룩은 밀을 가지고 만든다. 지역에 따라 쌀, 녹두, 보리, 팥 등의 재료를 사용하기도 한다. 재료와 만드는 방식, 계절에 따라 각각 다른 누룩이 만들어지며, 술을 익히는 데 미치는 영향이 저마다 다르다. 전통적인 방식으로 만들어진 누룩은 관리를 잘해야 좋은 술을 얻을 수 있다. 혹여 누룩에 다른 균이 배양되거나 온도가 적정하지 않으면 전혀 다른 술맛을 내는 경우도 있다. 양조 과정에 중대한 영향을 미치는 누룩은 만들어 내는 것도 쉽지 않을 뿐만 아니라, 만들어둔 누룩을 관리하는 데도 적지 않은 시간과 비용이 들어간다.

이를 달리 표현하면 일종의 재고 비용이라 할 수 있다. 그렇다면 재고 비용을 절감하고, 누룩을 통해 더 좋은 성과를 얻을 수 있는 방법이 있을까? 그것은 누룩을 한 번 사용할 때 다양한 술을 양조하는 것이다. 우리 선조들이 귀한 누룩을 사용해 청주, 막걸리, 동동주, 소주 등을 한 번에 만들어내는 지혜를 발휘해낸 이유가 여기에 있다. 즉 범위의 경제를 실현했다고 볼 수 있다.

'**입방-평방의 법칙** Cube-square rule' 역시 규모의 경제와 범위의 경

제를 가져오는 요인이다. 입방은 부피를, 평방은 넓이를 의미한다. 이 법칙은 무언가의 부피를 일정 비율로 증가시킬 때, 이를 위한 넓이의 증가 비율은 더 적게 필요한 현상을 말한다. 예를 들어 배관 파이프의 부피를 두 배로 증가시키기 위해 필요한 넓이(면적)은 두 배보다 적게 늘어난다. 술을 양조할 때도 마찬가지이다. 양조 탱크를 두 배 늘릴 경우 이에 필요한 창고나 탱크의 크기는 두 배보다 덜 요구된다. 따라서 한 번에 많이 양조하는 것이 보다 저렴하게 술을 얻어낼 수 있는 방법이 된다. 한 번에 많은 양의 술을 단일 품목으로 만드는 것은 부담스러울 수 있지만, 많은 양을 양조하여 청주나 막걸리 등의 다양한 술을 얻어낸다면 그리 부담되는 일은 아닐 것이다.

오늘날 규모의 경제와 범위의 경제가 활용되는 분야

오늘날 산업 분야에서는 규모의 경제와 범위의 경제를 보다 다양한 방식으로 활용하고 있다. 먼저 구매 과정에서 이를 활용할 때가 많다. 한 사람이 물품을 소량으로 구매하면 상대적으로 비싼 가격을 주어야 하지만, 다량의 물품을 구매하면 구매 단가를 낮출 수 있다. 따라서 대규모 구매를 통해 생산 비용을 절감하는 방식으로 규모의 경제를 실현하기도 한다. 필수 원자재의 경우 만일 자신의 회사 물량만으로 구매 단가를 낮추기 어렵다면, 다른 회사와 함께 공동으로 대량 주문하여 구매 단가를 낮추기도 한다.

　광고 분야에서도 규모의 경제와 범위의 경제 효과를 거둘 수 있다. 규모가 큰 기업과 작은 기업이 광고를 만들 때 들어가는 비용을 비교해보면, 소비자 1인에게 광고 내용을 전달하기 위해 투여한 비용은 대기업이 상대적으로 더 적다. 예를 들어 전국적인 체인망을 갖춘 A사와 한 지역을 거점으로 활동하는 B사가 있다고 가정해 보자.

　두 회사는 서로 똑같은 비용을 들여 TV 광고를 만들고, 같은 시간대에 같은 인원의 시청자에게 광고 내용을 전달했다. 얼핏 보면, 두 회사 모두 동일한 대상자들에게 동일한 광고비로 광고했으니 실질적인 광고 비용이나 광고로 누리는 효과가 모두 같지 않을 것이라 생각할 수 있다. 하지만 실상은 그렇지 않다. 해당 광고를 통해 두 회사 모두 동일한 수의 소비자에게 구매 욕구를 일으켰다고 할 때, 전국적으로 체인망을 가진 A사의 점포가 고객들 눈에 더 쉽게 띄어 구매로 이어질 가능성이 훨씬 더 높다. 그러나 한 지역을 거점으로 하는 B사는 비록 동일한 수의 소비자에게 구매 욕구를 형성했다고 하더라도 이들 고객이 B사의 점포를 발견하기가 쉽지 않기 때문에 실제 구매까지 이어지기가 쉽지 않다. 그러므로 B사, 즉 상대적으로 규모가 작은 회사의 광고 비용이 더 높다고 판단할 수 있다.

범위의 경제 역시 광고 효과나 광보 비용에 영향을 미친다. 위 사례와 마찬가지로 서로 똑같은 비용을 들여 광고를 수행한 두 회사가 있다. C사는 광고한 제품 1개만 판매하고 있고, 다른 D사는 광고한 제품 이외에 다른 연관된 제품들도 함께 판매하고 있다고 가정해보자. D사의 광고를 보고 매장에 방문한 고객이 광고 제품과 함께 진열된 연관 제품까지 구매할 수 있게 한다면, D사는 C사보다 더 큰 광고 효과를 거둘 수 있을 것이다. 바로 범위의 경제를 실현한 것이다. 이처럼 광고 효과 측면에서도 규모의 경제와 범위의 경제는 중요하게 고려해야 하는 요인이다.

오늘날에 이르러 산업 현장에서는 과거에 비해 범위의 경제와 규모의 경제가 더욱 중요한 판단 요인으로 작용하고 있다. 기업의 인수합병M&A을 결정하거나, 신규 사업의 진출 여부를 결정할 때도 범위의 경제와 규모의 경제를 고려한다. 생산라인을 완전 자동화할 것인가, 부분적으로만 자동화할 것인가 결정하는 데 있어서도 마찬가지이다. 이렇듯 중요한 경제 개념이 명확하게 정립되지 않은 상태임에도, 이미 과거부터 우리 선조들은 생활 속에서 범위의 경제와 규모의 경제를 효과적으로 활용해 왔다. 막걸리 한 잔에 담긴 합리적이며 경제적인 선조들의 선택, 그들의 지혜가 그저 놀라울 따름이다.

12

환타를 만들게 한 원인 제공자는 히틀러다?

갈증이 나서 음료수를 사려고 편의점에 들어갔다가 냉장고 앞에서 망설였던 경험, 누구나 한 번 정도는 있을 것이다. 이러한 망설임은 수많은 음료수 중 무엇을 선택할지 단번에 정하기 쉽지 않기 때문이다. 콜라, 환타, 스프라이트 같은 탄산음료를 비롯하여 파워웨이드, 게토레이 같은 스포츠 이온음료, 그리고 여러 종류의 캔커피와 주스까지. 수십 가지 음료수가 놓여 있어 우리의 선택을 더욱 어렵게 만든다.

우리가 무엇을 마실지 고민하는 이유는 무엇일까? 이들 음료수들이 갈증을 해소해 준다는 동일한 만족감을 제공하기 때문이다. 경제학에서는 특정 재화나 서비스를 소비했을 때 동일한 만족감을 누릴 수 있어서 서로 대신 쓸 수 있는 관계에 놓인 재화를 대체재라고 한다. 쇠고기와 돼지고기, 연필과 볼펜을 예로 들 수 있다. 냉장고 속

#대체재

음료수들도 갈증 해소라는 동일한 형태의 만족감을 제공하는 대체재들이다.

하지만 엄밀히 말하자면 이들 음료수들이 모두 동일한 수준의 대체 관계에 놓여 있는 건 아니다. 탄산음료의 청량감을 느끼며 갈증을 해소하고자 하는 사람에게 주스나 캔커피는 갈증을 풀어줄 수는 있겠지만 탄산음료를 마실 때 누릴 수 있는 청량감을 완벽하게 대체할 수는 없을 것이다. 따라서 대체재라 하더라도 모두 동일한 것은 아니며, 대체할 수 있는 정도는 차이가 나기 마련이다.

대체재 중에는 완전 대체재라는 것이 있는데, 이는 두 제품이 가지고 있는 모든 속성이 동일하여 서로를 완벽하게 대체하여 소비할 수 있는 재화를 말한다. 현실에서는 완전 대체 관계에 놓여 있는 두 재화를 찾기란 쉽지 않다. 비유하자면 100원짜리 동전 5개와 500원짜리 동전 1개의 관계 정도가 되어야 완전 대체재라고 할 수 있다.

앞서 열거한 음료수들 역시 각각 가지고 있는 맛의 속성과 갈증 해소 방식이 다르기 때문에 완전 대체 관계에 놓여 있다고 볼 수는 없다. 그래도 굳이 대체 관계가 가장 높은 두 개의 재화를 찾으라고 한다면, 제품 속성이 유사한 콜라와 환타를 꼽을 수 있을 것이다. 실제로 환타는 갈증 해소를 위한 음료수를 하나 개발하자는 막연한 목표로 개발된 것이 아니라, 콜라를 완벽하게 대체하려는 목적으로 개발되었다.

환타는 애초부터 콜라의 대체재로 탄생했다

1885년 페루의 코카 잎에서 추출한 코카와 아프리카 콜라 너트에서 추출한 카페인을 혼합하여 탄생한 코카콜라Coca-Cola. 코카콜라는 삽시간에 미국 전역을 넘어 전 세계로 퍼져나가기 시작했다. 콜라에 대한 사랑은 독일 또한 마찬가지였다. 제2차 세계대전이 발발하기 직전, 독일은 미국 다음으로 코카콜라 소비량이 많은 나라였다. 콜라를 생산하는 공장이 40여 곳에 달했으며, 콜라를 각 지역으로 공급하는 공급처만 해도 600곳이 넘었다고 한다. 1939년 독일 지역에서 생산된 콜라가 무려 450만 병이라고 하니, 당시 독일에서 콜라가 얼마나 인기 있는 음료수였는지 쉽게 짐작할 수 있다.

독일인의 사랑을 받았던 콜라

1941년 미국이 세계대전에 참전하면서 콜라 원액의 공급을 중단하자, 독일인들은 더 이상 콜라를 즐길 수 없게 되었다. 이에 당시 독일 코카콜라 지사장이었던 막스 카이트Max Keith는 다급해졌다. 콜라 원액을 공급받지 못하면 공장 문을 닫아야 했기에 어떻게 해서든 콜라 원액을 공급받아야만 했다. 그는 처음 영세중립국 스위스를 통해 콜라를 들여오는 방법도 모색해 보았지만 이 역시 불가능하다는 사실을 깨닫고, 결국 콜라를 대체할 수 있는 새로운 음료수를 개발하기로 마음을 먹는다. 하지만 전시에는 모든 것이 군수물자로 사용되기 때문에 콜라를 대체할 수 있는 새로운 음료수 개발에 성공했다 하더라도 이를 대량생산하기 위한 원료를 확보하기도 어려운 상황이었다. 이러한 사실을 고려한 막스 카이트는 전쟁 중에도 쉽게 구할 수 있는 물자로 콜라를 대신할 새로운 음료를 만드는 데 몰두했다.

그러던 와중 우유로 치즈나 버터를 만들다 남은 찌꺼기인 유장乳漿이라고 불리는 노란색 액체와 사과술 키더Cider를 빚고 남은 섬유질을 섞고, 여기에 약간의 과일주스와 탄산가스를 넣어 콜라를 대체할 새로운 음료수를 만들어 내는 데 성공한다. 막스 카이트는 이 새로운 음료수의 이름을 공모했는데, 그중 '마시면 기분 좋은 생각이 들게 된다'는 의미를 담고자 판타지Fantasie의 앞 글자를 따서 '환타Fanta'라는 이름으로 최종 결정하게 된다. 이것이 오늘날 환타가 탄생한 과정이다.

나치는 새로운 음료수 환타가 콜라를 대신할 뿐만 아니라, 당시 마실만한 깨끗한 물이 부족했던 독일군에게 물 대신 제공할 수 있는 음료수로 적합하다고 판단했다. 그리고 환타의 포장지에 맹수에게 학대당하는 유대인들의 모습을 그려 넣어 독일 군인들을 격려하고자 했다. 나치가 환타를 이러한 목적으로 활용하기로 결정하면서 전장의 여러 군인들에게 적극적으로 환타가 공급되기 시작했으며, 군인들 사이에서 환타는 콜라의 대체재이자 물의 대체재로 확고히 자리매김하게 되었다.

환타는 설탕의 대체재로 활용되었다

환타가 독일 가정집에서 크게 애용되기 시작한 데에는 또 다른 이유가 있었다. 물론 이미 많은 독일인들이 콜라의 대체재로 환타를 즐겨 마시기 시작했지만, 환타가 독일 가정의 필수품으로 등극한 것은 환타가 설탕의 대체재로 활용되었기 때문이기도 하다.

당시 독일인들은 오랜 전쟁으로 인해 심각한 물자 부족에 시달리고 있었다. 심지어 해외로부터 운송 경로가 차단되면서 물자는 더욱 부족하게 되었다. 1940년 전쟁이 막바지에 다다르면서 이제는 요리에 사용할 설탕마저 부족했다. 이때 많은 독일 가정에서 요리할 때 단맛이 나는 환타를 설탕 대신 조미료로 사용하기 시작한 것이다. 40년대 판매된 환타는 마시는 음료수 못지않게 설탕의 대체재로 중요한 역할을 했다. 환타가 단기간에 독일인들에게 크게 사랑받은 또 다른 이유가 바로 여기에 있다.

환타끼리도 대체재 관계가 있다

환타는 콜라와 달리 맛에 따라 여러 종류가 있다. 포도, 오렌지, 파인애플 등 다양한 과일 첨가물을 추가해 여러 종류가 생산되고 있다. 독특한 첨가물이 추가해 특정 국가에서만 판매되는 환타도 있다고 한다. 이처럼 환타는 다양한 종류가 있어, 무슨 맛의 환타를 마셔야 할지 고민하게 만든다. 환타끼리도 대체재 관계에 놓여 있다.

환타에 이렇게 많은 종류의 맛이 있는 이유는 무엇일까? 이는 처음 환타가 만들어질 당시 균일한 맛을 내기가 어려웠다는 사실에서 기인한다. 환타는 전쟁 중 물자가 부족하다는 점을 고려하여 여러 가지 폐기물을 재활용해 만들어졌지만, 그런 폐기물조차 구하기가 녹록치 않았다. 그때그때 구할 수 있는 원료를 사용해 환타를 만들어야 했고, 이 때문에 맛이 조금씩 달라질 수밖에 없었다. 이것이 오늘날 여러 종류의 환타가 탄생한 배경이 되었다. 초기에는 어쩔 수 없이 환타 맛이 균일하지 못해 그때그때 다양한 첨가물을 추가해 마시던 것이, 나중에는 소비자의 기호에 맞춰 다양한 맛을 갖춘 음료라는 콘셉트로 자리잡은 것이다. 현재 환타는 전 세계적으로 소비자의 취향과 해당 국가의 문화적 특성을 고려하여 120가지 다양한 맛으로 생산되고 있다.

환타, 코카콜라에 인수되다

경제학 교과서에서 대체제를 '한 재화의 가격이 하락할 경우 다른 한 재화의 수요가 감소하는 관계에 놓여 있는 두 재화' 혹은 '한 재화의 가격이 상승할 때 다른 한 재화의 수요가 증가하는 관계에 놓여 있는 두 재화'라고 설명하고 있다. 이 말은 곧 두 재화가 대체 관계에 놓여 있어 소비자에게 유사한 만족감을 가져다줄 때, 소비자는 이왕이면 가격이 싼 재화를 더 많이 사게 된다는 사실을 표현한 것이다. 하지만 모든 대체재에서 이러한 현상을 목격할 수 있는 건 아니다. 콜라와 환타의 경우 코카콜라 회사에서 환타를 인수하여, 콜라 가격을 올릴 때 환타 가격도 함께 올리고 있기 때문이다.

제2차 세계대전의 종전 후, 콜라를 마시지 못했던 독일인들이 환타라는 독특한 음료를 개발했다는 사실이 알려지기 시작했다. 1950년대에는 이탈리아의 코카콜라 지사에서 독일로부터 환타 제조방법을 전수받아 환타를 만들어 판매했으며, 비슷한 시기 일본에서도 환타를 만들어 판매했다. 결국 이러한 사실이 미국 코카콜라 본사로 전해져 코카콜라 회사는 자신들을 대체하기 위해 만들어진 환타를 1960년 정식으로 인수했고, 1968년 오렌지 맛과 포도 맛 환타를 미국에 처음 출시했다.

전쟁 이전에는 미국에 이어 두 번째로 많은 콜라 소비국이었던 독일. 이들이 환타라는 대체재를 만들어 짧은 기간 널리 애용하기 시작한 모습을 목격한 코카콜라 회사는, 어쩌면 대체재의 커다란 위협을 느꼈을지도 모른다. 그래서인지 코카콜라는 다른 어떤 회사보다도 다양한 대체재를 직접 생산하고 있다. 환타를 비롯해 스프라이트, 비타민워터, 파워에이드, 조지아 등은 모두 코카콜라에서 직접 생산하고 있는 음료수 브랜드들이다. 현재 코카콜라 회사는 500여 종류의 탄산음료와 증류음료를 생산한다.

오늘날 환타는 세계 5대 음료 중 하나로 여겨진다. 환타가 세계인에게 사랑받는 음료가 된 데에는 코카콜라 회사의 다양한 현지화 전략과 마케팅도 크게 기여했다. 만일 히틀러가 세계대전을 일으키지만 않았다면, 그래서 독일인들이 계속해서 코카콜라를 즐겨 마실 수 있었다면, 결국 콜라의 대체재를 개발하려는 시도는 영영 일어나지 않았을지도 모르는 일이다. 그런 점에서 히틀러는 환타를 개발하게 만든 직접적인 원인 제공자가 아닌가 싶다.

ECONOMICS
IN
10 MINUTES

13 탕수육은 불균형에서 태어났다?

어떤 문화권에서 다양한 식문화가 발달하기 위해서 가장 중요한 것은 무엇일까? 바로 경제력이다. 경제력이 뒷받침되지 않으면 다양한 음식을 공급할 수도, 소비할 수도 없다. 중국이 잘 발달된 식문화를 갖게 된 배경도 여기에 있다.

먼저 수요 측면을 살펴보자. 중국은 19세기 초까지 세계에서 가장 부강한 나라였다. 산업혁명이 일어나 서양이 부강해진 최근 200여 년을 제외한다면, 중국은 줄곧 세계경제의 중심에 있었다. 영국의 경제학자 앵거스 매디슨Angus Maddison에 의하면, 1820년대 중국의 GDP 규모는 전 세계 GDP 총액의 28.7%를 차지하고 있었다고 한다. 이러한 사실은 4대 문명이 태동한 이래 중국이 줄곧 가장 부강한 나라 중 하나였음을 보여준다.

#글로벌 불균형

수요와 공급이 음식문화를 부흥시키다

중국인은 막강한 경제력으로 왕족이나 귀족 이외의 다양한 부유층과 중산계급을 형성했다. 이로 인해 음식문화에 대한 다양한 수요를 이끌어냈다. 예를 들어 중국 코스 요리의 최고봉으로 평가하는 만한전석滿漢全席은 본래 중국의 궁정 요리가 아니었다. 만주족과 한족의 요리 중 최고의 요리를 결합해 만든 이 코스 요리는, 중국 지방의 부호가 중앙에서 온 관리를 접대하기 위해 만든 일종의 연회 요리이자 접대 요리였다. 즉, 상인들의 음식이었다.

중국은 일찍이 외식문화도 발달했다. 소위 음식점이라 부르는, 밖에서 요리를 즐길 수 있는 공간은 한나라 때부터 번성했다. 물론 음식점의 태동은 그보다 훨씬 이전이었다. 문헌에 따르면 기원전 춘추 전국시대 인물인 공자孔子가 외식을 즐겼다는 기록이 남아 있다. 유럽의 경우 근대에 와서야 외식 문화가 발달했다는 점과 비교할 때, 중국 서민들의 음식 문화가 얼마나 일찍부터 발달했는지 알 수 있다. 어느 나라든 궁이나 귀족들을 위한 요리는 다양한 형태로 발달하는 것이 일반적이다. 하지만 그에 못지않게 서민의 식문화를 형성한 나라는 일찍이 중국밖에 없었다.

중국의 식문화가 왕가와 귀족층에 국한된 문화가 아니라 보편적인 문화로 자리매김할 수 있었던 가장 큰 원동력은 무엇이었을까? 바로 중국의 막강한 경제력에 근거하여 음식에 대한 다양한 계층의 수요가 형성되어 있었기에 가능했다. 다양한 식문화에 대한 수요가 형성되어 있다고 해서 훌륭한 식문화가 형성되는 것은 아니다. 이에 부합하는 공급이 있어야만 한다. 중국은 다양한 식문화를 충족시켜 줄 수 있는 공급이 가능했던 대제국이었기에 우수한 식문화가 형성될 수 있었다. 다시 말해 기후 조건이 전혀 다른 중국 각지에서 다채로운 식자재가 공급되었기에 가능했다.

황하강 이북 지역은 쌀농사가 적합하지 않았다. 때문에 주로 육류와 피, 조, 콩을 활용한 음식문화가 형성되었다. 한편 쌀농사에 적합한 양자강 지역에서는 쌀을 주식으로 한 음식문화가 발달하였으며, 해변에서 고기를 잡기 쉬운 환경에 놓인 중국 남부 지역에서는 생선을 활용한 요리가 발달하였다. 서역과 인접한 내륙 지역은 밀을 활용한 다양한 요리법이 일찍부터 형성되어 있었다. 이렇듯 중국은 남과 북, 내륙지방과 해안지방에 걸쳐 해당 지역에서 쉽게 조달할 수 있는 식자재를 활용해 다양한 요리문화가 형성했다. 이렇게 다양한 식자재를 활용한 요리들은 중국의 우수한 식문화 형성에 중요한 공급자로서의 역할을 수행하였다.

중국문화의 높은 개방성이 발달된 식문화를 만들다

지금까지 설명한 경제력은 식문화 발달을 위한 필요조건일 뿐이지 충분조건이 될 수는 없다. 아무리 풍부한 경제력을 갖추었다 하더라도, 그로 인해 다양한 음식문화에 대한 수요가 형성되고 각 지역으로부터 다양한 식자재가 공급되었다 하더라도, 먹거리를 대하는 개방적인 태도가 없었다면 결코 우수한 식문화를 형성할 수 없었을 것이다.

중국만큼 막강한 경제력을 갖고 있던 인도와 이슬람 문화권에서 다채로운 식문화가 형성되지 못한 이유도 여기에 있다. 인도나 이슬람은 '이러한 것들을 결코 먹어선 안 된다'는 엄격한 문화적 규율이 있다. 불교 문화권 역시 육식을 금할 뿐만 아니라 불필요한 음식의 낭비를 지양한다. 문화적 종교적 규율은 분명 해당 지역의 여러 사회문화적 요인에 의해 형성된 불가피한 부분이지만, 식문화 발달이라는 측면에서는 결코 긍정적인 영향을 가져다주지 못한다. 먹거리에 대한 금기 사항은 다양한 식자재가 도처에 널려 있다 하더라도 이를 활용한 다양한 요리문화가 형성되지 못하게 만드는 요인이다.

중국은 인도나 이슬람 문화권과는 달랐다. 중국의 유교나 도교는 여타 종교인 힌두교, 이슬람교, 불교와는 달리 먹는 것에 대한 특별한 금기 사항이 없다. 이러한 종교적 문화 속에서 살아온 중국인들은 먹거리 문화에 있어 그 어떤 지역보다 높은 개방성을 형성하기에 이른다. 중국 식문화의 높은 개방성은 중국요리를 가장 세계화된 요리로 거듭나게 했다. 세계 어느 도시를 가더라도 중국 음식점을 쉽게 찾을 수 있는 이유, 세계 여러 민족이 중국 음식을 즐기는 이유도 여기에 있다. 중국인은 어느 지역을 가던지 해당 지역에서 구할 수 있는 식자재를 활용해 멋진 요리로 탄생시킬 수 있는 경험과 식문화에 대한 높은 개방성을 갖고 있기 때문이다.

글로벌 불균형은 왜 생기나

우리에게 너무나 친숙한 중국 음식인 탕수육은 의외로 경제적 요인에 의해 탄생했다. 19세기 중엽 청나라 때 전개된 글로벌 불균형이 탕수육 탄생의 직접적인 원인이 되었다. **글로벌 불균형이란 세계적인 경상수지 불균형 상태로 정의할 수 있다.** 최근에는 글로벌 금융위기의 주요 원인 중 하나로 지목되면서 다시 주목을 받기도 했다. 글로벌 불균형은 국가 간의 상품이나 용역의 거래 결과를 기록한 경상수지를 통해 가늠할 수 있는데, 모든 경상수지 흑자국의 흑자액과 모든 경상수지 적자국의 적자액의 합을 통해 파악할 수 있다.

세상에 A나라와 B나라 두 나라만 존재한다고 가정해보자. 만약 두 나라가 서로 비슷한 수준으로 재화와 서비스를 교역하여 A는 B에 100을 수출하고 90을 수입해왔다. 이때 A나라의 경상수지 흑자는 10을 나타낼 것이고, B국가의 경상수지 적자는 10이 될 것이다. 따라서 모든 경상수지 흑자국의 흑자액과 모든 경상수지 적자국의 적자액의 합을 통해 파악하는 글로벌 불균형은 20 수준이다. 반면 두 나라의 교역방향이 편향적으로 전개되었다고 한다면 어떨까? A가 B에 100을 수출하고 10만큼만 수입했다면, A의 경상수지 흑자 규모는 90, B의 적자 규모는 90이다. 이렇게 편향된 교역이 전개되었을 경우 글로벌 불균형은 A나라의 흑자액 90과 B나라의 적자액을 합한 180이 된다.

국가 간 교역이 한쪽은 수출 위주로 다른 한쪽은 수입 위주로 전개된다면 글로벌 불균형은 증가한다. 실제로 2008년 전 세계 경상수지 적자 국가의 총 적자액에서 미국이 차지하는 비중이 43%에 달했으며, 전 세계 경상수지 흑자 국가의 총 흑자액에서 중국이 차지하는 비중이 24%에 달했던 적이 있다. 이러한 수치를 통해 당시 글로벌 불균형이 왜 전 세계적인 문제로 인식되었는지 알 수 있다.

영국과 중국 간의 글로벌 불균형, 아편전쟁

19세기 중반의 글로벌 불균형은 영국과 중국 사이에서 유발되었다. 영국인들은 1689년 동인도회사 설립한 뒤로 막강한 부를 축적하면서 차 문화를 즐기기 시작했다. 산업혁명 이후 차 문화가 보편화되면서 중국에 막대한 양의 은을 주고 찻잎을 수입했다. 영국 정부는 해가 갈수록 늘어나는 경상수지 적자액을 막기 위해 처음에는 관세를 부과해 차 수입을 줄이려 노력했지만 소용없었다. 영국은 자신들이 인도에서 생산한 모직물을 중국에 수출하여 경상수지 적자폭을 줄이고자 노력했다. 하지만 당시 중국인들은 주로 비단이나 명주로 된 옷을 즐겨 입었으며, 동물의 털로 만든 모직물은 오랑캐들이나 입는 저급한 것으로 여겼다. 이러한 상황에서 영국의 모직물 수출은 아무런 반응도 얻지 못했다.

엄청난 무역 적자에 시달린 영국 정부와 영국 상인들은 결국 중국에 아편을 팔기로 결정했다. 당시 영국은 이미 인도 대부분의 땅을 식민지로 점령한 상태였다. 광활한 인도 대륙에 아편을 심어 중국에 판매할 생각이었던 것이다. 당시 청나라 옹정제雍正帝는 전국에 아편을 금한다는 명령을 내렸지만, 아편은 중국인들 사이에서 이미 급속도로 퍼져나가 군인, 상인은 물론이고 청나라 고관대작들도 아편을 즐기는 이들이 많아졌다. 심지어 황제인 도광제道光帝마저 아편을 했다고 한다. 영국은 아편 무역을 통해 18세기 막대한 무역 적자를 해소했고, 19세기에는 드디어 무역 흑자를 기록하게 된다. 즉 무역 불균형을 극복한 것이다.

상황이 이처럼 심각해지자, 중국 정부는 아편을 근절하기 위해 임칙서를 등용하기에 이르렀다. 임칙서는 외국 상인들의 아편 장사를 막기 위해 영국 상인이 주둔하던 지역을 포위하고 음식 공급을 막았다. 결국 영국 상인들은 임칙서에게 자신들이 보유한 아편을 모두 내놓게 되었다. 영국인들은 그때 가지고 있던 아편을 전부 내놓긴 했지만, 앞으로 아편 장사를 하지 않겠다는 서약서는 작성하지 않고 마카오로 갔다. 즉, 아편 수출을 포기하지 않았던 것이다. 무역 불균형을 완화할 뿐만 아니라 막대한 돈벌이가 되는 이 절호의 기회를 포기할 수는 없었기 때문이다.

청나라와 영국 상인 간의 관계는 더욱 악화되기 시작하였다. 1816년 12월, 결국 영국 함대와 청나라 함대 사이에 사소한 전투가 벌어졌으며, 이 과정에서 임칙서는 영국과의 모든 무역을 차단하겠다고 선언했다. 이러한 소식이 영국 본토에 전해지자 영국 정부는 중국과의 전쟁을 감행해야 할지 논의하기에 이르렀다. 1840년 영국 의회는 찬성 271표, 반대 262표의 근소한 차이로 군비지출안이 승인되었으며 같은 해 5월 전쟁을 공식 선포했다. 1840년 4월 25일 〈더 타임스〉는 영국 의회가 결정한 이 전쟁을 '아편전쟁Opium War'이라고 명명했다.

영국과 중국 사이의 아편전쟁

영국이 전쟁을 일으키기 위해 인도에 주둔한 4,000여 명의 병력과 18척의 함대를 중국으로 이동시키고 있다는 사실을 전해들은 중국 정부는 처음에 이를 비웃었다고 한다. 19세기 이전까지 세계 최강의 기술력과 경제력을 갖고 있던 중국이었기에 영국의 도발을 쉽게 막을 수 있다고 판단한 것이다. 하지만 결과는 청나라 군대의 참패였다. 영국 함대는 중국 연해 지방의 주요 도시인 광저우, 창하이호, 닝보, 상하이 등지를 차례차례 점령해갔으며, 급기야 청의 수도인 베이징 바로 밑에 있는 톈진까지 장악했다.

청나라는 뒤늦게 영국 정부와 정식으로 강화조약을 추진했다. 1842년 8월 양국 간 강화조약이 체결되었다. 당시 강화조약의 주요 내용은 홍콩을 150년간 영국에 넘겨주고, 광저우를 비롯한 5개 항구를 개항하여 자유로운 무역을 보장하라는 내용이었다. 이 조약으로 인해 중국에서 자유롭게 상행위를 수행할 수 있게 된 수많은 영국인들이 중국 본토에 상주하게 되었다.

글로벌 불균형이 만들어낸 음식, 탕수육

중국에 상주하게 된 영국인들은 또 다른 문제에 직면했다. 바로 음식 문제였다. 이전에는 중국 본토가 아니라 중국 인근의 선상이나 영국인 상관에 잠시 거주하며 영국에서 가져온 음식으로 식사를 해결했다. 하지만 중국 본토에서 장기간 거주하게 되면서 중국인들이 제공하는 음식을 먹어야 했고, 포크와 숟가락 대신 중국인들이 즐겨 사용하는 도구인 젓가락을 써야 하는 상황이 늘어났다. 영국인들에게는 음식 못지않게 불편하기 그지없는 젓가락을 사용하는 것이 큰 문제였다. 영국 상인들은 중국 정부에 젓가락의 불편함에 대해 공식적으로 불만을 제기하기도 했다. 자신들을 골탕 먹이기 위해 일부러 불편한 도구를 제공했느냐는 것이다.

　결국 중국은 영국인들의 입맛에 부합하는 음식을 만들려는 고민과 함께 젓가락 사용에 서툰 영국인들이 쉽게 집어먹을 수 있는 음식을 개발하려고 노력했다. 중국인들은 영국인들이 육식을 좋아한다는 사실에 주목해 가장 주된 식재료로 육류를 선택했다. 여러 육류 중에서는 돼지고기가 최종 낙점되었다. 당시 상황으로 보아 영국인들이 장기간 거주할 것이라고 판단하여 가장 쉽게 공급할 수 있는 육류인 돼지고기를 선택한 것이다. 돼지고기에 간장과 후추 등으로 간을 하고 가루를 입혀 기름에 넣어 튀겨냈다. 그 위에 설탕과 간장, 소금 등으로 간을 맞추어 각종 야채를 볶아 함께 제공했다. 이렇게 탄생한 음식이 '달고 신맛의 고기'라는 뜻의 탕수육이다. 탕수육을 맛본 당시 영국인들은 이 음식에 극찬을 보냈다고 한다. 다른 중국 음식처럼 불편하고 어렵게 젓가락질을 할 필요 없이 포크로 찍어 먹을 수 있고, 본인들이 즐겨 먹는 육류를 주된 식재료로 사용했으며,

입안에서 감도는 달콤하고 시큼한 맛 역시 일품이었다. 탕수육은 삽시간에 중국에 머무르는 외국인들 사이에서 선풍적인 인기를 끌게 되었다.

글로벌 불균형으로 탄생한 탕수육

청나라와 영국 사이 심각한 글로벌 불균형과 그로 인해 발발한 전쟁, 중국 본토에 본격적으로 상주하게 된 영국상인들을 위해 만들어낸 음식인 탕수육. 그러니 탕수육이 글로벌 불균형에서 탄생했다고 해도 과언이 아니다. 이후 탕수육은 19세기 인천을 통해 조선과 교역하던 중국인들에 의해 우리나라에도 전해진다. 그로부터 이어져 지금까지도 우리나라에서 가장 사랑받는, 가장 친근한 중국 요리 중 하나가 되었다.

국가 간 무역 불균등 정도를 나타내는 글로벌 불균형은 오랫동안 지속될 경우 어떤 형태로든 심각한 경제 문제를 불러올 수밖에 없다. 19세기 영국과 중국 사이 글로벌 불균형이 전쟁으로 치달은 것은 이러한 사실을 단적으로 보여주는 사례다. 이처럼 국제 사회에 커다란 문제를 안겨주는 글로벌 불균형이 오늘날 전 세계 사람들이 즐겨먹는 대표적인 중국 음식이 생겨난 가장 큰 배경이었다는 사실이 좀 아이러니하긴 하다.

ECONOMICS
IN
10 MINUTES

14
감자, 참치, 시금치의 공통점은?

최근 글로벌 선도 기업들의 공통점을 하나 꼽자면, 휴머노이드 로봇에 대한 투자가 급증하고 있다는 점이다. 과거에는 로봇 분야에 대한 투자가 제조, 의료 등 특정 분야에 국한된 영역 중심이었다면, 최근 전개되고 있는 휴머노이드 로봇에 대한 투자는 산업 전 영역에서 활용될 수 있는 범용 로봇을 중심으로 한다.

독일의 경우 BMW를 중심으로 휴머노이드 로봇 개발에 적극적이다. BMW는 미국 스타트업 피규어Figure와 손잡고 휴머노이드 로봇 '피규어 02'의 공장 도입을 시작했다. 국내의 경우에는 현대차그룹이 보스턴 다이내믹스Boston Dynamics의 4족 보행로봇 '스팟'을 공장 순찰과 안전 관리에 이미 투입해 활용하고 있다.

#기준점 효과와 그로 인한 불충분 조정

심지어 테슬라Tesla의 경우, 일반 가정을 대상으로 판매하려는 목적 아래 로봇을 개발하는 단계에 이르렀다. 테슬라의 2세대 휴머노이드 로봇 '옵티머스'와 관련된 영상들은 거의 매달 업로드 되고 있는 상황이다. 옵티머스 관련 영상들을 보면 일반인들과 가위바위보 게임을 하거나, 공 던지기 놀이를 하는 등 일상에서 사람들과 소통할 수 있는 수준을 목전에 둔 듯하다.

로봇이 인간의 비합리성을 구현할 수 있을까

경제학적 관점에서 휴머노이드에 대한 논의를 지켜볼 때면, 늘 한 가지 궁금증이 생기곤 한다. 사람처럼 감정을 느끼고, 학습하며, 스스로 의사결정을 내릴 줄 아는 휴머노이드를 공학자들이 과연 어떻게 개발한다는 걸까? 우리 인간이 가진 뛰어난 학습 능력과 합리성, 상황 판단 능력을 구현하지 못할 것이라는 우려를 하는 것이 아니다. 오히려 정반대로 우리 인간이 가진 비합리성을 어떻게 휴머노이드에 탑재할 것인가 하는 생각 때문이다.

1980년대 이전까지 논의되었던 경제학적 담론의 대전제조건은 '인간은 합리적인 존재'라는 것이다. 우리 인간은 실제로 많은 불합리한 요소를 가졌음에도, 전통적인 경제이론들은 인간이 합리적인 존재라는 틀 속에 가두고 논의를 진행해왔다. 때문에 인간의 삶의 행태를 분석하는 데 있어 많은 부분을 놓쳐온 것이 사실이다. 그러나 이후 등장한 행동경제학은 보다 인간 본연의 모습을 찾아내기 위해 노력해왔다. 이 과정에서 인간은 결코 합리적인 존재가 아니며, 그렇다고 자신의 경제적 이윤만 추구하는 이기적인 존재도 아니라는 점이 속속 밝혀지고 있다.

공학적인 관점에서 비합리성은 합리성보다 구현하기 훨씬 어렵다. 전통적인 경제이론에서 제시하는 합리적인 인간이라면 동일한 상황에 노출되었을 때 항상 일관된 결정을 내려야 한다. 동일한 상황이 두 번 주어지면 두 번 다 같은 결정을 내려야 한다는 것이다. 그러나 실제 현실에서 우리는 그렇지 않은 모습을 보일 때가 많다. 같은 상황이지만 때로는 다른 결정을 내리기도 하고, 이미 수차례 접했으며 이전에는 실수한 적 없는 상황에서 갑자기 실수를 저지르기도 하는 것이 인간이다.

동일한 상황이 주어졌을 때 늘 같은 방식으로 대응하는 휴머노이드는 비교적 쉽게 개발할 수 있다. 패턴을 공식화할 수 있기 때문이다. 하지만 인간이 가진 비합리적 행동을 공식화하기는 훨씬 어렵다. 동일한 상황에서 매번 다른 결정을 내리도록 프로그램화했다고 해도, 일부러 몇 차례 실수를 유발하도록 프로그램화해도 결코 인간을 흉내냈다고 말할 수 없다.

기준점이 의사결정을 좌우한다

인간의 비합리적 행태를 설명한 행동경제학 초기 이론 중 '기준점 효과Anchoring effect'가 있다. 이는 트버스키와 카너먼이 1974년 〈사이언스Science〉를 통해 제시한 이론이다. 기준점 효과는 다른 말로 '닻 내림 효과'라고도 부른다. 배가 어느 지점에 닻을 내리면 그 지점에서 크게 벗어나지 못하고 근처를 맴도는 것과 마찬가지로, **인간도 미리 각인된 정보를 기준점 삼아 판단하는 경향이 있다는 사실을 설명한다.**

트버스키와 카너먼의 실험 내용은 다음과 같다.

① "UN 가입 국가 중 아프리카 국가가 차지하는 비율은?"이라는 질문을 던진다.
② 질문에 답하기 전 제비뽑기로 0에서 100까지의 숫자카드 중 하나를 뽑게 한다.

과연 결과는 어땠을까? 기이하게도 제비뽑기에서 높은 숫자를 뽑은 사람일수록 '비율이 높다'고 답했고, 낮은 숫자를 뽑은 사람일수록 '비율이 낮다'고 대답했다. 제비뽑기로 뽑은 숫자는 사실 질문과 아무런 관계가 없는 무의미한 숫자일 뿐이다. 하지만 사람들은 자신이 뽑은 숫자에 영향을 받았다. 65를 뽑은 사람은 비율을 짐작할 때 65%를 기준으로 짐작해 65에 가까운 숫자로 대답했고, 20을 뽑은 사람은 20% 내외의 숫자로 대답한 사람의 비율이 상대적으로 높게 나타났다. 제비뽑기에서 뽑은 숫자가 기준점이 되어 이후 의사결정 과정에서 뽑은 숫자에서 크게 벗어나지 못하는 결론을 도출하는 현상을 가리켜 '불충분 조정'이라고 한다.

이후 MIT의 MBA 과정 학생들을 대상으로 진행한 또 다른 실험에서도 같은 결과가 도출되었다. 이 실험은 학생들에게 여러 가지 상품을 제시하고 학생들의 사회보장번호, 그러니까 우리로 따지면 주민등록번호의 마지막 두 자리 숫자와 똑같은 가격에 그 상품을 살 용의가 있는지 물었다. 그런 다음 해당 상품에 얼마까지 지불할 용의가 있는지 물어봤다. 실험 결과 사회보장번호 마지막 두 개의 숫자가 높은 사람들은 숫자가 낮은 사람들에 비해 보다 높은 금액을 지불할 의사가 57~107% 정도 큰 것으로 나타났다.

   주식 시장은 기준점 효과와 그로 인한 불충분 조정 현상을 연구하기 매우 적합한 공간이다. 투자자들은 어떤 주식을 매입하기 전에 해당 주식의 매입 가격이 적당한 수준인지 결정해야 한다. 할 아르케스 교수가 2008년 발표한 논문에 따르면, 사람들은 주식 매입을 결정할 때 주로 현재 주가 수준, 고점일 때의 주가, 이전 형성 가격 등을 기준으로 결정한다고 한다. 이러한 연구결과는 전 고점 대비 하락 폭이 큰 주식의 경우, 가격이 낮아졌다고 판단하여 매수할 가능성이 높아지는 현상을 설명해준다. 만일 해당 주식이 고점에 이르렀을 때의 회사 상황과 지금의 상황이 전혀 달라졌다면, 전 고점은 아무런 의미가 없는 수치일 수 있다. 그럼에도 많은 투자자들은 이를 기준 삼아 비합리적으로 투자할 수 있다는 사실을 제시한 것이다.

악마의 음식이라 불렸던 감자

기준점 효과가 처음으로 규명된 것은 1970년대 중반이지만, 인류는 이미 오래 전부터 기준점 효과와 그로 인한 불충분 조정의 영향을 받아왔다. 지금은 우리 식탁 위 대표적인 먹거리라 할 수 있는 감자, 참치, 시금치 등도 이로부터 자유롭지 못했다.

기준점 효과를 보여준 감자, 참치 그리고 시금치

감자는 오늘날 국제사회에서 크게 주목을 받는 식량자원이다. UN은 세계 곳곳의 식량난을 해결할 수 있는 중요 식량 자원으로 감자를 꼽았으며, 2008년을 세계 감자의 해로 지정하기도 했다. 감자에 주목한 이유는 감자가 기후와 상관없이 거의 모든 지역에서 재배할 수 있고, 단위 면적당 수확량도 좋기 때문이다. 감자는 해안가부터 해발 5,000m 고산지대, 열대 기후부터 러시아 추운 지방까지 거의 모든 지역에서 재배할 수 있다. 쌀이나 밀이나 비해 수분 요구량이 매우 적은데다 50일 이상 일찍 수확할 수 있다. 쌀과 밀의 단위 면적당 수확량보다 4배 이상 많은 수확을 거둘 수 있기도 하다. 이러한 이유로 현재 감자는 전 세계적으로 125개 국가에서 10억 명 이상의 주식으로 활용되고 있다.

감자가 처음부터 이렇게 널리 애용되었던 것은 아니다. 한때 감자는 '악마의 음식'으로 불리며 외면당했다. 감자의 원산지는 남아메리카 적도 부근 지역이다. 16세기 대항해시대 스페인 국왕 펠리페 2세 Felipe II에게 처음 헌상되면서 유럽에 전해졌다. 처음에 유럽인들은 음침한 땅속에서 자라고, 성경에도 나오지 않는 감자를 악마의 음식이라고 부르며 기피했다. 이런 오해가 생긴 원인은 초기에 유럽인들이 감자를 먹고 종종 탈이 났기 때문이다. 감자의 싹에는 솔라닌 Solanine이라는 독소가 있는데, 싹을 제거하지 않고 껍질도 벗기지 않은 채 날것으로 먹어 배탈이 난 사람이 많았다. 1630년 프랑스 브장송 의회의 기록을 보면 감자가 나병을 유발할 수 있다는 언급이 나오기도 한다. 이런 내용으로 미루어 볼 때 감자에 대한 부정적 기준점은 초기 싹을 제거하지 않고 감자를 먹은 사람들의 오해가 한몫했던 것으로 보인다.

부정적인 선입견으로 인해 돼지 사료나 전쟁 포로의 식량으로만 사용되었던 감자에 가장 먼저 주목한 것은 독일인들이었다. 독일은 15~17세기 당시 기근이 잦았다. 특히 17세기에는 30년 전쟁으로 그나마 있던 농지마저 황폐화되어 대기근이 일어났다. 독일 농민들은 어쩔 수 없이 감자를 먹기 시작했다. 그러나 감자에 대한 부정적 기준점은 좀처럼 쉽게 사라지지 않았다.

감자에 대한 부정적인 기준점 효과가 완벽하게 없어진 시점은 18세기 후반 프로이센의 프리드리히 2세Friedrich II 집권 시기다. 프리드리히 2세는 군대를 통해 강제적으로 감자를 지배하도록 했다. 당시 프로이센은 오스트리아와 7년 전쟁 중이었다. 프리드리히 2세는 감자를 재배하여 군인들의 식량으로 활용하고자 했고, 이는 실제로 프로이센의 승리에 적지 않은 기여를 했다. 7년 전쟁을 '감자 전쟁'으로, 프리드리히 2세를 '감자왕'으로 부르게 된 이유가 여기에 있다. 오늘날 독일 요리를 떠올릴 때 감자 요리를 빼놓을 수 없게 되기까지, 그리고 감자가 세계인의 주식 중 하나가 되기까지 프리드리히 2세의 공헌이 지대하다고 할 수 있다.

고양이 사료로만 이용되었던 참치

인류가 참치를 먹게 되기까지도 꽤 오랜 시간이 걸렸다. 불과 50여 년 전만 하더라도 참치를 식재료로 주목한 사람은 거의 없었다. 거대한 참치는 그저 스포츠 낚시꾼들이 즐기는 레저 대상일 뿐이었다. 낚시꾼들은 거대한 참치를 잡아 박제하거나, 잡은 참치를 들고 사진을 찍은 다음 구덩이에 묻어버리기 일쑤였다. 심지어 잡은 참치를 처리하는 과정에서 쓰레기 처리장 비용을 지불해야 했기 때문에, 지금은 고급 식재료로 여겨지는 참치는 원래 기피의 대상이었다.

스시를 즐기는 일본인들조차 1950년대 이전까지 참치를 즐겨 먹지 않았다. 참치가 지방이 많은 생선이기 때문이다. 항상 기름기 적은 생선을 스시 재료로 활용해왔던 일본인들에게 기름기 많은 생선은 스시에 적합하지 않다는 기준점이 형성되어 있었을 것이다. 이때는 참치가 잡혀도 고양이나 애완동물의 사료용으로만 이용되었다. 그런데 일본인들 사이에서 기름진 생선인 참치를 즐기는 애호가가 점차 늘어나기 시작했다. 특히 1970년대 들어 참치의 수급이 원활하지 않아 가격이 뛰면서, 참치는 본격적으로 고급 생선으로 대두되었다.

찬밥 신세였던 참치가 두각을 드러낼 수 있던 주요 배경에 냉장

기술의 발전도 한몫했다. 스시 재료로 쓰려면 신선도가 매우 중요하다. 날것의 상태로 먹기 때문에 스시에서 요구하는 신선도는 야채나 과일에서 요구하는 신선도와 차원이 다르다. 그래서 이전에는 주로 근거리 바다에 사는 어종들이 스시에 활용되었고, 참치처럼 원거리 대서양 한복판에서 잡히는 어종은 크게 활용되지 못했다. 냉장 기술이 발달하기 이전에는 가능한 많은 얼음을 실은 뒤 고기잡이를 떠나야 했으며, 그마저도 출항 후 2주 이상 항해를 지속하기 어려웠다. 더 먼 바다로 나가려면 더 많은 얼음을 실어야 했는데, 그렇게 되면 생선을 담아올 공간이 줄어들어 수지타산이 맞지 않았기 때문이다. 하지만 1960~1970년대 갑판에서 곧바로 가공 및 냉동 처리를 할 수 있는 시설을 갖춘 저인망 어선이 발달하고, 이를 컨테이너와 항공기를 통해 짧은 시간에 수송할 수 있는 환경이 구축되면서 참치 같은 원거리 어종도 신선한 스시 재료로 활용할 수 있게 됐다.

    기술적 환경이 구축되었다고 해서 참치를 곧바로 스시에 원활히 활용할 수 있었던 것은 아니다. 유럽, 캐나다, 미국 등지로부터 참치를 수입해오는 과정에서 현지 어부들과 세관원 등의 정부 관료들을 설득하기가 쉽지 않았다. 그때까지 참치가 먹을 수 있는 생선이라는 인식이 없었고 오히려 해로운 생선으로 여겨졌기 때문에, 이를 일본에 수출할 수 있다고 생각하지 못했던 것이다. 당시 많은 어부들은 청어나 고등어의 수급 상황에만 관심을 보였을 뿐, 참치가 그 이상의 고부가가치 상품이 될 수 있다고 생각하지 못했다. 참치에 대해 이전에 형성된 기준점이 참치를 활용하는 데 있어 장애 요인이 된 것이다.

변화와 혁신을 위해서는 기준점을 되돌아보라

시금치는 우연한 실수로 잘못된 기준점을 갖게 된 식재료다. 1870년 독일의 화학자 에릭 본 볼프Erich von Wolf는 여러 식재료에 대한 성분 조사 연구를 수행하는 과정에서 실수로 시금치의 철분 함유량을 10배나 높게 기록했다. 실제 시금치에 함유된 철분량은 100g당 3.5mg 수준인데, 이를 35g으로 잘못 표기한 것이다. 그의 우연한 실수 때문에 시금치는 줄곧 높은 철분을 함유한 야채로 인식되었다. 제2차 세계대전 당시 미국은 국민들에게 철분을 공급하기 위해 '뽀빠이'라는 만화 캐릭터를 만들어 시금치 홍보에 앞장서기도 했다. 이후 시금치에 대한 오해가 전 세계로 전파됐다. 뽀빠이와 시금치를 둘러싼 비밀을 소개했던 사뮤엘 에버스만Samuel Arbesman 박사는 시금치의 철분 함유량이 잘못되었다는 사실이 밝혀진 이후에도 사람들에게 이미 형성된 시금치에 대한 인식은 좀처럼 쉽게 바뀌지 않았다고 언급했다.

우리가 획기적인 혁신과 성과를 이루기 위해서는 기존에 알고 있던 내용을 바탕으로 형성된 기준점을 버려야 한다는 사실은 비단 식자재에 국한되는 것이 아니다. 연말이 다가오면 많은 기업들이 새해를 준비하기 위한 사업계획서나 예산안을 세울 것이다. 혹시 이런 업무를 수행할 때 시장 상황이 변했음에도 이전의 상황에 근거하여 수립된 과거의 실적이나 예산안을 기준점으로 삼고 있지는 않은지 다시 한번 점검해보기 바란다.

ECONOMICS
IN
10 MINUTES

한국인이 매운 음식을 좋아하게 된 이유는?

15

경제학에서는 미묘한 차이로 다른 의미를 내포한 단어들이 꽤 있다. '수요량의 변화'와 '수요의 변화'도 그렇다. 먼저 **'수요량의 변화'는 가격이 변화함에 따라 소비자가 구입하고자 하는 의도의 양이 달라지는 것을 의미한다**. 제품 가격이 상승해 구입할 의도가 줄어들 때 수요량이 감소한다고 표현하며, 제품 가격이 하락해 구입할 의도가 늘어나면 수요량이 증가했다고 표현한다. 반면 **'수요의 변화'는 구매 의도에 영향을 줄 수 있는 요인 중 가격 이외의 다른 요인들이 변화하여 해당 재화를 구매하고자 하는 의도가 달라지는 것을 의미한다**. 실제 소비자들은 어떤 물건의 구매를 결정할 때 가격 이외에도 다양한 요인을 고려한다. 인구의 증가, 소득의 증가, 연관재의 가격 변화, 소비자의 취향 등에 의해 수요가 변화할 수 있다.

> **#수요량 변화와 수요 변화의 차이**

한국인은 처음부터 매운 맛에 열광했을까?

수요의 증가는 한국인이 고추를 즐겨 먹게 된 배경을 살펴보면 쉽게 이해할 수 있다. 고추는 지금은 우리 식탁에서 빼놓을 수 없는 식자재지만, 사실 우리 민족이 고추를 즐겨 먹게 된 것은 그리 오래되지 않았다. 고추는 조선 후기인 18세기부터 국내에서 보편적으로 활용되었다. 그러니 한국을 대표하는 음식이라고 할 수 있는 김치와 깍두기, 고추장 등이 오늘날과 같은 빨간 모습을 갖춘 것은 불과 200~300년 전부터다.

고추의 원산지는 멕시코와 안데스 고원이다. 15세기 들어 서유럽 탐험가들이 아메리카 대륙의 고추를 가지고 오면서 유럽에 알려졌다. 유럽인들은 고추를 후추 대신 사용해보려 했는데, 맛이 너무 맵고 후추처럼 가루로 가공하기 어려워 크게 각광받지 못했다. 그래서 유럽 일부 지역에서는 붉은 고추 열매를 관상용으로 정원에 심기도 했다. 유럽에서는 관상용 열매 취급을 받던 고추는 아시아에 소개되고 나서야 비로소 식재료로서 위상을 조금씩 갖추게 되었다. 물론 아시아에서도 유럽과 마찬가지로 초창기에는 너무 매운 맛 때문에 널리 활용되지는 못했고, 인도와 중국 일부 지역에서만 고추를 즐겨 먹었다.

우리나라에 고추가 유입된 경로에 대해서는 한국과 일본의 기록이 서로 다르다. 여기서 한 가지 재미있는 점이 있다. 다른 부분에서는 두 나라가 서로 자신이 상대방에게 먼저 전파한 것이라 주장하는 경우가 많은데, 고추만큼은 오히려 상대방으로부터 유입되었다는 기록이 남아있다는 것이다. 우리나라에서는 이수광의 〈지봉유설芝峰類說〉에서 처음으로 고추에 대해 언급했다. 1614년 편찬된 〈지봉유설〉에 따르면 고추는 일본에서 온 것이라 하여 '왜개자倭芥子'라 표현되어 있다. 반면 일본은 1709년에 편찬된 〈대화본초大和本草〉라는 책에서 고추를 처음 언급했다. 도요토미 히데요시가 조선에서 가져왔다고 소개하며 그 이름을 '고려호초高麗胡椒'라 칭했다.

유입 경로에 대한 논쟁은 차치하더라도, 두 기록 모두 고추가 보편화된 시기가 17~18세기경이라는 사실을 추정할 수 있다. 고추가

한국과 일본에 소개된 것은 16세기인데, 우리 선조들은 왜 18세기가 되어서야 뒤늦게 고추에 급격한 관심을 보이게 됐을까? 그러니까 고추에 대한 '수요'의 증가를 유발한 요인이 무엇일까?

고추는 어떻게 쌀의 보완재가 되었을까

먼저 연관재와의 관계에서 고추 수요가 증가한 원인을 찾을 수 있다. 어떤 물건은 단독으로 구매할 때보다 연관된 제품을 함께 구매할 때 더 큰 만족을 가져다주기도 한다. 그래서 이런 제품의 수요는 연관재의 가격에 영향을 받게 된다. 대표적인 예로 컴퓨터와 소프트웨어를 들 수 있다. 컴퓨터 본체를 샀다고 해도 사용할 수 있는 소프트웨어가 없다면 유용성이 떨어진다. 그래서 컴퓨터 본체와 함께 사용하게 될 소프트웨어의 가격이 떨어지면 본체의 수요가 높아질 것이다. 반대로 소프트웨어 가격이 비싸면 본체에 대한 수요 역시 떨어질 것이다. 하나의 재화 가격이 하락함에 따라 다른 재화의 수요가 증가하는 경우, 두 재화는 보완재 관계에 놓여 있다고 말한다.

이와 반대되는 개념으로 대체재 관계가 있다. **대체재는 하나의 재화 가격이 하락함에 따라 다른 재화의 수요도 덩달아 감소하는 경우를 말한다.** 핫도그와 햄버거가 대표적이다. 핫도그와 햄버거는 맛이나 식사 방법, 파는 곳이 비슷한 재화다. 그래서 핫도그 가격을 내리면 햄버거의 수요가 감소하게 된다. 반대로 핫도그 가격을 올린다면 햄버거에 대한 수요는 증가할 것이다.

보완재 역할을 하는 고추와 쌀밥

고추에 있어서 보완재는 쌀, 더 정확히 말하자면 밥이라고 할 수 있다. 고추는 반찬을 만드는 주재료이기 때문에, 쌀에 대한 수요가 증가하면 반찬에 대한 수요 역시 증가하기 때문이다. 조선 후기에는 오늘날 모내기법과 유사한 이앙법의 보편화로 쌀 생산량이 급격하게 증가했다. 이앙법은 고려시대부터 시행한 농법이지만, 많은 물을 사용하기 때문에 가뭄에 취약하다는 약점이 있었다. 이런 이유로 조선 전기까지는 금지되었다. 그러나 적은 노동력으로 많은 수확량을 올릴 수 있다는 사실이 알려지자 농민들은 하나 둘 이앙법을 도입했고, 조선 후기에는 전국적으로 확산되어 보편적인 농법으로 자리잡았다. 이렇게 조선 후기 이앙법을 통해 주식이 쌀의 생산량이 늘어나면서 반찬에 대한 수요도 커졌고, 이때 고추가 주목을 받기 시작한 것이다.

쌀 생산이 증대된 이유는 또 있다. 대동법 실시가 그것이다. 대동법은 공납을 쌀로 납부하도록 한 제도다. 원래 공납은 현물로 납부했다. 그런데 현물은 수송과 저장이 어렵고, 그 지역에서 생산되지 않는 물건을 부담시키기도 했다. 이런 문제를 해결하기 위해 공납을 현물 대신 쌀로 내도록 한 것이다. 대동법은 1608년 광해군 때 경기도 지방에서 시범적으로 도입되었으며, 1708년 숙종 때 함경도와 평안도를 제외한 모든 지역에서 시행됐다. 대동법의 실시 이후 납세를 위해 쌀 생산이 더욱 늘어났고, 이것이 이앙법 확산과 맞물려 반찬으로서 고추의 활용도를 높일 수 있는 기초 환경을 제공하게 된 것이다.

고추는 어떻게 소금의 자리를 대신하게 되었을까?

고추가 보편화되기 전까지 반찬을 만드는 데 가장 중요한 양념은 소금이었다. 하지만 고추의 지위가 상승하면서 고추는 소금의 대체재 역할까지 넘보기 시작했다. 한국학중앙연구원 주영하 교수는 이러한 사실에 주목하여, 자신의 저서 〈음식인문학〉에서 18세기 고추 사용의 증가를 설명하려면 당시 소금 사용량이 늘어난 원인을 분석해야 한다고 주장했다. 그의 말에 따르면 17세기 이후 향교와 서원이 급격하게 늘어났으며 이로 인해 소금 사용량이 증가했기 때문에 소금을 구하기 어려워진 일반인들이 고추로 양념하기 시작했다는 것이다. 서원과 향교는 교육기관으로 오늘날로 치면 서원은 지방사립학교, 향교는 지방 국립학교에 해당한다. 여기서 여러분은 교육기관과 소금이 도대체 무슨 상관인지 궁금할 것이다. 서원과 향교의 주된 교육 내용은 유교를 기반으로 각종 의례를 보급하는 것이다. 의례를 위한 제사가 많아지면서 주요 제사 음식 중 하나인 어물의 부패를 방지하기 위해 소금 사용이 급증하게 되었다.

소금의 수요는 늘어났지만, 공급은 늘어나지 않았다. 때문에 일반인들이 소금을 구하기 쉽지 않았다. 소금은 국가의 통제를 받던 필수품으로, 왕실과 서원 등에서 직접 생산과 유통, 관리를 도맡았다. 이런 상황에서 개인의 노력으로는 소금을 확보하기 어려운 일반인들은 소금을 대신해 간을 할 수 있는 양념을 찾게 되었고, 마침내 고추에 주목하게 됐다. 일본 식품학자 기무라 슈이치 Kimura Shuichi 는 고추의 매운 성분인 캡사이신이 식염 농도를 낮춘다는 사실을 발견했는데, 이는 고추가 소금을 대체할 수 있다는 사실을 확인해준다.

고추의 '수요 증가' 요인은 쌀이라는 보완 관계에 놓인 재화와, 소금이라는 대체 관계에 놓인 재화로 설명할 수 있다.

수요 증가를 유발하는 또 다른 요인으로 소비자 취향의 변화를 들 수 있다. 취향은 수요를 결정하는 가장 분명한 변수 중 하나다. 소득도 그대로이고, 대체재나 보완재와 같은 연관재 가격이 그대로임에도 불구하고 해당 물건에 대한 선호도가 높아져 수요가 증가하게 되는 것이다. 취향의 경우 경제적 문제를 벗어나 심리적, 사회적, 문화적 요인에 의해 결정될 때가 많다. 조선 후기 주목해야 할 문화적 요인으로 관혼상제 풍습의 일반화를 들 수 있다. 조선 후기 들어 일반인들까지 관혼상제 의식을 철저히 지키고자 하는 풍습이 널리 퍼지며, 의식에 필요한 다양한 음식을 마련해야 할 필요성이 증가했다. 이런 과정이 다시 고추의 수요 증가 요인으로 작용했을 것이다.

인구 증가도 주목해야 할 요인이다. 어떤 재화를 사용하려는 전체 수요자가 많아지면 수요 증가를 유발하는 가장 중요한 원인이 되기 때문이다. 조선왕조실록을 보면 17세기에는 조선의 인구가 급격히 줄어들었다. 1670-1671년 두 해에 걸쳐 사상 최대의 기근을 겪으며 100만 명 정도가 사망한 것이다. 하지만 18세기부터 인구가 다시 늘어나는데, 고추 보급이 확대되었던 18세기에는 연평균 0.62%의 속도로 인구가 불어났다.

경제적 요인이 식탁을 바꾼다

오늘날 우리 식탁을 고추가 점령하게 된 주된 배경은 조선 후기 일련의 사회적 문화적 변화로 인해 발생한 고추의 '수요 증가' 때문이라고 할 수 있다. 조선 후기 인구의 증가, 소금의 수요 증가, 쌀 생산 증가와 같은 경제적 요인이 고추를 우리나라의 대표적인 식자재로 만든 것이다.

최근에는 비타민A와 C가 풍부한 고추를 향신료를 넘어 건강식품으로 보기도 하며 발한, 건위, 구충을 위해 활용하기도 한다. 양방에서도 신경통, 류마티스, 기관지염을 완화시키는 효과가 있는 것으로 알려져 있다. 특히 스트레스를 많이 받는 현대인들은 매운 음식을 더욱 찾게 된다는 연구결과가 발표된 바 있다.

지금 우리 민족은 그 어느 민족 못지않게 매운 음식을 즐겨 먹는다고 알려져 있다. 인구 기준 소비량을 볼 때 우리나라는 세계에서 고추를 가장 많이 소비하는 국가 중의 하나다. 국민 1인당 하루 5.1g, 연간 2-4kg에 이르는 고추를 소비한다고 한다. 오늘날 우리가 매운 음식을 즐겨 먹는 이유가 무엇이든 간에, 경제적 요인 역시 우리가 처음 고추에 주목했던 이유 중 하나라는 건 분명하다. 그러니 우리의 일상생활을 설명하는 데 있어 경제적 요인이 얼마나 커다란 설득력을 가지는지 주목해볼 필요가 있다.

16

병뚜껑은 아무나 만들 수 없다?

독과점 시장이라고 하면, 많은 사람들이 경제에 해악을 끼치는 부정적인 대상으로만 여기곤 한다. 그도 그럴 것이 원래 '독점'이란 생산이나 소비가 단 하나의 경제주체에 의해 수행되는 것을 말하기 때문이다. 이 중에서 흔히 독점이라고 하면 한 경제주체에 의해서만 소비가 일어나는 수요독점보다는 유일한 기업에 의해 시장의 생산과 판매가 이루어지는 것을 의미하는 경우가 많다. '과점'은 소수의 생산자가 존재하는 시장을 의미한다. 과점 시장은 소수의 생산자가 상호 영향을 주고받으며 활동하기 때문에 기업 간 상호 의존적인 전략적 상황에 처하는 경우가 많다. 이러한 독점 시장과 과점 시장을 '독과점 시장'이라고 부르며 부정적으로 치부하는 이유는 무엇일까? 해당 기업들이 이윤극대화를 추구하는 과정에서 경제에 좋지 못한 영향을 미치는 경우가 많기 때문이다.

#독과점 시장

독과점 기업

먼저 이윤극대화 측면을 살펴보자. 독과점 기업뿐만 아니라 일반적인 기업들 모두 이윤극대화를 추구한다. 하지만 독점기업의 경우에는 시장에서 유일한 제품 공급자이기 때문에 가격 설정자의 지위를 갖게 된다. 물론 독점 기업이 아무런 제약 없이 마음대로 가격과 판매량을 결정할 수 있는 것은 아니다. 높은 가격과 더 많은 생산량을 동시에 결정할 수 있다면 생산량과 가격을 무한대로 키웠을 것이다. 하지만 사람들은 가격이 올라가면 소비량을 줄인다. 따라서 독점 기업은 가격과 생산량 두 가지를 모두 마음대로 정할 수 있는 것이 아니라, 둘 중 하나만을 결정하게 된다. 독점 기업은 일반적으로 생산량을 줄이고 가격을 올릴 때 보다 많은 이윤을 획득할 수 있기 때문에 독점 기업은 높은 수준의 가격을 책정하는 경우가 많다.

과점 시장의 기업들도 마찬가지다. 앞서 설명했듯이 과점 시장은 공급자가 소수여서 독점 시장처럼 자의적인 가격정책을 실시할 수는 없다. 하지만 소수 공급자들 간에 담합을 할 가능성이 있다. 공급자 수가 많지 않은 까닭에 소수의 기업 대표가 비밀리에 모임을 갖기가 쉽다. 이들이 모여 가격을 얼마로 일치시킨다든지 또는 생산량을 서로 적절하게 할당하여 공동의 이윤극대화를 추구하는 사례가 빈번하다.

독과점 구조가 가져오는 또 다른 부정적인 요인이 있다. 독과점 기업들은 진입장벽을 구축하기 위해 막대한 비용을 부담하고 있고, 이로 인해 시장의 비효율성이 유발된다는 점이다. 독과점 기업은 새로운 기업의 진입을 막기 위해 막대한 광고비를 투여하거나, 때로는 로비 활동을 전개하기 위해 막대한 비용을 쓴다. 이러한 비용은 사회 전체의 효율성을 높이는 데 전혀 기여하지 못하는 지출이다. 만약 이들 기업이 독과점 시장이 아닌 치열하게 경쟁해야 하는 시장 상황에 직면했을 경우, 이러한 자금을 자신들의 기술 개발이나 서비스 개선에 투여했을 것이기 때문이다.

이런 이유로 인해 독과점 기업은 부정적 요인으로 치부되기 십상이다. 하지만 독과점 시장이 형성되는 주요 원인을 살펴보면 독과점 기업이라고 해서 반드시 부정적인 내용만 갖고 있는 것은 아니라는 사실을 확인할 수 있다.

독과점 시장이 형성되는 주된 원인 중 하나는 제품 생산에 필요한 중요한 생산 요소를 특정 기업이나 소수의 기업만 소유하고 있기 때문이다. 마을에 우물이 여러 개 있다면 물을 공급하는 사람이 많기 때문에 한 사람이 물 가격을 결정하기 어려울 것이다. 반면 우물이 하나이고 한 사람이 소유하고 있다면 그는 물 공급을 독점할 수 있다. 이러한 현상으로 인해 독점 시장이 만들어진다. 실제 다이아몬드 시장이 이와 같은 생산 요소 독점으로 인해 형성된 독점 시장이다. 남아프리카공화국 드비어스 De Beers라는 회사가 전 세계 다이아몬드 생산의 80%를 차지하고 있다. 즉 다이아몬드 시장에서 절대적인 영향력을 가지고 있다.

'자연독점'도 중요한 요인 중 하나다. 자연독점이란 시장 전체의 수요를 다수의 생산자가 각각 생산하여 공급할 때보다 소수의 생산자가 생산할 때 더 적은 비용으로 생산하여 공급할 수 있는 시장을 말한다. 자연독점은 주로 규모의 경제가 생길 때 발생하는데, 대표적인 사례로 상수도 회사를 들 수 있다. 마을에 상수도를 공급하기 위해서는 배관을 설치해야 하는데, 여기에는 막대한 비용이 들어간다. 이런 경우에는 하나의 공급자가 상수도를 공급하는 것이 비용 측면에서 더 저렴하다. 자연독점으로 인해 독점 시장이 형성되면 해당 시장에서 활동하고 있는 독점기업은 신규 경쟁자의 진입을 걱정할 필요가 없다. 다른 기업들이 보기에 자연독점에 의한 독점시장은 그다지 매력이 많지 않다. 신규 경쟁자들이 기존 기업보다 더 많이 생산하지 않으면 제품 생산에 드는 평균비용이 기존 기업보다 높기 때문이다.

마지막으로 정부가 의도적으로 설정한 독과점 시장이 있다. 정부는 공익적 차원에서 특정 회사에 해당 시장의 공급량 전체를 전담할 수 있는 권한을 부여하기도 한다. 우리나라 역시 다방면의 공익적 측면을 고려하여 정부가 의도적으로 독과점 시장을 설정하고 관리하는 경우가 많다. 병뚜껑을 만드는 회사가 대표적이라고 할 수 있다.

불과 얼마 전까지 국내에서 병뚜껑을 만드는 회사는 단 두 곳이었다. 병뚜껑을 만드는 데 고도의 기술이 필요하거나, 생산에 필요한 기초 원자재를 구할 수 없기 때문은 결코 아니다. 정부가 법률에 근거하여 의도적으로 독과점 시장을 유지하고 있기 때문이다. 이는 탈세를 막기 위해서이다.

주세법 제44조에 따르면, 주류 제조업체들은 술병에 납세증지를 첩부하거나 자동계수기 혹은 국세청이 지정한 업체로부터 납세 병마개를 구입·사용하도록 규정하고 있다. 납세 병마개란 소주나 맥주 등의 병뚜껑에 납세필증이라는 글자가 새겨진 병뚜껑을 말한다. 이 병뚜껑의 개수를 통해 세금 부과의 기준을 측정하는 것이다.

정부가 독과점을 허락한 병뚜껑 시장

납세 병뚜껑 제도는 1972년도에 처음으로 도입되었다. 당시 국세청은 술에 부과된 세금에 대한 주류업체의 탈세를 막기 위해 주류 제조업체와 병뚜껑 제조업체를 의도적으로 분리했다. 주류 제조업체가 생산한 술의 양과 병뚜껑 제조업체가 생산한 병뚜껑 개수를 상호 비교하여 이를 바탕으로 탈세 여부를 가늠하기 위함이었다.

정부는 1972년 삼화왕관이라는 회사를 납세 병뚜껑 제조회사로 처음 선정했으며, 뒤이어 1985년에 세왕금속공업이라는 회사를 추가로 선정했다. 이때부터 지금까지 국내에서 소주와 맥주의 병뚜껑을 만드는 회사는 단 두 곳뿐이다. 삼화왕관과 세왕금속공업은 납세용 병뚜껑 제조 시장에서 몇십 년간 90%에 가까운 점유율을 차지해 오고 있으며, 납세용 병뚜껑 시장은 그야말로 독과점 시장이 형성되어왔다.

그러나 납세 병뚜껑 시장의 독과점 구조가 지속되어오면서 이에 대한 비판이 고조되기 시작했다. 이에 국세청은 납세용 병뚜껑을 제조할 수 있는 회사를 추가로 설정하게 되었고, 2010년에 CSI 코리아를, 2011년에 신성이노텍을 신규 납세용 병뚜껑 제조사로 선정했다. 그런데 신규 업체가 추가되었다고 해서 납세용 병뚜껑 시장이 독과점 구조에서 경쟁 구조로 바뀐 건 아닌 듯하다. 그것은 각각의 납세용 병뚜껑 제조회사가 제조할 수 있는 병뚜껑 종류가 제한되어 있기 때문이다.

병뚜껑은 크게 세 가지로 분류할 수 있다. 먼저 철 납세 병뚜껑이다. 우리가 흔히 맥주병에서 볼 수 있는 병뚜껑이 여기에 해당한다. 소주병에는 알루미늄으로 된 병뚜껑이 사용되고 있으며, 1리터 이상의 대용량 맥주병과 막걸리에는 플라스틱으로 된 병뚜껑이 사용된다. 기존의 납세 병뚜껑 제조업체인 삼화왕관과 세왕금속공업은 모든 병뚜껑을 만들 수 있는 권한을 부여받았다. 반면 신생업체의 경우 플라스틱으로 된 병뚜껑만 제조하여 공급할 수 있는 권한을 부여받았다. 납세 병뚜껑 전체 시장 규모에서 철이나 알루미늄으로 된 병뚜껑이 차지하는 비중이 거의 90%에 육박하기 때문에 납세 병뚜껑 시장은 여전히 독과점 구도가 유지되고 있다고 볼 수 있다.

우리나라는 아직까지도 병뚜껑을 통해 탈세를 방지하는 명확한 과세 근거를 확보하고자 노력하고 있다. 원래 가장 서민적인 술 중 하나인 막걸리에는 납세용 병뚜껑이 사용되지 않았다. 하지만 막걸리가 유행하기 시작하며 막걸리에 대한 수요가 크게 늘자, 2014년 1월부터 연 10,000킬로리터 이상을 주조하는 막걸리 업체는 일반 병뚜껑이 아닌 납세 병뚜껑을 사용하도록 의무화했다. 이는 부족한 세수를 확보하고 과세의 투명성을 높이기 위한 노력의 일환이다. 공익적인 목적을 달성하기 위해 당분간 납세용 병뚜껑 시장은 독과점 시장 구조를 유지할 것으로 보인다.

독과점 시장은 때로는 공익적인 목적을 실현하기 위해서 의도적으로 형성되는 경우가 많다. 미국은 국립공원에서 통나무집과 휴양시설을 운영할 수 있는 배타적인 권리를 요세미티 휴양서비스 회사 Yosemite concession service corporation에만 부여했다. 미국 정부가 이처럼 국립공원에서의 레저 산업을 독점적으로 운영할 수 있도록 하는 가장 주된 이유는 국립공원의 난개발을 막고 자연 경관을 보호하기 위함이다. 또한 미국 정부는 네트워크 솔루션즈Network Solutions라는 회사에 닷컴이나 닷넷의 주소를 가진 모든 인터넷 주소의 데이터베이스를 독점적으로 관리할 수 있는 권한을 부여한 바 있다. 미국 정부가 한 회사에서 인터넷 주소를 관리하는 것이 공익에 도움이 된다고 생각했기 때문이다.

최근에는 정부가 특허와 저작권을 통해 독점 기업을 유도하는 사례가 더욱 늘고 있다. 법률적으로 특정 기업 내지 개인이 신기술을 개발하거나 새로운 창작물을 저작하면, 해당 경제주체는 일정 기간 동안 해당 내용에 대해 독점권을 갖는다. 따라서 다른 기업들은 해당 기술에 대한 특허권을 갖고 있는 기업의 허락 없이 해당 기술을 이용할 수 없다. 기술을 개발한 사람에게 특허권을 부여해 장기간 동안 독점적 지위를 부여하는 주된 이유는 무엇일까? 해당 기술을 발명한 사람들에게 그에 부합하는 적절한 보상을 해주어 앞으로 보다 많은 사람들이 기술 개발에 매진할 수 있도록 하려는 데 있다. 다시 말해 발명을 하기 위해 오랜 시간과 비용을 투여한 사람에게 이에 부합하는 인센티브를 부여하여 새로운 기술을 개발하는 데 투여되는 위험을 부담하도록 유도하려는 것이다.

서두에서 언급했듯이 독과점은 원래 시장 실패의 대표적인 유형 중 하나이며, 그로 인해 경제적 측면에서 많은 비효율성을 내포하고 있다. 하지만 어떤 방식과 목적에 의해 활용되는가에 따라 전혀 다른 결과를 가져올 수도 있음을 명심해야 한다.

ECONOMICS
IN
10 MINUTES

17 라면 종류가 많은 이유는 따로 있다?

기업의 평균 수명이 점점 짧아지고 있다. 세계적인 컨설팅 회사 맥킨지 McKinsey의 조사에 따르면, 1935년에는 기업의 수명이 평균 90년이었지만 1970년에는 30년으로 줄어들었으며, 다시 1995년에는 22년으로, 급기야 2005년에는 15년으로 떨어졌다고 한다. 이러한 조사 결과는 극심해지고 있는 기업 현장의 경쟁 상황을 단적으로 보여주고 있다.

기업 간 경쟁은 소비자 입장에서는 반가운 일이다. 더 큰 혜택과 서비스가 제공되는 원천이기 때문이다. 그러나 경쟁 당사자인 기업들에게는 여간 곤혹스러운 일이 아닐 수 없다. 경쟁에서 살아남기 위해 처절한 노력을 기울여야 하기 때문이다. 기업이 우수한 기술이나 디자인을 확보하기 위해 들이는 노력, 더 좋은 서비스를 제공하기 위한 노력, 보다 충성도 높은 브랜드를 구축하려는 노력은 모두

#진입장벽 형성 전략

치열한 경쟁에서 살아남기 위한 노력이라 할 수 있다.

기업은 이렇게 경쟁에서 이기기 위해 여러 방면에서 노력을 기울이지만, 때로는 경쟁 자체를 회피하기 위한 노력을 전개하기도 한다. 그중 대표적인 방법으로 진입장벽을 들 수 있다. **진입장벽은 다른 기업이 특정 산업에 진입하기 어렵게 만드는 요인을 말한다**. 진입장벽이 강력해 모든 잠재적 진입자를 저지할 수 있는 수준이라면, 해당 산업은 순수 독점 기업만이 활용하는 시장이 형성된다. 진입장벽이 이보다는 약해 몇 개 정도의 기업이 활동할 수 있는 수준이라면 해당 산업은 과점시장의 형태가 될 것이다. 진입장벽이 훨씬 약해 많은 기업이 참여할 수 있는 상황이라면, 해당 산업은 독점적 경쟁시장이나 완전 경쟁시장의 형태를 보일 것이다. 다시 말해 진입장벽은 어떤 산업의 시장 형태를 결정짓는 중요한 요인 중 하나이다.

진입장벽은 왜 만들어질까

진입장벽이 형성되는 요인으로는 일반적으로 규모의 경제와 필수 자원의 독점적 소유를 들 수 있다. 먼저 규모의 경제란 기업의 생산량이 증가함에 따라 (장기)평균 총비용이 감소하는 현상을 말한다. 다시 말해 생산요소 투입량을 X% 증가시킬 경우, 그로 인해 얻게 되는 산출량은 X% 이상으로 증가한다는 의미이다. 규모의 경제는 한 사업에 몇 개의 기업이 활동할 수 있는지를 결정하는 중요한 요소다. 규모의 경제가 유발되어 평균 총비용이 최소가 되는 생산 수준에 따라 해당 산업에서 활동할 수 있는 기업의 수가 결정되기 때문이다.

어떤 도시의 커피 전문점에서 평균 총비용이 가장 낮은 수준으로 서비스를 제공할 수 있는 규모가 손님 50명이라고 가정해보자. 이 도시의 전체 손님 규모가 500명이라면 해당 도시에서 활동하는 커피 전문점은 총 10개가 존재할 수 있다. 그러나 만약 규모의 경제로 인해 평균 비용의 최저점이 손님 100명이라고 한다면, 이 도시에 존재할 수 있는 커피 전문점 수는 5개로 줄어든다. 만약 커피 전문점의 평균 비용이 최소가 되는 수준이 500명이라면 이 도시에는 단 하나의 커피전문점만 존재하게 된다.

따라서 규모의 경제로 인해 가장 저렴하게 생산할 수 있는 생산 규모가 해당 시장의 전체 크기보다 클 경우, 해당 산업에는 단 하나의 기업만이 존재하게 된다. 그리고 이러한 규모의 경제는 타사의 시장 진입을 막는 진입장벽으로 작용한다. 물론 새로이 진입하는 기업이 처음부터 규모의 경제를 달성하는 수준의 대규모 생산시설을 갖추고 해당 산업에 진입할 수도 있다. 다만 규모의 경제를 달성하려면, 대규모 설비를 갖추기 위해 필요한 자금과 관련 산업에 대한 노하우, 경험 등이 수반되어야 한다. 그런데 신생 기업이 이런 노하우와 경험을 짧은 기간 내에 축적하기가 그리 쉽지 않다.

진입장벽을 이끌어내는 또 다른 요인으로 해당 산업에서 필요한 중요 자원의 소유권과 관련된 경우가 많다. 생산 과정에 필수적으로 필요한 자원을 소유한 기업은 경쟁기업의 진입을 막을 수 있다. 캐나다의 인터내셔널 니켈 International Nickel Company은 전 세계에서 발견된 니켈 매장량의 90%를 통제했다. 이를 통해 해당 분야의 산업에서 활동하는 데 필요한 기초 원자재를 독점적으로 확보하고 있기 때문에 타사의 시장 진입을 막을 수 있다.

하지만 오늘날에는 특정 제품을 제조하는 데 있어 관련 자원의 확보보다는 관련 기술의 보유 여부가 더욱 중요할 때가 많다. 그래서 최근에는 제조에 필요한 기술을 특허와 같은 지식재산권으로 확보하고 있는지 여부가 진입장벽 역할을 할 때가 많다. 지식재산권을 소유할 경우 본인 스스로 해당 권리를 사용하거나 다른 사람이 이를 사용할 수 있도록 허용할 수 있다. 따라서 지식재산권은 발명가를 경쟁자로부터 보호하거나, 경쟁자가 개발비용이나 노고를 분담하지 않고서 해당 발명품을 사용하는 일이 없도록 막아 준다. 특허는 현재 다양한 산업 분야에서 그 분야를 대표하는 공룡기업이 탄생하는 데 있어 가장 큰 원동력이 되었다. IBM, 화이자, 인텔, 듀폰, 제록스 같은 기업들이 해당 분야에서 독보적인 지위를 누리게 된 배경에도 특허와 같은 지식재산권이 커다란 작용을 해왔다.

경우에 따라서는 정부가 진입장벽을 만들기도 한다. 정부는 면허 발급 등을 통해 특정 산업이나 직업군에 아무나 진입하지 못하도록 막아준다. 현재 많은 국가들이 특정 지역의 유선 방송이나 라디오 방송 사업에 대해 소수의 회사에게만 면허를 주어 사업을 수행할 수 있는 기회를 제공하고 있다. 또한 지방 소도시의 버스 운송권도 정부의 관리 속에서 엄격히 제한을 받고 있다. 우리나라의 경우에도 주류업, 운송업, 방송 송출 사업 등은 정부의 인허가를 받은 사업자만이 사업을 할 수 있다.

이상에서 열거한 바와 같이, 규모의 경제, 중요 자원의 소유권, 지식재산권 확보, 정부의 인허가 등은 진입장벽 역할을 해주는 주요 요인들이다. 하지만 진입장벽은 이러한 요인이 형성되지 않은 산업 분야에서도 흔히 목격할 수 있다. 해당 산업 분야에서 활동하는 기업들이 경쟁을 회피하기 위해 인위적인 방법으로 진입장벽을 만들어내는 경우가 많기 때문이다. 가격을 크게 낮추거나 광고를 늘리는 방식도 진입장벽을 형성하여 새로운 기업의 진입을 막기 위한 노력의 일환이다. 하나의 회사가 다수의 브랜드를 보유하는 것 역시 신규 기업의 진입을 막는 효과를 가져다준다.

우리는 라면 산업에서 이러한 현상을 가장 쉽게 확인할 수 있다. 라면은 단 4개의 회사가 200여 개에 가까운 종류의 라면을 만들어내고 있기 때문이다.

라면의 종류가 많은 이유

한국인은 라면을 좋아한다. 국내에서 소비되는 라면은 연간 35억 2천만 개에 달한다고 한다. 1인당 소비량으로는 72.4개 정도다. 더욱 놀라운 사실은 우리나라의 1인당 라면 소비량이 전 세계 1위라는 사실이다. 물론 전 세계에서 라면을 가장 많이 소비하는 국가는 중국이다. 중국은 연간 무려 400억 개 이상의 라면을 소비하고 있다. 그 뒤를 이어 인도네시아가 연간 150억 개, 일본이 50억 개를 소비

한국인이 사랑하는 라면

하고 있으며, 우리나라는 연간 35억 개 정도 라면을 소비하여 전 세계 6위를 차지하고 있다. 그러나 1인당 소비량으로 따져보면 우리나라가 독보적인 1위로, 중국이 1인당 연간 30여 개를 소비하는 것과 비교했을 때 두 배 이상으로 압도적인 차이가 난다.

이토록 라면을 좋아하는 민족이다 보니, 이에 부응하기 위해 당연히 다양한 종류의 라면이 공급되고 있다. 현재 국내에서 출시된 라면의 종류는 매운 정도나 양념에 따라 구분하여 파는 것을 포함해 200여 가지라고 한다. 그런데 특이한 것은 앞서 언급한 바와 같이 단 4곳의 회사에서 이 모든 종류의 라면을 만들고 있다는 점이다. 공정

거래위원회에 따르면, 국내 상위 라면 제조회사 4곳의 시장점유율 합계가 거의 100%에 가깝다고 한다. 이들의 시장지배력은 실로 막강하다. 실제로 이 4곳의 기업은 미국 LA연방지방법원으로부터 가격담합과 관련하여 의혹을 받기도 했으며, 국내 공정거래위원회로부터 과징금을 부여받기도 했다. 이러한 사실은 이 4개의 라면 제조회사의 시장지배력이 얼마나 막강한지를 반증한다.

라면 제조가 처음부터 4개 회사 중심으로만 이루어졌던 것은 아니다. 국내에서 최초로 라면을 도입한 기업은 삼양식품으로, 1963년 출시한 삼양라면이 국내 1호 라면이다. 삼양라면은 6.25전쟁 이후 만성적인 식량 부족을 경험하고 있던 국민들의 허기진 배를 대신 채워줄 대체식품으로 등장했다. 당시 삼양식품의 전중윤 회장은 남대문 시장에서 서민들이 5원짜리 꿀꿀이죽을 사 먹으며 허기진 배를 채우는 모습을 보고, 일본으로부터 라면을 도입해오기로 결심했다고 한다. 하지만 라면이 처음부터 우리 국민들의 사랑을 받았던 것은 아니었다.

초창기에는 밀가루로 만든 라면이 미곡 중심의 식습관을 가진 우리나라 사람들에게 쉽게 전달되지 못했다. 심지어 라면 면발을 보고 옷감 같다고 하는 등 부정적인 인식마저 형성되어 있었다고 한다. 이러한 상황을 극복하고자 삼양식품은 무료 시식행사와 가두판매

등 적극적인 마케팅을 펼쳐 국민들에게 라면을 친숙한 음식으로 만들어 나갔다. 결국 출시 2년 뒤인 1965년부터 정부가 국민들의 배고픔을 해결하기 위해 혼분식 장려운동(쌀 소비를 줄이기 위한 정부 주도의 식생활 개선 국민운동)을 펼치면서 삼양라면은 시장의 반응을 얻게 되었고, 이후 삼양식품은 6년 동안 매출액이 무려 300배나 증가했다. 그야말로 날개 돋친 듯이 팔린 것이다.

이내 삼양라면의 성공을 눈여겨본 여타 회사들이 속속 라면사업에 진출하기 시작했다. 롯데공업(현 농심), 조선일보, 동방유량, 럭키(현 LG), 빙그레, 오뚜기, 야쿠르트, 풍년식품, 신한제분, 풍국제면, 해피라면, 스타라면 등이 당시 라면 사업에 새로이 진출한 기업들이다. 이때부터 라면은 단순히 허기진 배를 채우는 용도에 국한된 것이 아니라, 다양한 맛을 갖춘 어엿한 기호식품으로 자리매김하기 시작했다.

라면의 품질이 급속히 개선되고 다양한 맛의 라면이 출시된 주요 배경으로는, 역시 다양한 라면 제조회사의 등장을 꼽을 수 있다. 여러 라면 제조회사들이 경쟁에서 살아남기 위해 제품의 품질과 맛을 한층 올리려 다양한 노력을 쏟았기 때문이다. 초창기 라면 육수는 닭고기를 사용했지만, 이때부터는 소고기 육수를 쓰기 시작했다. 누가 시킨 것이 아니라, 경쟁에서 살아남기 위해 라면 제조회사들이 스스로 제품의 품질을 개선하고자 노력하며 생겨난 변화이다. 한 회사는 국내 최초로 짜장면을 인스턴트 라면으로 만들어 출시했고, 이것이 오늘날 짜파게티의 원조가 되었다.

이후 라면 사업은 경쟁에서 살아남은 승자 중심으로 재편되었다. 우리가 오늘날 즐겨 먹는 대표적인 라면인 사발면, 너구리, 안성탕면, 짜파게티, 팔도비빔면, 신라면 등은 모두 라면 산업이 재편된 이후인 80년대 출시된 것들이다. 살아남은 라면 제조회사들은 새로운 방식을 도입하는데, 라면의 맛과 특성을 조금씩 변화시켜 만든 다양한 신제품으로 마트를 채우기 시작했다. 이렇게 되면 신규 진입자가 시장에 진입할 엄두를 내기 어렵다는 사실을 깨닫게 된 것이다.

라면을 제조하는 회사는 소수의 기업이지만, 소비자들은 사실 라면을 고를 때 제조회사의 이름보다는 라면의 이름을 보고 고르는 경우가 대부분이다. 그래서 다양한 브랜드의 라면을 출시하면 새로운 경쟁사의 진입을 막으며 고객들의 수요에 지속적으로 부응할 수 있다. 이런 현상은 비단 국내에만 국한된 것이 아니다. 일본을 비롯하여 인도네시아의 라면 시장에서도 쉽게 확인할 수 있다.

시리얼도 라면과 비슷하다. 마트에 가면 여러 종류의 시리얼을 볼 수 있다. 각 시리얼은 맛이나 기능이 천차만별이다. 다양한 시리얼

중 어떤 것을 고를 것인지 고민했던 경험이 누구나 한 번쯤 있을 거라고 생각한다. 그런데 특이한 점은 시리얼 종류가 이렇게 다양한데 반해, 시리얼을 만드는 제조사는 고작 두세 곳의 회사일 뿐이라는 사실이다. 소수의 회사가 수많은 종류의 시리얼을 만들고 있는 것이다.

 특정 산업에서 활동하고 있는 소수의 기업들이 다양한 브랜드의 제품을 출시하는 이유 중 하나는 신규 기업의 진입을 막기 위한 전략인 경우가 많다. 물론 특정 회사가 다양한 브랜드를 출시하는 이유를 모두 신규 기업의 진입을 막기 위한 진입장벽 하나로만 설명할 수는 없다. 라면의 경우에도 소비자의 입맛이 변해감에 따라 다양한 신종 제품을 출시하기도 하며, 그 과정에서 새로운 브랜드가 양산된다. 최근에는 건강에 대한 국민적 관심이 높아짐에 따라 웰빙 라면을 표방하는 새로운 라면들이 연이어 출시되었으며, 프리미엄 라면이라는 새로운 트렌드가 형성되기도 했다. 하지만 여기서 분명한 것은, 시장 변화에 부응하기 위해 새로운 라면을 출시하게 되면 이로 인해 신규 기업이 라면 시장에 진입하려는 시도를 주저하게 만드는 효과도 함께 거둘 수 있다는 사실이다.

ECONOMICS
IN
10 MINUTES

18

점심값, 왜 돈으로 안 주고 식권으로 줄까?

점심시간에 직장인들이 많이 모이는 지역에 가보면 흥미로운 광경을 볼 수 있다. 누군가 밥을 먹은 뒤 값을 치를 때 현금도 카드도 아닌 '이것'을 내는 모습이다. 형태와 색깔, 쓰임은 조금씩 차이가 있지만 우리는 흔히 이것을 식권이라고 부른다. 그러니까 식권이라는 건 식사를 할 수 있다는 증표인 것이다.

직원들에게 점심값을 지원하는 방식은 회사마다 다양하다. 하지만 크게 보면 세 가지 정도로 나눌 수 있다. 하나는 직원들 월급에 식비를 포함하여 지급하고 직원들이 알아서 점심을 사먹게 하는 방식이다. 다음으로 식권을 나눠준 뒤, 인근 식당이나 구내식당에 이것을 제시하고 점심을 먹을 수 있게 하기도 한다. 마지막 방식은 자사 직원들이 인근 식당가에서 점심 식사를 할 때 통상적인 가격보다 할

#보조금 제도

인된 값으로 이용할 수 있도록 하는 것이다.

  회사는 각각 자사가 처한 특수한 상황과 직원들 선호도에 따라 적절한 방법을 골라 점심을 제공하고 있다. 선택의 이유는 저마다 다양하다. 원래 구내식당에서 식권을 활용해 점심 식사를 제공했지만, 구내식당에 대한 직원들의 선호도가 크게 떨어지는 바람에 외부에서 식사할 수 있도록 제도를 바꾼 회사도 있을 것이다. 주변에 이용할 만한 적당한 식당이 없어 구내식당을 이용하는 회사도 있을 것이며, 다수의 직원이 식대를 월급에 포함하여 받기를 원한다면 월급과 함께 지급하기도 한다. 그런데 이렇게 점심값을 제공하는 다양한 방식이 직원들뿐 아니라 회사에도 서로 다른 경제적 효과를 가져다준다는 사실을 정확히 알고 있는 사람은 그리 많지 않다.

보조금을 지원하는 방식에 따라 경제적 효과가 달라진다

사실 점심값 지원 문제를 고민하기 시작한 것은 국가였다. 국가는 저소득층에게 식비를 어떤 방식으로 지원하는 것이 가장 효율적일지에 대해 줄곧 고민해왔다. 식비를 비롯하여 거주비, 의료보건비, 교육비 등의 지원 방식 역시 고민해야 했다. 예산 낭비를 막을 수 있는 방법, 지원금이 대상자에게 효율적으로 전달될 수 있는 방법에 대한 적절한 판단을 내려야 했기 때문이다. 이에 국가는 일찍부터 식비 지원과 같은 보조금 제도에 있어 다양한 방법을 시도해왔다.

일반적으로 보조금 제도는 **현금보조, 현물보조, 가격보조로 구분할 수 있다.** 먼저 **현금보조는 말 그대로 돈으로 지급하는 방법이다.** 앞서 언급한 사례 중에서는 직원의 월급에 점심값을 포함하여 지급하는 방식이 여기에 해당한다. **다음으로 현물보조는 현금이 아니라 지원하고자 하는 재화나 서비스 그 자체를 보조하는 방법이다.** 노숙자에게 음식과 숙소를 제공해주는 것이 대표적인 현물보조에 해당한다. 또한 저소득층에게 지급되는 식료품 교환권이나 직장인에게 제공되는 식권 등도 현물보조에 해당한다. 식료품이나 점심 식사 등 해당 현물을 이용하는 또 다른 방편을 제공한 것이기 때문이다.

이 같은 지원을 받는 사람 입장에서는 현금보조와 현물보조 중 어떤 것을 더 선호할까? 당연히 현금보조일 것이다. 현금으로 받으면 자신이 원하는 대로 지출할 수 있기 때문이다. 국가에서는 기초적인 생계 지원을 목적으로 현금을 지급했더라도, 자신이 원하면 얼마든지 유흥비로도 사용할 수 있다.

하지만 현물로 지원을 받는다면 해당 현물 형태로 사용할 수밖에 없다. 특히 저소득층 중에는 알코올이나 마약에 중독된 이들이 상대적으로 많다. 이들에게 현금을 제공할 경우 보조금을 술이나 마약을 사는 데 써버릴 수도 있다. 현물로 지원할 경우 보조금이 바람직하지 않은 용도로 사용되는 현상을 억제할 수 있다. 이러한 상황을 보면 지원을 하는 입장에서는 오히려 현물보조가 자신의 당초 의도를 실현하기에 더 용이한 방식이라는 것을 알 수 있다.

현물보조가 현금보조에 비해 당초 기대한 목표를 실현하기에 더 수월한 상황임은 분명하지만, 그렇다고 아무런 문제가 없는 것은 아니다. 가장 큰 문제는 지원해준 현물을 처분하여 현금으로 바꾸는 것이다. 이러한 현상은 이미 미국의 노숙자 지원 프로그램을 통해 확인된 바 있다. 미국의 경우 100만 명 이상의 노숙자가 있어, 이들을 위한 다양한 지원 프로그램을 실시하고 있다. 그 중 무료 급식소에서 식사를 제공하는 프로그램도 있다. 그런데 집단 급식소에서 제공하는 식사가 노숙자들의 자존심에 상처를 줄 수 있다는 판단 아래, 노숙자들도 일반인들이 이용하는 식당을 이용할 수 있도록 식권을 나누어 준 적이 있다. 일반 음식점에 식권을 제출하면 얼마든지 다른 음식을 먹을 수 있게 배려해준 것이다. 실제로 1998년 미국 정부는 연간 240억 달러를 들여 950만 가구에 빈민구제용 식권을 나눠주었다. 그러자 많은 사람이 이러한 빈민구제용 식권을 싼값에 처분하고 마약이나 술 등을 사는 데 썼다. 현물을 현금으로 바꾼 것이다.

결국 이런 문제를 해결하고자 미국은 다시 새로운 제도를 도입했다. 바로 식권카드제이다. 식권카드제는 보조금 지급 대상자들에게 카드를 나누어주고, 이들이 음식점에서 실제로 음식을 구매할 때만 지원금을 지급할 수 있도록 만든 제도이다. 즉 다른 용도로는 카드 결제가 되지 않도록 장치를 해둔 것이다. 이를 통해 미국은 해당 보조금 제도가 본연의 기능을 수행할 수 있게 유도했다.

현물보조와 현금보조 제도의 부작용

그렇다면 현물보조는 현금보조에 비해 항상 우월한 제도일까? 그렇지는 않다. 앞선 사례와 같이 현물보조가 가지고 있는 본연의 부작용을 방지하는 보다 세련된 방법이 제시되었다고 해서, 현금보조에 비해 우월한 방법이라고 평가하기는 어렵다. 현물보조는 상대적으로 현금보조에 비해 비효율적이기 때문이다.

사실상 국가는 보조해주어야 할 개별 대상자들이 각각 무엇을 얼마만큼 필요로 하는지 정확히 알기 어렵다. 따라서 현물로 지원하다 보면, 별로 필요하지 않은 물건임에도 초과 지급받는 일이 생기기도 한다. 반대로 정작 필요한 물건은 적게 보급될 수도 있다. 하지만 현금으로 지원한다면 이러한 문제를 상대적으로 줄일 수 있게 된다. 각자 주어진 현금으로 자신에게 가장 필요한 물건을 필요한 만큼 구입할 수 있기 때문이다. 현금이 본연의 목적에 맞게 사용될 수만 있다면 지원받는 사람 입장에서는 더욱 효과적인 지원책이라 할 수 있다.

회사원의 경우에도 매월 말이면 발급받은 식권이 남아 구내식당 내 매점이나 편의점 등에서 굳이 구매하지 않아도 되는 과자나 음료수로 바꿔가기도 한다. 현물보조가 내포하고 있는 비효율성을 엿볼 수 있는 단적인 모습이다. 이러한 비효율성을 감안하면서까지 굳이 식권을 통해 반강제적으로 식비를 지원할 유인이 적은 회사의 경우, 식권 발급을 줄이고 월급에 식대를 포함하여 점심값을 지원하는 경우가 많아지고 있다. 이 역시 비효율성을 줄이고 직원들의 편의성을 높이고자 하는 의도이기도 하다.

현금보조와 현물보조는 이처럼 각각의 장단점을 갖고 있다. 그런데 이 두 가지 제도가 모두 내포하고 있는 또 다른 부작용이 있다. 그것은 특히 빈곤층을 지원하기 위한 보조금 제도에서 확인할 수 있다. 보조금 제도가 빈곤층이 스스로 빈곤에서 벗어나기 위한 노력을 덜 기울이게 만든다는 점이다.

벤 버냉키Ben Shalom Bernanke는 그의 저서에서 실패한 복지프로그램으로 '부양세대 보조 프로그램AFDC: Aid to Families with Dependent Children'을 꼽았다. AFDC는 한부모 가정에 현금을 지원해주는 프로그램으로, 1960년부터 1996년까지 시행된 아주 오래된 복지 프로그램이었다. 부모 중 한쪽만 있어야 혜택을 받을 수 있는 AFDC 프로그램의 특성으로 인해, 장기간 실업자 상태에 놓인 가장이 있는 가정에서 가장이 오히려 가족을 떠나 생활하는 사례가 발생한 것이다. 이런 경우 가장이 가족과 함께 살면 가족의 기초 생계비 지원이 줄어들기 때문이었다. 게다가 일을 하기 싫은 사람들 역시 가족과 떨어져 살면서 국가에서 나오는 지원금을 나눠 갖는 경우도 발생했다. 결국 이러한 폐단으로 인해 AFDC 프로그램은 1996년 법규가 개정되었다. 수혜 대상자가 AFDC 프로그램으로 인한 혜택을 평생 5년 이상은 누리지 못하게 했다. 다시 말해 충분한 기간을 줄 테니 그 사이에 자력으로 갱생하도록 유도한 것이다.

사회복지 차원에서 수행되는 다양한 보조금 프로그램에서는 이와 비슷한 문제를 빈번하게 목격할 수 있다. 매달 기초 생계비 차원에서 현금 150만 원을 지원받는 수혜자가 있다고 가정해보자. 이 사람에게는 매달 150만 원 이하의 월급을 받는 직장이 생겼다고 하더라도, 취업할 이유가 별로 없다. 취업으로 인해 오히려 지원금이 끊겨 자신의 월소득이 줄어들기 때문이다. 150만 원보다 다소 높은 금액을 받을 수 있는 직장이 생겼다고 해도 취업하지 않을 가능성이 많다. 힘들게 일하며 조금 더 벌기보다는 그냥 국가 지원금으로 살아가는 것도 나쁘지 않기 때문이다.

최근에는 이러한 문제를 해결하기 위해 소득이 증가함에 따라 보조금 수위를 점진적으로 감소하는 제도를 도입하고 있다. 쉽게 설명하자면, 수혜자가 1만 원을 더 벌 때마다 보조금 혜택은 3천 원씩 줄이는 방식이다. 이렇게 되면 보조금 수혜자가 자력으로 갱생하고자 하는 의도를 꺾지 않을 수 있다. 하지만 보조금 지원 정도를 조금씩 조절하면 여러 가지 문제가 생긴다. 먼저 기존 지원 대상자가 아닌 바로 위에 있던 비지원 대상자들에게도 보조금을 지원해야 하는 경우가 발생한다. 그리고 보조금 지원 기간이 더욱 길어져 관련 보조금 비용이 증가하는 문제도 생긴다.

가격보조 제도의 부작용

그렇다면 현금보조와 현물보조가 아닌 가격보조는 어떨까? **가격보조는 특정 재화를 소비할 때 가격을 할인해주는 방식이다.** 예를 들어 1만 원짜리 상품을 구매하려고 할 때 이것을 5천 원에 구매할 수 있도록 해준다면 결과적으로 국가에서 5천 원을 보조해주는 셈이다. 만약 어떤 가격보조 수혜자가 위 제품을 100개 사들인다면 그는 개당 5천 원씩 총 50만 원(5천 원×100개)을 지원받게 된다. 반면 50개를 사들인 수혜자가 있다면 그는 개당 5천 원씩 총 25만 원(5천 원×50개)을 지원받게 된다.

이런 점에서 우리는 가격보조의 특성을 쉽게 확인할 수 있다. 가격보조는 수혜자가 해당 물건을 얼마만큼 구매하는가에 따라 실질적으로 지원받는 규모가 달라진다. 앞서 예를 들었던 두 명의 수혜자는 결과적으로 자신의 구매 규모에 따라 각각 50만 원과 25만 원으로 서로 다른 보조금을 지급받게 된다. 가격보조는 수혜자가 자신의 필요 수준에 따라 보조금을 지급받을 수 있게 된다는 장점이 있다. 따라서 보조금을 지급하는 입장에서 보면 현물보조와 현금보조에 비해 효율적인 보조금 집행이 가능하다.

하지만 보조금을 받는 사람 입장에서는 다른 보조 형태보다 가격보조를 선호할 이유가 없다. 가격보조는 자신이 해당 물건을 구매할 때만 보조금이 지급되는 방식이므로, 만일 해당 물건을 전혀 구매하지 않으면 아무런 혜택도 받지 못하게 되기 때문이다. 따라서 수혜자 입장에서 보면 자신의 행동 여부와 관계없이 무조건 보조금이 지급되는 현물보조와 현금보조가 더욱 윤택한 보조 형태라고 할 수 있다.

가격보조 역시 비효율적인 면이 전혀 없는 건 아니다. 과잉 소비를 유도하기 때문이다. 가격보조가 이루어지지 않을 경우, 소비는 1만 원짜리 제품의 구매 여부를 1만 원을 기준으로 삼아 결정한다. 그런데 보조금이 지급되어 해당 물건의 가격이 5천 원으로 바뀔 경우, 이제 보조금 수혜자가 해당 제품의 구매 여부를 판단하는 기준도 5천 원으로 바뀐다. 따라서 1만 원이었으면 사지 않았을 물건을 사는 경우가 생긴다.

여기까지 설명한 것과 같이 각종 보조금 제도는 나름의 한계점을 내포하고 있다. 그렇다고 해서 보조금 제도를 없애야 한다거나 보조금 제도가 불필요하다는 의미는 결코 아니다. 칼은 강도의 손에 쥐어지면 흉기가 되지만, 의사의 손에 쥐어지면 사람을 살리는 도구가 되는 법이다. 각종 보조금 제도 역시 본연의 기능을 원활하게 수행할 수만 있다면 사람을 살리는 칼이 되어줄 것이다. 그러나 악용될 경우 오히려 사람을 망치는 도구가 될 수도 있음이다. 특히 보조금 제도가 부모의 근로 의욕을 떨어뜨려 자력갱생의 노력을 저하시킨다면 이를 지켜보고 자란 자식들에게도 바람직하지 못한 본보기가 되어 나쁜 영향을 줄 수 있다. 이러한 사실을 고려할 때, 보조금 제도에 대한 명확한 판단력은 다른 어느 경제 지식보다 중요한 부분이라 생각된다.

ECONOMICS
IN
10 MINUTES

우리 민족이 귤과 고추를 먹게 된 이유는?

거래는 우리 인류의 가장 오래된 경제 활동이다. 인류가 거래에 주목한 가장 큰 이유는 무엇일까? 거래 전에 비해 거래 이후 단연 자신의 만족이 더욱 높아질 수 있다는 사실 때문이다. 국가 간 이루어지는 거래를 무역이라 한다. 무역이 지속적으로 확대되어온 이유 역시 무역이 가져다주는 이득 때문이다.

무역이 가져다주는 이득을 아주 쉽게 표현해보면, 무역은 '제품을 보다 저렴하게 생산하는 또 다른 방법'이라고 말할 수 있다. 무역이 간접적으로 물건을 생산하는 또 다른 방편이 될 수 있다는 뜻이다. 어떤 국가가 운동화를 직접 생산할 수 있는 기술과 인력을 보유하고 있다고 해보자. 물론 이 국가가 직접 운동화를 생산할 수도 있지만, 운동복이나 운동기구 등 운동화가 아닌 다른 재화를 생산한 뒤 운동

#무역과 비교우위

화를 생산하는 국가와 교역을 한다면? 운동화를 직접 생산한 것과 같은 효과를 얻을 수도 있다. 이처럼 무역에 참여한다는 것은 필요한 물건을 생산할 수 있는 또 하나의 수단을 갖게 되는 것이다. 그리고 이 과정에서 우리는 보다 저렴하게 해당 물건을 얻을 수도 있다.

예를 들어 A국 국민이 7명, B국 국민이 9명이며 A국과 B국 모두 쌀과 밀을 각각 1단위씩 생산하고 있다고 가정해보자. 이때 쌀 1단위 생산에 필요한 노동자는 A국이 5명, B국은 3명이다. 밀 1단위 생산에 필요한 노동자는 A국이 2명, B국은 6명이다. 이때 A국은 밀 생산에 특화하고 B국은 쌀 생산에 특화하면 더 큰 이득을 얻을 수 있다.

각각 밀과 쌀에 특화하게 되면 A국은 밀 생산에 7명을 전부 투입해 3.5(=7/2)단위의 밀을 생산하고, B국은 쌀 생산에 9명을 투입해 3(=9/3)단위의 쌀을 생산한다. 특화 이후 A국과 B국이 각자 생산한 밀과 쌀을 1단위씩 서로 교역한 결과를 특화 전과 비교해보자. A국은 특화 전에 비해 1.5단위 밀을 더 가지게 되었고, B국은 1단위 쌀을 더 가지게 되었다. 다시 말해 두 국가가 자신이 보다 효과적으로 생산하는 물품에 특화하여 생산한 뒤 무역이라는 간접적인 생산 방식을 통해 다른 하나를 조달할 경우, 무역을 하지 않고 두 재화를 직접 생산했을 때보다 더 큰 이득을 얻은 것이다.

국가＼재화	쌀	밀	총 노동 투입
A	5명	**2명**	7명
B	**3명**	6명	9명

국가＼재화	쌀	밀
특화 전 A국 보유량	1단위	1단위
특화 전 B국 보유량	1단위	1단위
특화 후 A국 보유량	0단위	3.5단위
특화 후 B국 보유량	3단위	3단위
쌀과 밀을 1:1로 교환 후 변화		
교역 후 A국 보유량	1단위	2.5단위
교역 후 B국 보유량	2단위	1단위

이렇게 무역을 통해 얻게 되는 추가적인 이득은 당연히 소비자들

에게 돌아간다. 위의 예시에서 A국이 무역을 통해 이전보다 더 많이 보유하게 된 1.5단위의 밀, B국이 보유하게 된 1단위의 쌀이 그러하다. 이렇듯 무역은 각국 국민들이 소비 가능한 범위를 넓히는 주요한 방법이다.

왜 무역을 하는가

아마 많은 사람들이 무역이 가져다주는 이점에 대해 분명히 알고 있을 것이다. 그럼에도 정부가 외국과 교류를 더욱 넓히겠다고 할 때 이에 선뜻 동의하지 못하는 이유는 무엇일까? 가장 흔한 우려 중 하나는 무역이 해외 국가와의 치열한 경쟁에서 살아남을 수 있을 때만 유익하다는 주장이다. 임금이나 하청비용 등을 지속적으로 삭감하여 다른 나라보다 더 저렴하게 물건을 생산하지 못한다면 결국 무역은 손해만 가져온다는 것이다. 얼핏 그럴듯해 보이는 주장이지만, 실제로는 그렇지 않다.

만약 A국과 B국에 비해 쌀과 밀 모두를 보다 저렴하게 생산할 수 있다면, 두 국가는 무역을 할 이유가 없는 것일까? 다시 말해 한 국가가 모든 분야에서 다른 국가보다 생산성이 높다면 무역을 할 이유가 없는 걸까? 그렇지 않다는 사실을 전통적 무역이론인 비교우위론이 설명해주고 있다. 비교우위론은 리카도David Ricardo가 그의 저서 〈정치경제학과 조세의 원리〉에서 주장한 이론이다. **한 나라가 두 상품 모두 절대 우위에 있고 상대국은 두 상품 모두 절대 열위에 있다 하더라도 생산비가 상대적으로 더 적게 드는**(기회비용이 더 작은) **상품에 특화하여 교역하면 두 국가 모두 상호 이익을 얻을 수 있다는 이론이다.**

간단한 예를 통해 비교우위론을 쉽게 이해할 수 있다. A국과 B국 두 나라에서 휴대폰과 명품의류를 생산하고 있다고 해보자. 이때 휴대폰 한 단위를 생산하기 위해 투여한 노동시간은 A국이 8시간, B국이 12시간이다. 그리고 명품의류 한 단위를 생산하기 위해 투여한 노동시간은 A국이 9시간, B국이 10시간이라 하자. 이렇게 되면 A국은 B국에 비해 휴대폰 생산에 있어 4시간 우위가 있고, 명품의류 생산도 1시간 우위에 있게 된다. 즉 A국은 B국에 비해 모든 품목에서 절대적인 생산성 우위에 놓여 있다.

리카도는 이러한 경우 두 국가 간 무역이 이익을 가져다줄 수 있음을 기회비용을 통해 설명했다. 위의 사례에서 A국이 휴대폰 한 개를 더 생산하기 위해서는 명품의류 0.88(8/9)개를 포기해야 하고, B국에서는 1.2(12/10)개를 포기해야 한다. 한편 A국이 명품의류 한 개를 더 생산하기 위해서는 휴대폰 1.125(9/8)개를 포기해야 하는 데 비해, B국은 0.83개(10/12)를 포기해야 한다.

따라서 휴대폰 생산에 있어서는 A국의 기회비용이 더 작고, 명품의류 생산에 있어서는 B국의 기회비용이 더 작다. 이는 A국은 휴대폰 생산에, B국은 명품의류 생산에 비교우위가 있다는 사실을 의미한다.

최초에 A국과 B국 모두 휴대폰과 명품의류를 1단위씩 생산하고 있다고 가정하고, 이를 비교우위에 의한 품목에 특화하여 생산한 후 무역했을 때와 비교해보자. A국은 비교우위에 있는 휴대폰 생산에 17시간을 모두 투입하고, B국은 22시간을 모두 명품의류 생산에 투입한다. 이 경우 A국은 휴대폰 2.125(=17/8)단위를 생산할 수 있고, B국은 명품의류 2.2단위(=22/10)를 생산할 수 있다. 이때 A국과 B국이 두 재화를 1:1로 교환하게 되면 교역 전에 비해 A국은 휴대폰 0.125단위를, B국은 명품의류 0.2단위를 추가로 소비할 수 있다. 무역의 이익이 발생한 것이다.

물론 여기까지 설명한 리카도 이론은 비현실적인 노동 가치설을 바탕으로 하고 있으며, 국가 간 생산요소의 이동이 없어야 한다는 전제조건 아래에 기술된 내용이다. 또한 각 국가 간 운송비용을 배제했으며, 무역 당사국들의 공급 측면만 강조한다는 한계를 갖고 있기도 하다. 그러나 리카도의 비교우위이론이 각국이 비교우위를 가지는 상품을 특화하여 생산한 후 다른 나라와 교역하면 모든 국가에 경제적 이익이 발생한다는 이론적 근거를 마련했다는 것은 분명한 사실이다.

경제적 이익을 만들어주는 무역

우리 민족은 어떻게 귤과 고추를 먹게 되었는가

사실 무역을 통해 얻게 되는 이득은 교역 대상이 되는 품목을 저렴하게 얻을 수 있다는 직접적인 이득 외에도 다양하다. 국가 간 무역은 단순히 상품을 주고받는 것이 아니며, 교역 과정에서 해당 상품을 비롯하여 상대국의 기술적, 사회적, 문화적 요인이 함께 전달되기 때문이다.

무역을 통해 풍요로워지고 다양한 혜택을 누릴 수 있게 된 항목 중 하나로 단연 식자재를 꼽을 수 있다. 지금 우리가 먹는 주요 식자재는 이제 토착화되어 국산 농산물로 분류되고 있긴 하지만, 초기에는 해외에서 도입된 것들도 많았다.

토착화에 성공한 대표적인 작물로 귤이 있다. 귤은 무역을 통해 우리에게 전래되었다. 1085년 고려와 교역을 원하는 일본 사신이 감귤을 선물하며 우리 역사에 처음으로 귤이 등장하기 시작했다. 귤은 당시 지배층 사이에서 큰 인기를 얻게 되었다. 1282년에는 전라도 안렴사 임정기가 귤나무 두 그루를 진상한 기록도 남아 있다. 궁궐에서 직접 귤을 심어 먹으려 했던 고려 왕실의 의도를 엿볼 수 있는 대목이다. 조선을 건국한 이성계 역시 1396년 종묘에서 제사를 지낼 때 새로 난 귤을 올리라 명한 바 있으며, 그의 아들 이방원도 제주도에서 감귤나무 수백 그루를 가져와 순천 등에 심을 것을 명했다고 한다. 귤에 대한 우리 민족의 끊임없는 애정을 확인할 수 있다.

지금 우리 식탁에서 빼놓을 수 없는 식자재인 고추가 한국인의 손에 들어온 경로도 마찬가지이다. 모두 새로운 무역로를 확보하고 교역하고자 했던 이름 모를 수많은 상인들 덕분이었다. 고추의 원산지는 중남미 지역으로, 1492년 인도로 가는 새로운 무역로 확보를 위해 탐험에 나섰던 콜럼버스Christopher Columbus의 손에 의해 유럽에 전해졌다. 당시 콜럼버스가 가져온 고추는 유럽 각지로 퍼졌다. 곧이어 아시아 지역과 무역을 하던 스페인과 포르투갈 상인들에 의해 인도, 중국, 일본 등지에 소개되었다. 우리 문헌에서는 임진왜란 이후인 1614년 이수광의 〈지봉유설〉에서 처음으로 고추에 대한 언급을 확인할 수 있었던 것으로 봐서, 일본을 통해 고추가 전래된 것으로 보인다.

무역은 단순히 식자재뿐만 아니라 식자재를 가공할 수 있는 방식을 함께 전파해주기도 한다. 우리가 즐겨 먹는 두부의 경우가 그렇다. 두부는 기원전 2세기경 한나라 때 처음 만들어진 것으로 추정된다. 국내에 두부가 처음 소개된 것은 고려 초기이다. 〈고려사절요〉에 성종이 지나가는 사람들에게 '두붓국'을 대접했다고 표현된 것이 최초의 기록으로 알려져 있다.

이처럼 많은 식자재와 조리법은 외국과의 교역을 통해 얻은 것들이다. 아마 이들 품목 중 상당 부분은 거래 상대에게 처음 보는 과일 내지 채소를 선물하여 환심을 사고, 거래를 원활히 달성하고자 했던 이름 모를 수많은 상인들로부터 비롯되었을 것이다.

자유무역에 관한 논란

무역은 무역 대상 품목 자체와 더불어 그 과정에서 전파되는 문화적, 사회적 요인으로 인해 지속적인 이득을 가져다주는 중요한 경제행위 중 하나이다. 물론 그렇다고 해서 무역이 만병통치약은 아니다. 많은 경제학자들이 다양한 이유를 들어 자유무역이 가져올 수 있는 부작용을 우려하고 있다. 경제학자이자 노벨평화상 수상자인 무하마드 유누스Muhammad Yunus는 "국제무역이 자유무역으로 치달아 마치 100개의 차선이 있는 고속도로처럼 된다면, 그 도로 위는 세계에서 가장 강력한 경제력을 가진 나라의 트럭들로 가득 차게 될 것이다."라는 비유를 통해 지나친 자유무역을 경계해야 한다고 언급한 바 있다.

자유무역을 우려하는 대표적인 주장들은 다음과 같다. 먼저 빈부격차이다. 무역이 국가 간 빈부격차를 완화하는 데는 부분적으로 기여할지 모르겠지만, 국내 빈부격차는 더욱 심화하는 경향이 있다는 주장이다. 중국의 연안지역과 내륙지역 간 극단적인 빈부격차는 무역을 통해 해당 국가가 부유해지는 과정에서 부의 분배 상태가 크게 악화될 수 있다는 사실을 단적으로 보여주는 사례이다.

유치산업보호론도 자유무역을 우려하는 대표적인 근거 중 하나이다. 미성숙한 산업을 육성하기 위해서는 일정 기간 외국의 경쟁압력으로부터 보호할 필요가 있다는 것이다. 이러한 주장은 보호받는 기간 동안 해당 산업이 학습 효과와 규모의 경제를 통해 경쟁력을 갖출 수 있어서 결국엔 모두에게 이로운 결과를 만들 수 있다고 말한다.

국가 안보 또한 중요한 근거이다. 식량과 같이 국가 안보와 결부된 중요한 산업의 경우에는 비교우위론 등에 의해 특화 여부를 결정할 일이 아니라는 것이다. 만약 식량 등을 포기하고 다른 산업에 특화한 나라의 경우 상대국에서 식량 문제를 무기로 삼을 수 있다는 내용이다.

이상에서 열거한 바와 같이 무역에 대한 다양한 우려가 있음은 분명하다. 하지만 무역은 인류에게 직간접적인 커다란 성과와 혜택을 가져다주었던 중요한 경제활동임에 틀림없다. 우리는 무역을 통해 직접적으로는 다양한 교역 품목을 얻었으며, 사실 우리의 삶을 풍요롭게 만들어준 간접적인 요인은 그보다 더 컸다. 어느 정치경제학자는 민주주의를 전 세계에 전도한 것이 무역이라고 말하기도 했다. 이처럼 무역이 가져다주는 혜택과 우려가 분명한 상황에서, 이를 조절하기 위한 노력이야말로 경제학자들에게 부여된 가장 커다란 과제가 아닌가 싶다.

ECONOMICS
IN
10 MINUTES

최고급 커피의 가격은 어떻게 결정되는가?

언제부터인가 커피는 우리나라 국민음료가 되었다. 실제로 2023년 국내 1인당 연간 커피 소비량은 405잔으로, 전 세계 평균 152잔과 비교해 2배 이상 높다. 2018년에 이미 363잔에 육박했는데, 이후 매년 2.8% 정도 증가한 것이다. 우리나라 사람들의 커피 사랑이 점점 더 커지고 있다는 것을 알 수 있다. 커피에 대한 우리나라 사람들의 애정은 다른 음료와 비교해도 쉽게 확인된다. 한국농수산식품유통공사 식품산업통계정보시스템에 따르면, 국내 전체 음료 시장의 절반 이상을 커피와 탄산음료가 차지하며, 이중 탄산음료의 비중은 25.5%에 달한다. 따라서 커피 소비량은 전체 음료 소비량의 4분의 1 수준에 해당한다.

관세청 통계에 따르면, 커피 생두와 원두 수입량은 193,000톤으로 9년 전보다 약 1.5배 뛰었다. 커피 프랜차이즈 가맹점 수도 크게

#경매의 종류

늘고 있다. 프랜차이즈 커피 가맹점 수는 2022년 한 해에만 3천 개 이상 증가하기도 했다. 이는 전년도와 비교해 13% 늘어난 수치로, 다른 여러 업종을 제치고 가장 높은 증가율을 보였다.

고급 커피 소비가 늘고 있다

국내 커피 소비량이 비약적으로 늘어남과 동시에 한 가지 특이한 변화가 감지되고 있다. 바로 커피 소비 행태가 고급화되고 있다는 것이다. 믹스커피보다 원두커피를 마시게 되었으며, 조금 더 구체적으로는 대량으로 원두를 구매할 수 있는 커머셜 커피에서 하와이안 코나와 블루마운틴 같은 고급 생두를 사용하는 프리미엄 커피, 스페셜티 커피로 소비 패턴이 급속히 변화하고 있다.

커피의 원두는 품질에 따라 여러 등급으로 분류된다. 인스턴트커피의 원료로 사용되는 원두는 가장 낮은 등급인 4등급 생두로 만들어진다. 일반 프랜차이즈 커피숍에서 우리가 흔히 접하는 원두커피는 2~3등급의 생두로 만들어진다. 이들 커피와는 달리 품질 평가 상위 7% 이내의 1등급 생두로 만든 커피가 있으니, 이를 스페셜티 커피라 부른다.

스페셜티 커피라는 용어는 1978년 프랑스 커피 국제회의에서 처음 사용한 것으로 알려져 있다. 스페셜티 커피로 인정받기 위해서는 미국과 유럽의 스페셜티 커피협회에서 운영하는 커피품질연구기관인 CQI의 품질 평가에서 평균 80점 이상을 획득해야 한다. CQI의 품질 평가는 커피의 향, 맛, 산미, 질감, 맑기, 단맛, 균일함 등 여러 측정 항목을 종합하여 이루어진다. 최근에는 커피 원두 거래의 공정성과 친환경적 재배 여부 등도 평가 기준에 포함되었다고 하니, 스페셜티 커피로 평가받기란 여간 어려운 일이 아니다.

또 다른 최고급 커피로는 컵 오브 엑셀런스Cup Of Excellence, 이하 COE를 들 수 있다. COE 커피는 브라질, 볼리비아, 콜롬비아, 코스타리카, 엘살바도르, 과테말라, 온두라스, 니카라과, 르완다 등 주로 중남미 지역에서 생산되는 생두 중에서 국제커피단체인 ACE Alliance for Coffee Excellence의 두 명의 심사위원이 하는 5차례 이상의 품질 평가에서 최상급 커피로 분류된 커피를 말한다. COE로 분류된 커피는 전 세계에서 재배된 커피 중 상위 0.1%에 해당하는 커피다. 그래서 이름도 최고의 한 잔Cup Of Excellence이라고 부르게 된 것이다.

최근 국내에서 스페셜티 커피나 COE 커피와 같은 최고급 커피에 대한 수요가 증가하고 있다. 원래 스페셜티 커피의 주요 소비국은 일본이다. 일본은 전체 스페셜티 커피의 40% 이상을 소비하고 있으며, 유럽과 북미 지역이 15% 이상을 소비하고 있다. 하지만 2009년 이래로 가장 크게 소비가 증가하고 있는 국가 중 하나가 우리나라다. COE 커피 또한 최초의 한국인 구매자가 나타난 적이 있는데, 일반 생두보다 가격을 4배 이상 주고 구매한 것으로 전해지고 있다. 이러한 사실로 미루어 보아 이제 국내에서도 최고급 커피를 즐기고자 하는 문화가 급속히 자리잡고 있다는 것은 분명하다.

최고급 커피인 스페셜티 및 COE 생두는 품질만큼 그 가격도 비싸다. 일반 생두는 1kg당 2~3만 원 선이지만 스페셜티 생두는 1kg당 6~7만 원 선에서 거래된다. 스페셜티 생두로 만든 커피 가격 또한 당연히 비싸다. 서울의 모 호텔에서 세계 최고가 파나마 스페셜티 커피인 '게이샤'를 선보인 바 있는데, 게이샤 생두로 만든 커피 한 잔의 가격은 도대체 얼마였을까? 한 잔에 무려 3만 원 수준이었다.

고급 커피의 가격은 어떻게 결정되는가

그렇다면 희소성 높은 최고급 생두의 가격은 어떻게 결정될까? 정답은 경매이다. **경매를 통한 가격 결정 방식은 수요자들이 해당 재화의 가치를 서로 다르게 평가하고 있거나, 해당 재화의 가치를 정확히 가늠할 수 없을 때 주로 사용된다.** 그렇기에 최고급 생두 역시 철저히 경매를 통해 거래되는 것이다. 커피나무는 민감한 식물로, 일조량과 온도, 토질에 따라 생두 맛과 품질이 천차만별이다. 같은 지역에서 재배한다고 하더라도 매년 커피 생두의 품질이 달라지는 것은 당연하다. 생두의 품질이 매년 다양한 이유로 달라지는 상황에서 해당 커피 생두의 가치를 결정하는 가장 수월한 방법은 당연 경매라고 할 수 있다.

경매를 통해 가격을 결정하는 또 다른 이유도 있다. 경매는 구매자와 판매자의 숫자가 극단적으로 불일치할 때 가격을 결정하는 유용한 방법이기 때문이다. 예를 들어 특정 재화의 판매자가 한 명인데 이를 구매하려는 사람이 여러 명인 경우 경매를 통해 가장 높은 가격을 지불하고자 하는 사람에게 판매할 수 있다. 같은 맥락에서 희소성 높은 최고급 생두를 원하는 수많은 사람들 중 누구에게 판매해야 할지 결정할 때 경매로 가격을 결정하게 된다. 이 밖에도 골동품, 미술품 등이 현재 동일한 이유로 경매를 통해 가격을 결정하

경매를 통해 거래되는 커피 생두

고 있다.

이와 반대로 특정 재화의 구매자는 한 명인데, 이를 판매하고자 하는 사람이 여러 명일 경우에도 경매는 유용한 방식이다. 구매자가 경매를 통해 가장 저렴한 가격을 제시한 사람에게서 재화를 구매하면 되기 때문이다. 현재 전투기와 같이 정부만이 유일한 구매자라 할 수 있는 국방 관련 물품이 일종의 경매라고 할 수 있는 경쟁입찰로 결정된다. 이 밖에도 삼림 벌목권 결정, 주파수 이용자 결정, 부동산 거래 등 일상 속에서도 우리는 경매의 방식을 꽤 즐겨 사용한다. 하지만 경매에 여러 종류가 있다는 사실을 아는 사람은 많지 않은 듯하다.

경매는 입찰 방식의 공개 여부에 따라 공개구두경매Open auction 와 밀봉입찰경매Sealed bid auction로 구분할 수 있다. 먼저 공개구두경매는 경매에 참여하는 사람들을 모두 한 자리에 모아놓고 누가 어떠한 조건으로 경매에 응하는지 공개적으로 진행하는 방식이다. 이러한 공개구두경매는 다시 영국식 경매와 네덜란드식 경매로 구분할 수 있다. 영국식 경매는 오름경매방식으로 우리가 가장 흔하게 접하는 방식이다. 낮은 가격부터 시작해서 가장 높은 가격을 제시한 사람이 구매자로 결정된다. 영국식 경매를 통해 가격을 결정하고 있는 대표적인 품목으로는 와인과 앞서 소개한 최고급 생두가 있다. 최근에는 COE 커피 선정 주최인 ACE 측에서 누가 어떤 생두를 구매하기 위해 얼마를 불렀는지를 인터넷으로 생중계하고 있다. 이와는 반대로 높은 가격부터 시작해 가격을 점점 낮추면서 가장 먼저 응찰한 사람을 구매자로 결정하는 내림경매방식이 있다. 이것이 네덜란드식 경매이다. 내림경매방식은 튤립 재배로 유명한 네덜란드에서 오래 전부터 이용해왔으며, 국내에서도 수산물 도매시장에서 생선 가격을 결정할 때 이 방식을 통해 가격을 결정한다.

공개적으로 진행되는 경매와는 달리 경매 참여자들이 서로 어떠한 가격에 응찰했는지 확인할 수 없는 밀봉입찰경매가 있다. 밀봉입찰경매는 주로 건설공사 수주 등을 결정할 때 사용된다. 과거에는 종이에 입찰가를 적어내는 형태로 진행되었으나 오늘날에는 전자적인 방법을 통해 입찰 가격을 제출하여 진행하는 경우가 많아지고 있다. 밀봉입찰경매는 낙찰자가 지불하는 금액을 어떻게 결정하는가에 따라 다시 두 가지 방식으로 구분된다. 먼저 낙찰자가 자신이 적어 낸 금액을 지불하는 방식을 최고가 밀봉경매라 부른다. 예를 들어 최고급 생두 경매에 참여한 사람들이 각각 10만 원, 8만 원, 6만 원을 작성해 제출했을 때, 낙찰자는 10만 원을 적어 제출한 사람이며 자신이 적은 금액 10만 원을 지불한다.

다음으로 차가 밀봉경매는 낙찰자가 입찰한 가격 중 두 번째로 높은 가격으로 지불하는 방식을 말한다. 앞서 제시한 예시의 경우, 10만 원을 적어 낙찰 받은 사람이 자신이 적은 10만 원을 지불하는 것이 아니라, 두 번째로 높은 가격인 8만 원을 지불하는 방식이다. 이러한 차가 밀봉경매 방식은 노벨 경제학상을 수상한 윌리엄 비크리William S. Vickrey 교수가 처음 제시한 방법으로 비크리 경매라고도 부른다.

경매제도 선택에 따라 수익이 달라진다

한 가지 재미있는 사실이 있다. 앞서 언급한 경매제도 중 어떤 제도를 선택하는가에 따라 경매로 얻을 수 있는 수익의 크기와 낙찰자가 지불해야 할 금액의 크기가 달라질 수 있다는 점이다.

　구매자가 해당 물품을 얻기 위해 얼마나 간절한 태도를 갖고 있는지는 각각의 경매제도에 전혀 다른 결과를 가져올 수 있다. 가령 어떤 사람이 영국식 경매제도로 가격이 결정되는 생두를 구입하려 한다고 해보자. 이때 이 사람은 생두의 가격이 자신이 해당 생두에 부여한 가치에 도달할 때까지 응찰하다가, 생두 가격이 자신이 부여한 가치를 넘어서는 순간 입찰을 포기하는 것이 가장 합리적인 전략이다. 미리부터 포기할 필요도 없다. 미리 포기해버리면 자신이 더 높은 가치를 부여하고 있는 생두를 싸게 얻을 수 있는 기회를 포기하는 것이기 때문이다. 따라서 이런 경우 해당 물품을 손에 넣지 못할 위험에 대해 각기 다른 선호도를 가진 사람이라고 해도 별다른 차이가 없다. 다시 말해 위험회피 성향을 갖고 있는 사람이든, 위험중립적인 성향을 갖고 있는 사람이든 간에 입찰 전략에 있어 별다른 차이가 있을 수 없다는 의미이다.

　이에 반해 네덜란드식 경매를 통해 생두를 구입하고자 할 때는 상황이 다르다. 위험회피 성향을 갖고 있는 사람은 위험중립적인 사람에 비해 자신이 원하는 생두를 손에 넣기 위해 조금 더 높은 가격 수준에서 먼저 손을 들 유인이 크다. 위험회피 성향이 큰 사람에게는 가격이 조금 더 떨어지기를 기다려 얻게 되는 추가 소득이 주는 만족의 크기보다, 해당 생두를 다른 사람에게 빼앗기는 위험 비용이 더 중요하기 때문이다. 반면 위험중립적인 사람은 위험회피 성향을 가진 사람보다 조금 더 기다려 낮은 가격에 낙찰 받았을 때 얻는 편익이 상대적으로 더 크다. 때문에 가격이 더 낮은 수준에 이를 때까지 기다릴 유인이 더욱 큰 것이다. 이 같은 사실을 종합할 때, 구매자가 위험을 회피하고자 하는 성향을 갖고 있다면 최고가 밀봉경매나 네덜란드식 경매가 영국식 경매보다 판매자에게 더욱 유리한 제도라고 할 수 있다.

경매는 인류가 수천 년 전부터 활용해온 가장 오래된 거래 방식 중 하나이며, 지금까지도 다양한 분야에서 경매를 통한 수많은 거래가 이루어지고 있다. 어떤 경매제도를 활용하는 것이 나에게 보다 유리한 상황을 가져다줄 수 있는지 알고 있는 것은 어쩌면 가장 손쉽게 이득을 얻을 수 있는 방법 중 하나일지도 모른다.

21

월급 중
먹는 것에 쓰는
돈의
비율은?

경제학을 공부하기 위해서, 혹은 경제 현상을 확인하기 위해서 우리가 숙지해야 할 대상 중 각종 경제지표가 있다. 흔히 우리는 "경기가 안 좋아.", "요즘 취업이 잘 안돼.", "물가가 너무 올랐어."와 같은 표현을 통해 경제 전반의 상황을 묘사하곤 한다. 하지만 이는 다소 주관적이고 추상적인 표현이다. 이러한 표현을 활용해 경제 현상에 대해 토론하거나, 구체적이고 객관적인 상황 판단을 이끌어낼 수 없다. 동일한 경제 현상을 목격했다고 하더라도 사람에 따라 체감하는 정도는 다를 수 있으며, 설사 비슷한 수위로 체감했다 하더라도 각기 다른 방식으로 표현할 수 있기 때문이다. 경제 상황에 대한 객관적 상황 판단 아래 생산적인 논의를 이끌어가기 위해서는 각종 경제 상황을 수치와 그래프 등으로 표시한 경제지표를 활용하는 것이 편리하다. 많은 경제학자들은 일찍이 이런 점에 주목하여 다양한 경제 활동을 확인하거나 설명

#엥겔지수

하기 위한 경제지표를 만들어 이용해오고 있다.

식비의 경제지표화, 엥겔지수

식비는 개별 가구에서 필수 지출 항목이다. 따라서 경제학자들은 식비를 통해 다양한 시사점을 얻을 수 있음에 주목하여 이를 경제지표로 만들었다. 그 중 하나가 바로 엥겔지수이다. **엥겔지수란 전체 가계지출액 중에서 식료품비가 차지하는 비율을 의미한다.** 이를 엥겔지수라 부르는 이유는 1857년 독일 통계학자 에른스트 엥겔 Ernst Engel 이 만들어낸 지수이기 때문이다. 엥겔의 저서 〈작센국의 생산과 소비 상황〉과 〈벨기에 노동자가족의 생활비〉에서 확인할 수 있듯이 그는 일찍부터 개별 가정의 소비 지출 행태에 관심을 보여 왔다. 엥겔은 저소득 가계일수록 생계비에서 식료품비가 차지하는 비율이 높고, 고소득 가계일수록 식료품비가 차지하는 비율이 낮다는 사실을 발견했다.

식료품은 우리가 살아가는 데 있어 반드시 지출해야만 하는 항목이지만, 그렇다고 일정 수준 이상은 소비할 필요가 없다. 하루에 다섯 끼, 열 끼를 먹는 사람은 거의 없기 때문이다. 따라서 생활을 이어가기 위해서는 최소한의 식비를 지출해야 하지만, 소득이 증가한다고 해서 소득에 비례해 식료품비가 늘어나지는 않는 것이다. 이런 까닭으로 소득 수준이 높아지면 엥겔지수는 낮아진다. 일명 '엥겔의 법칙 Engel's law'은 바로 이러한 과정 속에서 탄생했다. 일반적으로 엥겔지수를 통해 생활수준을 분류하자면, 엥겔지수가 25% 이하라면 최상류층, 25~30%는 상류층, 30~50%는 중류층, 50~70% 이하는 하류층, 70% 이상은 극빈층으로 구분하고 있다.

경제지표의 장점

엥겔지수처럼 특정한 경제 활동을 지수로 만들 경우 일반적으로 다음과 같은 장점이 있다. 먼저 특정 경제 활동을 객관적으로 비교할 수 있다. 국민 경제의 전반적인 상황을 파악하기 위해서는 다른 시점 내지 다른 집단과 비교해야 한다. 경제지표들은 바로 이러한 객관적 비교를 가능하게 해준다. 과거 국가 경제 상황과 비교해보거나, 인근 국가와 비교하여 현재 어떠한 상황에 직면에 있는지 파악할 수 있기 때문이다.

우리나라의 경우 2023년 소득 상위 20%에 해당하는 5분위 엥겔지수와 소득 하위 20%에 해당하는 1분위 엥겔지수가 점점 벌어지는 추세가 확인되었다. 이는 소득계층 간의 양극화 현상을 보여주고 있다. 여러 국가에서 엥겔지수를 활용하기 시작하면서 국가 간 엥겔지수를 비교할 수 있게 되었다. 일반적으로 엥겔지수가 0.5 이상이면 후진국, 0.3~0.5는 개발도상국, 0.3 이하는 선진국으로 분류된다. 이렇듯 경제지표는 수치상의 비교와 변화를 바탕으로 경제 상황이 개선되고 있는지 아니면 악화되고 있는지 확인해준다.

거시경제는 어떤 경제 상황을 있는 그대로 받아들이기보다는 이를 보다 바람직한 상황으로 변화시키기 위한 각종 정책적 노력을 취하는 경우가 많다. 이때 거시경제 지표들은 특정 정책을 통해 국가 경제가 얼마나 개선 혹은 악화되었는지 확인할 수 있는 판단 근거를 제공한다. 경제지표의 장점은 필요한 부분이나 사항만 별도로 구분하여 파악할 수 있도록 도와준다는 점이다. 거시경제 지표 중에서도 전반적인 국가 경제 상황을 파악하기 위한 지표 외에 특정한 경제

주체나 경제 상황만을 파악하기 위한 지표들이 있다. 이러한 거시경제 지표를 바탕으로 주요한 경제 분야나 특정 산업 분야의 상황만을 별도로 파악할 수 있게 된다.

경제학자들은 엥겔지수 개념을 특정 지역이나 대상에 한정적으로 집계하여 새로운 시사점을 도출하기도 한다. 일본의 한 경제연구소는 70대 이상의 엥겔지수는 점차 높아지고, 30세 미만의 엥겔지수는 점차 낮아져 세대 간 격차가 더욱 크게 벌어지고 있는 상황에 주목하였다. 조사 결과를 바탕으로 30대는 임금 상승의 혜택을 보고 있지만, 70대 이상은 복지 혜택 감소 등으로 인해 기초 생활수준이 떨어지고 있음을 확인했으며 이는 일본 복지 정책에 변화를 주는 데 기초적인 근거가 되었다.

경제지표의 한계점

경제지표는 여러모로 유용하지만, 그렇다고 해서 만병통치약은 아니다. 우리가 오해 없이 경제지표를 활용하기 위해서는 경제지표가 내포하는 한계점을 명확하게 인지한 상태에서 해당 수치의 내용을 해석해야 한다. 엥겔지수 역시 그러하다. 엥겔지수가 처음 만들어진 200년 전과 오늘날은 식문화가 많이 달라졌다. 현재 우리는 주로 가

공식품을 통해 먹거리를 해결하는 경향이 점점 높아지고 있다. 이로 인해 식비 지출에 농산물 원재료비 이외에도 각종 물류비와 서비스 비용 등이 포함되었다.

최근 외식의 비중이 높아진 것도 과거와는 사뭇 다른 점이다. 하지만 전통적인 엥겔지수는 외식 지출액을 포함하지 않았다. 일반 식당, 배달 음식, 패스트푸드 등에 쓴 비용을 식사비에 포함한다면 1분위의 실질적인 엥겔지수가 30.87%까지 오른다고 한다. 그리고 소득에 관계없이 비싼 유기농 제품을 선호하는 경향이나, 소득 증가에 따른 외식 증가도 얼마든지 엥겔지수를 상승시킬 수 있는 부분이다.

엥겔지수는 국가별 경제적 특수성에 의해서도 달라질 수 있다. 앞서 우리는 선진국의 경우 엥겔지수가 0.3 이하여야 한다는 기준에 대해 알아보았다. 그런데 각국의 엥겔지수를 비교해 보면 유달리 우리나라의 엥겔지수가 낮다는 사실을 알 수가 있다. 우리나라 평균 엥겔지수는 14% 수준이며, 고소득 상위 20%는 12%, 저소득 하위 20% 역시 21% 수준이다. 이러한 특이점을 보이는 이유는 우리나라 농산물 가격이 다른 물품에 비해 상대적으로 저렴하기 때문이다. 이는 농산물 가격 안정을 위한 정부의 노력과, 중국에서 값싼 농산물이 대거 유입되며 발생한 현상이다. 이렇게 엥겔지수는 저마다 처한 특수한 상황으로 인해 얼마든지 변화할 수 있다.

엥겔지수는 문화적 요인에 의해서도 달라질 수 있다. 식문화가 풍성한 프랑스에서는 단순히 끼니를 때우기 위해 음식을 먹지 않는다. 식사를 하나의 문화 예술 행위로 간주하는 경향이 있는 것이다. 이러한 문화적 특성으로 인해 프랑스의 엥겔지수는 인근 비슷한 경제 규모의 국가들보다 높은 편이다. 다시 한번 강조하자면, 엥겔지수를 비롯한 경제지표는 나름의 유용성을 갖고 있지만, 그 지수를 해석하고 활용하는 데 있어 주의를 기울여야 한다.

ECONOMICS
IN
10 MINUTES

22

우리는 모두 강력한 옥수수 소비자이다?

우리 사회는 이미 4차 산업혁명 시대를 맞이했다. 사물인터넷IoT, 빅데이터, 자율주행차 등 다양한 신기술과 신산업에 대한 관심이 고조되고 있다. 하지만 최근 OECD를 비롯한 국제사회는 이러한 신기술과 신산업 못지않게 가장 전통적 산업이라고 할 수 있는 농업에 꾸준히 관심을 갖고 있다.

OECD가 지속적으로 농업에 대해 관심을 보이는 이유는 무엇일까? 현재 인구 증가율이 농업 생산성 증가율보다 높기 때문이다. 향후 10년간 세계인구 증가의 95%는 개발도상국에서 유발될 것으로 전망하고 있다. 현재 추세를 유지한다면 곧 세계인구 약 81억 명 중 67억 명이 개발도상국 인구에 해당할 것이며, 이는 무려 세계인구 82.7%를 차지하는 수치다. 개발도상국의 인구 급증은 국제적 농산물 수급 문제에 있어 가장 직접적인 요인으로 꼽힌다.

#인구와 농업 생산력

식습관이 변화하고 있다

농산물 소비 패턴 변화는 인구 증가에 따른 소비총량의 증가와 더불어 식습관 변화에서도 확인할 수 있다. 아시아 지역 개발도상국 중심으로 1인당 국민소득이 높아지면서 이들 지역의 식습관이 변했다. 기존의 탄수화물 섭취를 줄이는 대신 동물성 단백질 섭취가 늘어났다. 아직 저개발국가 1인당 육류 소비량은 선진국의 절반 수준이지만, 향후 10년간 연평균 1.4% 수준으로 꾸준히 증가할 전망이다. 농산물 수요가 변화하면서 자연스럽게 농산물 생산 부문에서도 커다란 변화가 생겼다. 국제적으로 식습관이 곡물을 통한 탄수화물 섭취에서 동물성 단백질 섭취로 변함에 따라 곡물 생산자 역시 식용보다는 옥수수나 오일 작물 등 사료 목적으로 곡물을 재배하는 비중이 높아지고 있기 때문이다.

향후 10년간 추가로 늘어날 곡물 소비 중 70%가 사료 목적일 것으로 예상된다. 바이오 연료용 작물의 경우 국제 유가 수준의 하락으로 수요가 크게 위축될 것으로 보인다. 이와 함께 대두되는 현상은 농산물 수요국과 공급국이 구분되고 있다는 점이다. 특히 소수의 수출국가가 공급을 담당하고, 다수의 수입국가가 이를 소비하는 형태로 진화하고 있다.

OECD는 이 같은 추세가 유지될 경우 미국이 돈육 부문에서 세계 수출 점유율의 32%를 차지할 것으로 봤다. 브라질은 설탕, 닭고기, 쇠고기 부문에서 각각 50%, 31%, 20% 수준의 세계 수출 점유율을 차지할 것으로 보인다. 낙농품의 경우 뉴질랜드가 버터는 48%, 전지분유는 56% 수준에서 세계 수출 점유율을 차지할 것으로 전망하고 있다.

농산물 소비 총량 증가와 농업 부문의 국제적 분업화로 인해, 현재 국제사회는 향후 많은 국가가 필요한 식량을 안정적으로 조달할 수 있을 것인지에 우려의 목소리를 내고 있다. 현재 추세가 지속될 경우 국제사회가 식량 수급에 어려움을 겪을 수 있으며, 국가 간 식량 안보 문제로 이어질 수 있다. 그렇다면 우리 인간의 주곡으로 사용되거나 동물들의 사료가 되는 대표 곡물들은 어떤 경로를 거쳐 진화해 왔고 현재는 어떤 상태일까?

소수에 의해 좌우되는 대표 곡물 생산

전 세계인들의 주곡이라 할 수 있는 밀, 옥수수, 콩, 쌀, 설탕 등의 작물은 대부분 소수의 곡물 메이저에 의해 수급이 좌우된다 해도 과언이 아니다. 현재 국제 곡물 시장의 수급과 가격 형성에는 소수의 생산 및 수출국이나 소수의 다국적 곡물 메이저 회사들이 독과점적 지위를 차지하며 영향력을 행사하고 있다. 곡물 메이저 회사들은 인류의 먹거리를 좌지우지하는 절대적 권한을 갖고 있음에도 불구하고 우리에게 그리 친숙한 회사들은 아니다. 4대 곡물 메이저회사는 100년 이상의 역사를 지녔으며 가족단위의 비공개 기업이 많다. 이들은 세계 주요 지역에서 곡물의 생산, 저장, 유통, 수송 등 전방위적으로 곡물 산업에 개입하고 있다. 이들은 세계 곡물 유통량의 75~85% 이상을 점유하고 있는 것으로 파악된다. 다국적 곡물 메이저 회사들은 외부 업체와 전략적 제휴를 통해 곡물 생산과 운송, 더 나아가 종자, 비료, 가공, 금융, 컨설팅, 바이오 연료 등 광범위한 영역으로 사업을 확장하고 있다. 심지어 곡물 메이저 회사들은 금융 자회사를 설립하여 곡물 및 식품 사업과 금융을 결합하여 금융상품화를 통해 이익을 극대화하고 있다.

각각의 대표 곡물들의 상황을 세부적으로 살펴보자. 밀은 이미 전 세계적인 주곡이 되었지만, 밀만큼 식량 안보를 위한 자국 소비가 우선시되는 작물도 없을 것이다. 곡물 생산국은 국내 소비를 최우선으로 하고 남는 물량을 해외로 수출한다. 전 세계 소맥, 옥수수, 대두의 생산 대비 수출량 비중에 대한 실제 통계를 보면 쉽게 확인할 수 있다. 대두는 전 세계 생산량의 35~39%가 수출되는 반면, 소맥은 19~22%, 옥수수는 불과 11~12%가 교역됨을 확인할 수 있다.

국제 곡물 시장의 또 다른 특징은 생산과 수출에 있어 일부 국가에 대한 의존도가 매우 높다는 점이다. 특히 생산은 소수의 국가가 거의 전담하다시피 하며, 소비는 불특정 다수의 국가가 수입하는 구조다. 주요 곡물들의 상위 5개 생산 국가에 대한 의존도가 매우 높아지고 있다. 밀은 주요 생산국이 EU, 중국, 인도, 미국, 러시아 등인 반면, 수출은 자국 내 소비가 많은 중국과 인도를 제외한 미국, EU, 호주, 캐나다 등을 중심으로 이루어지고 있다. 주요 수입국으로는 이집트, 인도네시아, 브라질, 한국, 일본, 중국 등 아시아와 아프리카 국가들이다. 최대 수입국인 이집트를 포함한 상위 5대 소맥 수입국은 전체 수입량의 24%를 차지하고 있다.

우리 식탁을 점령한 옥수수

옥수수는 우리가 잘 인지하지 못하지만 우리도 모르는 사이 오래전

알고 보면 굉장히 중요한 곡물인 옥수수

부터 우리 식탁을 점령한 작물이다. 이러한 설명을 들으면 매일 옥수수를 먹는 사람이 어디 있냐며 고개를 갸웃할 수도 있다. 그렇지만 식용류의 주원료는 옥수수이며, 전분으로 만든 과자, 빵, 반찬 모두 옥수수 원료가 포함되어 있다. 그리고 어떤 의미에서는 고기를 먹는 것도 간접적으로 옥수수를 먹는 것이라 말할 수 있다. 현재 옥수수는 인간보다는 가축을 먹이기 위해 재배되는 양이 더 많기 때문이다. 옥수수는 다른 작물에 비해 단위면적당 생산량이 높은 작물이다. 게다가 가축은 사람과 달리 옥수수의 이삭, 줄기, 잎 등을 모두 사료로 먹을 수 있다. 재배의 전 과정이 기계화되어 가장 경제적인 작물로 손꼽힌다. 이 때문에 옥수수는 밀, 벼와 함께 세계 3대 식량 작물로 여겨지며 실질적으로 전 세계에서 가장 많이 재배되는 작물이다.

옥수수의 원산지는 중남미로 신대륙이 발견되기 전에는 중남미 주요 문명이 크게 발전하는 데 기여한 작물이다. 척박한 환경에서도 잘 자라는 옥수수 덕분에 중남미 사람들은 일찍부터 농사 이외의 활동을 수행할 수 있는 잉여 시간을 확보할 수 있었고, 이 덕분에 중남미 고대 문명이 크게 발달할 수 있었다. 옥수수는 유럽으로 넘어와서도 그 진가를 발휘한다. 유럽에서 대기근이 있을 때마다 옥수수는 유용한 대안으로 주목받았다. 16세기에는 동유럽과 북아프리카까지 보급되었고, 이후 일본을 거쳐 한국에도 전해지게 된다. 우리나라 선조들 역시 옥수수의 이점을 일찍부터 알아차린 듯하다. 〈본초강목〉에는 옥수수에 위 기능을 강화하고 소변을 편안히 보게 하는 효능이 있다고 기록하고 있다. 불과 얼마 전까지 옥수수 속대를 끓여 먹으면 치통을 억제한다는 민간요법도 널리 알려져 활용된 바 있다.

옥수수에는 많은 이점이 있지만, 그렇다고 단점이 없는 건 아니다. 옥수수는 영양 측면에서 비타민 B가 부족하다. 그래서 18세기 유럽 국가 중 옥수수를 주식으로 삼았던 국가에서는 비타민 B가 부족할 때 발생하는 질병인 펠라그라Pellagra가 확산되어 발열과 설사를 유발했으며, 심하면 사망에 이른 사람들도 많았다. 20세기 미국에서도 해외에서 이주해 온 가난한 사람들이 옥수수를 주식으로 연명하다가 펠라그라에 의해 사망한 숫자가 10만 명에 달했다고 한다.

식탁을 넘어선 옥수수의 파급력

최근 들어 옥수수가 다시금 주목을 받는 또 다른 계기는 바로 환경 문제 때문이다. 옥수수를 원료로 바이오 에탄올을 만들어 온실가스 감축에 기여하자는 이유로 옥수수 재배가 더더욱 많아졌다. 에탄올 생산 증가와 이에 따른 연료용 옥수수 소비 증가는 미국 내 옥수수 가격 상승을 유발하여 국내 배합사료 산업과 축산 업계가 큰 어려움을 겪기도 했다. 2005년 당시 부셸당 1.89달러였던 것이 2007년에는 6달러까지 상승했기 때문이다.

현재 전 세계 옥수수 수급은 미국에 의해 좌우되고 있다. 미국은 전 세계 옥수수 총 생산량의 40%, 총 수출량의 60%를 차지하고 있는 명실상부 세계 최대의 옥수수 생산국이다. 또한 미국은 옥수수를 단순 재배하여 수출하는 데 그치는 것이 아니라 옥수수 종자에 대해서도 커다란 국제적 지배력을 갖고 있다. 미국의 종자 수출에서 옥수수 종자가 차지하는 비중이 60%에 달한다. 미국 옥수수 종자를 가장 많이 수입하는 나라로는 이탈리아, 캐나다, 프랑스, 스페인 등을 꼽을 수 있다.

　옥수수에 대한 미국의 지배력은 중국에게 가장 큰 부담으로 작용하고 있다. 돼지고기는 중국에서 가장 인기가 많은 육류 중 하나이기 때문이다. 때문에 돼지 사료로 쓰이는 옥수수 수요가 끊이지 않는 상황이다. 물론 중국 내 옥수수 공급량이 증가하고 있지만, 수요가 워낙 많은 관계로 미국산 등 옥수수 수입의 증가 역시 불가피한 상황이다. 중국 농가에서도 수입산 옥수수를 더 선호하는데, 이는 운송비를 고려해도 가격 측면에서 수입산이 중국산보다 더 저렴하기 때문이다.

　이렇듯 옥수수는 우리가 생각하는 것보다 국제적인 파급 효과가 큰 농작물이다. 때문에 최근에는 옥수수를 기반으로 하는 통상 분쟁마저 야기되고 있다. 대표적으로 GMO(유전자재조합식품)를 기반으로 하는 통상분쟁이 있다. GMO는 인위적으로 유전자를 재조합하거나, 유전자를 구성하는 핵산을 세포 내에 직접 주입하는 등 생명공학기술로 만들어 낸 농작물 또는 그것을 재료로 한 식품이다. GMO에 대한 유해성 논란이 끊이지 않고 있다. 미국의 경우 벌써 수년 전에 GMO 옥수수가 전 세계에서 재배되는 물량의 절반을 차지하고 있다. 반면 유럽과 일본 등은 GMO 옥수수의 유통을 철저하게 규제하고 있으며, EU는 유전자 변형식품의 경우 반드시 이를 표시하도록 강제하고 있다. 멕시코의 경우 옥수수 발생 중심지이며 풍부한 옥수수 생물 다양성이 그들의 귀중한 천연 자원이다. 때문에 2013년 이미 멕시코 법원에서 실험적 GMO 옥수수 재배 금지 명령을 내린 바 있다. 표면적으로는 환경 보호 목적이지만, 실질적으로는 GMO 옥수수 수입으로부터 자국 생산자를 보호하려는 의도이다.

이처럼 옥수수는 식량, 고기를 얻기 위한 사료, 바이오 연료에 이르기까지 식탁을 넘어 일상의 다양한 면에서 우리 인간들에게 영향을 미치는 중요한 작물이라고 할 수 있다. 따라서 "난 옥수수를 먹지 않는데?"라고 말하는 사람이라도, 어떤 의미에서는 모두 강력한 옥수수 소비자가 될 수 있다.

경제학을

ECONOMICS
IN
10 MINUTES

미인은 누구와 결혼해 사는가?
실패한 부동산 투자를 손절하지 못하는 이유는?
결혼할 때 다이아몬드 반지를 주는 이유는?
창문 수에 따라 세금을 낸다?
한때 자동차는 도시 환경을 개선한 구세주였다?
초고층 빌딩은 누가 가지고 있는가?
지방의 대형 마트가 더 큰 이유는?
도시는 인류의 축복인가 불운인가?
뉴욕 부유층이 아파트를 싸게 임대할 수 있었던 이유는?
경쟁사 옆에 가게를 차리면 오히려 이득이 된다?
어느 도시에서 살아야 하는가?
내 땅인데 내 마음대로 못한다고?
다수결의 결과가 내 맘에 안 드는 이유는?
혼잡한 출근길을 해결하는 두 가지 방법, 당신의 선택은?
혁신은 슈퍼스타 도시에서 나온다?
나라 안에 다른 나라, 그 안에 또 다른 나라?
우리는 왜 동네 선거에 관심이 없을까?

___ #짓다

23 미인은 누구와 결혼해 사는가?

경제학은 소비, 생산, 분배 활동 이외에도 인간의 여러 부분에 대해 의미 있는 결론을 도출하는 데 성공해왔다. 경제 활동과 직접적으로 관련이 없는 종교 활동이나 출산, 자녀 수 등에 대해서도 경제적 분석 방법이 유용하게 쓰일 수 있음을 확인시켜주었다. 경제학 분석 방법이 생물학과 같은 자연과학 분야까지 확장되어 활용되기도 했다. 그렇다면 경제학 담론의 대상은 어디까지 확장될 수 있을까? 어떤 것이 경제학 담론의 대상이 될 수 있을까? 또 어떤 것이 경제학 담론의 대상이 될 수 없는 것인가? 이를 판단하는 유용한 기준은 희소성에 있다.

#희소성

희소성은 경제학적 논의의 출발이다

희소성의 한자를 풀어보면, 드물 희稀, 적을 소少, 특성 성性이다. 희소성이란 드물고 적어 부족함을 뜻한다. 사람들은 어떤 누구도 원하는 것을 모두 다 가질 수 없다. 돈이 모자라기 때문이 아니다. 부자라고 해도 모든 것을 다 가질 수는 없는 법이다. 인간은 끊임없이 무언가를 부족해하기 때문이다. 사람들의 욕구는 무한하지만, 욕구를 충족시켜줄 자원은 한정되어 있다. 그러므로 원하는 것을 다 가질 수 없고, 무언가 선택하기 위해서는 동시에 다른 무언가를 포기해야 할지 결정해야 한다.

경제학은 일상생활에서 우리가 접하는 여러 사건들에 대해 어떻게 하면 가장 합리적인 의사결정을 내릴 수 있는지에 대한 판단의 근거를 제공하는 학문이다. 따라서 희소한 자원 중 무엇을 포기하고 무엇을 선택할 것인가, 그리고 희소한 자원을 어디에 분배할 것인가와 같은 문제에 대해 경제학은 유용한 해답을 제시해줄 수 있다.

이처럼 희소성을 가진 자원으로 합리적인 의사결정에 대한 논의를 필요로 하는 대상, 즉 경제학적 논의가 필요한 대상을 가리켜 경제재라고 한다. 반면 무한정 존재하기에 희소성이 없어 경제적 논의가 필요치 않은 대상은 자유재라고 한다. 너무 많이 존재해서 누구나 공짜로 사용할 수 있으므로 경제적 논의가 필요하지 않은 재화라는 뜻이다.

외모는 일찍부터 경제학 담론의 대상이었다

유사 이래 수많은 희소한 대상 중 많은 사람들이 지속적으로 관심을 가졌던 것을 꼽으라면 미인을 빼놓을 수 없다. 특히 외모에 대한 관심이 지속적으로 높아지고 있는 요즘은 더 그렇다. 1999년 우리나라 남성은 몸단장에 하루 평균 48분을 소비했고, 여성은 평균 52분을 소비했다. 그런데 2009년에 와서는 남성은 하루 평균 70분으로 외모에 쓰는 시간이 22분이 늘어났고, 여성은 하루 평균 71분으로 19분 늘어났다. 10년 동안 1일 평균 노동시간이 40분가량 줄었다는 사실을 고려했을 때, 우리나라 남녀 모두 줄어든 노동 시간의 절반 정도를 외모 치장에 활용했다고 볼 수 있다. 오늘날 외모에 대한 우리의 관심이 얼마나 높아졌는지 단적으로 보여주는 결과다.

외모가 출중한 상황은 희소한 상태를 내포한다. 미인이나 미남은 희소성 내지 희소성이 초래하는 행동 결과에 대한 연구를 수행하는 경제학적 담론의 대상이었다. 외모가 가져다주는 다양한 경제적 효과를 설명하기 위한 연구가 이루어져왔다. 외모가 노동 시장에서 어떤 영향을 주는지 확인하는 연구, 외모가 또래 집단 형성에 미치는 영향을 확인하는 연구, 외모가 출중한 사람은 정말 돈을 더 잘 버는지에 대한 연구 등이다. 이러한 일련의 연구는 단순히 많은 사람들의 지적 호기심을 충족시키기 위해 진행된 것이 아니라, 우리 삶 속에 녹아 있지만 우리가 스스로 인지하지 못한 의사결정의 원리를 규명하는 데 이바지해왔다. 더불어 오늘날 우리나라에서 전개되는 결혼 풍속에 대해서도 시사점을 제시하고 있다.

데이트 상대를 고르는 기준

우리는 결혼을 하기 전에 먼저 데이트를 한다. 데이트 대상자를 어떤 기준으로 결정하는가 확인하는 작업은 결혼에 대한 연구와 함께 수행되어야 할 연구 중 하나다. 미국 노스캐롤라이나 대학교에서 진행된 한 연구는 남성과 여성이 어떤 기준으로 데이트 상대를 고르는지 확인해주는 의미 있는 작업이었다. 2006년 수행된 이 연구는 여학생의 비율이 47~85%에 걸쳐 있는 30개 대학을 대상으로 진행되었다. 페이스북에 나와 있는 해당 학교 여학생 1,500명가량의 사진을 보고 외모를 평가하는 방식이었다.

집계 결과, 남학생 비율이 낮아서 남학생이 상대적으로 희소한 대학에 다니는 여학생들의 외모가 더 훌륭하다는 평가를 받았다. 이 같은 현상은 여학생 비율이 60%에 이를 때까지 확인되었다. 이에 연구진은 여학생의 비율이 높은 대학에 다니는 여학생의 경우, 희소한 데이트 상대로부터 선택을 받기 위해 자신의 신체적 매력을 높이려고 노력한 결과일 수 있다고 언급했다. 반면 여학생의 비율이 60% 이상인 학교에서는 오히려 해당 학교의 여학생에 대한 외모 평가가 다시 떨어지기 시작했다. 연구진은 남학생의 비율이 너무 낮아져서 여학생이 신체적 매력을 높이기 위한 노력을 줄였기 때문일 수 있다고 언급했다.

이러한 연구결과에 보다 면밀한 검토가 필요하다고 판단한 몇 명의 경제학자들은 다수의 남녀 대학원생을 대상으로 잠시 동안 만나게 한 뒤, 계속해서 만날 의사가 있는지 여부를 확인하는 연구를 수행했다. 만남을 주선하기에 앞서 참가자들의 외모에 대한 점수를 매겼다. 그리고 외모와 함께 평가될 수 있는 항목으로 이들의 대학 재학 시절 SAT 평균 점수를 제시했다. 그 결과 남성과 여성 모두 데이트 상대를 선택할 때 외모를 중요시 여기긴 했지만, 남성과 여성이 외모와 지능에 대해 각각 다르게 평가하고 있음을 확인할 수 있었다. 남학생들은 여학생의 외모를 더욱 중시했으며, 여학생들은 남학생들의 지능을 더욱 중시했던 것이다.

소수 대학원생을 대상으로 했던 이 실험은 인터넷 데이트 서비스에 등록된 사람들을 대상으로 하여 광범위한 영역으로 재차 시도되었다. 도출된 결과는 거의 동일했다. 남성과 여성 모두 이성을 고를 때 외모에 대해 비슷한 수준의 반응을 보이지만, 여성은 상대적으로 교육 수준이 높은 남성을 더 선호하는 반면 남성은 이러한 경향이 여성만큼 높지 않았다. 연구결과를 종합해보면 남성은 데이트 상대를 고를 때 여성의 외모를 더욱 중시하고, 여성은 교육 수준 등을 통해 남성의 잠재적인 경제적 성공 가능성을 더욱 중시하는 것으로 볼 수 있다.

결혼 상대를 고르는 기준

결혼 상대를 정하는 일은, 데이트 상대를 고르는 일에 비해 더 높은 비용과 위험이 수반되는 의사결정이다. 데이트 상대를 고르는 데 실패하면 저녁식사 값과 몇 시간 정도를 지루하게 허비하는 정도지만, 결혼은 이와 비교도 안 되는 막대한 비용과 시간이 투여되기 때문이다. 결혼 상대를 고르는 일은 데이트 상대보다 신중한 판단을 요구하며, 여러 측면을 고려하게 된다. 그래서 외모에 대해서도 각각 다른 결론에 이른다.

연구결과들에 따르면 결혼에 있어서는 외모의 차이가 결혼 가능성에 그리 커다란 차이를 불러일으키지 않는다고 나타났다. 결혼 상대를 고를 때는 데이트 상대를 고를 때와 달리 상대방의 외모와 함께 다양한 측면을 종합적으로 고려한다. 결혼 상대에 대해서는 외모와 함께 지능, 성격, 종교, 집안 등을 종합적으로 평가한다. 그래서 외모가 다소 떨어진다고 하더라도 다른 측면으로 인해 결혼을 결심하는 경우가 많다.

하지만 결혼 상대를 고르는 다양한 기준 중에서 외모와 교육 수준은 상호 교환되는 요인으로 드러났다. 1970년 미국에서 조사된 연구와 1995년 상하이에서 중국인을 대상으로 조사된 연구 모두 유사한 결론에 이르렀다. 바로 외모가 배우자의 교육 수준에 영향을 미치는 요인이라는 사실이었다. 보다 정확히 말하자면, 평균 이하의 외모를 가진 사람들은 교육 수준이 상대적으로 낮은 배우자와 결혼하는 것으로 확인되었다.

미국의 경우 외모에 있어 하위 15%에 속한 여성들의 남편들은 일반적인 남편들에 비해 평균 교육기간이 1년 정도 짧았다. 해당 연구가 수행되던 당시 미국은 교육기간이 1년 늘어날 때마다 약 10% 추가적인 소득이 늘어난 것으로 집계되었다는 점을 고려할 때, 평균 이하의 외모를 가진 여성은 평균 10% 정도 소득이 적은 배우자와 결혼했다는 결론에 다다른다. 하지만 남편이 평균 이하의 외모를 가진 경우 아내의 교육 수준은 이 정도로 높은 상관관계를 보이지 않았다.

중국에서 수행된 배우자 외모와 교육 수준 간의 관계에 대한 연구결과도 비율의 차이가 있을 뿐이지 동일한 결론에 도달했다. 평균 이상의 외모를 가진 여성의 남편 학력이, 평균이나 평균 이하의 외모를 가진 여성의 남편에 비해 높았다. 반면 남편의 외모와 아내의 교육 수준을 비교한 결과는 미국과 마찬가지로 상대적으로 차이가 적었다.

경제원리가 숨어있는 데이트와 결혼

국내 연구로는 이수경 교수가 실시한 온라인 데이트/결혼 서비스에 관한 연구가 있다. 이 역시 유사한 결론에 이르렀다. 남성보다 여성이 장래의 배우자를 고를 때 교육 수준을 낮출 의사가 훨씬 적었다.

다소 과격한 표현일지도 모르겠지만, 결혼 상대를 고를 때 많은 경우 여성의 외모와 남성의 교육 수준으로 평가한 잠재적 소득이 고려된다는 것이 오늘날 결혼의 실상이다.

경제학이 제공하는 외모와 결혼에 대한 고찰

경제학은 이 밖에도 결혼에 대한 다양한 연구를 수행했다. 남자는 늦은 나이에 결혼하고 여자는 상대적으로 이른 나이에 결혼하는 이유에 대한 연구도 있었다. 이 연구에 따르면 남성은 여성의 외모를 중심으로 결혼 상대를 결정하기 때문에 여성의 입장에서는 굳이 결혼을 뒤로 미루는 것이 유리하지 않다고 생각하기 때문이라고 설명하고 있다. 하지만 여성이 결혼 상대를 고를 때는 남성의 능력을 고려하므로, 남성은 자신이 어느 정도 경제적 능력을 갖춘 뒤에 결혼할 가능성이 높아진다. 그래서 남성은 여성에 비해 상대적으로 늦은 나이에 결혼하게 된 것이다.

노동경제학 분야의 연구 결과에 따르면, 기혼 남성의 수입이 미혼 남성에 비해 높다고 한다. 연구에 따라 다소 편차는 있지만, 기혼 남성의 수입이 10~50% 정도 더 높으며, 기혼 남성의 임금 상승률도 미혼 남성에 비해 상대적으로 높았다. 한 가지 특이한 점은 오직 남성에 대해서만 이런 상관관계가 확인되었으며, 여성은 그렇지 않다는 사실이다. 이러한 연구결과를 보고 "아, 결혼을 하면 더 높은 생산성을 갖게 되는구나!"라고 해석하는 것은 무리가 있다. 잠재적으로 높은 생산성을 가진 남성들이 결혼 배우자로 쉽게 낙점되었기 때문이라고 해석하는 것이 더 적절할 것이다.

결혼하기 전 사치스러운 소비를 일삼던 사람이라도 결혼 후에는 알뜰한 살림꾼이 되는 경우가 많은데, 여기에 대해서도 경제학은 나름의 해석을 내놓는다. 결혼 전 남성은 여성에게 자신의 경제적 능력을 과시할 필요가 있기 때문에, 과시적 소비를 할만한 유인이 많다. 여성도 데이트 과정에서 남성이 지출한 경비를 통해 상대방의 경제적 능력을 파악하려 할 것이다. 각각의 유인 구조로 인해 결혼 전에는 상대적으로 높은 비용이 수반될 수밖에 없다. 물론 가정이 생겼다는 책임감으로 인해 결혼 후 지출을 줄이게 된 점도 부정할 수 없다.

경제학이 단순히 결혼 상대를 고르는 것에만 관심을 둔 것이 아니다. 결혼생활을 유지하는 부분에 있어서도 여러 가지 의미 있는 결론을 도출했다. 그중 하나가 맞벌이 부부가 늘어날수록 이혼율이 높아진다는 사실이다. 부부 중 한쪽만 돈을 벌면 결혼생활이 순탄치 못해도 경제적 이유로 참고 사는 경우가 많지만, 맞벌이 부부는 굳이 그럴 필요가 없기 때문이라고 한다.

사실 앞서 언급한 결혼에 대한 일련의 연구결과가 우리에게 그다지 유쾌한 결론은 아니다. 하지만 우리가 일상에서 쉽게 목격했던 많은 현상이 유발되는 근원에 경제적 요인이 있음을 일관되게 확인해주고 있다.

ECONOMICS
IN
10 MINUTES

실패한 부동산 투자를 손절하지 못하는 이유는?

내가 태어난 고향, 내가 사는 동네를 이전보다 발전한 곳으로 만들고자 하는 마음은 누구나 똑같을 것이다. 이를 위해 각 지역은 우리 고장의 특성에 맞는 다양한 발전 계획을 수립하여 추진해 오고 있다. 이런 과정에서 흔히 볼 수 있는 것이 대규모 산업단지 조성 등 일련의 부동산 개발이다. 2000년대 들어 제주도를 제외한 전국의 모든 시도에서 산업단지 조성을 추진한 사실만 보더라도 쉽게 확인할 수 있다. 알다시피 전국 모든 대규모 산업단지가 초기 계획 당시에 기대했던 성과를 보였다고 말하기는 어렵다. 또한 경제적인 성과는 차치하더라도, 해당 지자체 주민을 포함한 전국적인 동의를 얻었다 보기 어려운 것들도 많다.

#기회비용과 한계비용

왜 중간에 그만두지 못할까

이러한 현상은 비단 최근에 시작된 일은 아니다. 1987년에는 국토 모양이 바뀐다는 대규모 간척사업 '새만금 간척사업'을 추진하다 경제성이 없다는 사실이 확인되어 보류 판정을 받은 바 있다. 이후 대통령 공약이라는 이유로 1991년 사업 시행 인가가 떨어져 다시 개발이 진행되었다. 그러다 1996년 시화호 오염 사건으로 인해 새만금의 환경 훼손과 수질 악화 등에 대한 지적이 높아짐에 따라 다시 공사가 중단되기도 했다. 2000년대 들어 정부는 민간 공동 조사단을 구성하여 조사를 수행했으며, 조사 결과 친환경적인 형태로 개발하기로 최종 결정했다. 이에 환경단체와 인근 지역주민들이 사업 중지 소송을 제기해 다시금 공사가 중단되었다. 결국 2004년 해당 지자체 주민들에게 가장 도움이 되는 형태로 개발하라는 수정안과,

이미 많은 국가 예산이 통과된 국책사업을 중단하는 것은 옳지 않다는 법원 판결 등에 의거해 공사가 다시 진행되었다. 1조 원 이상의 국가 예산이 들어간 사업을 성과를 보기도 전에 중단하는 것은 옳지 않다는 것이었다.

  사실 대규모 국책사업뿐만 아니라 우리 일상에서도 이런 일은 많이 일어난다. 일상생활 속 여러 의사결정 과정에서 이미 많은 돈을 지불했다는 이유만으로 중단을 주저하게 되는 것이다. 이를 '매몰비용 효과'라고 한다. **'매몰비용'이란 이미 발생하여 회수 불가능한 비용을 말한다. 벌써 지불하여 돌이킬 수 없는 일련의 비용은 미래 비용이나 편익에 아무런 영향을 미치지 못한다.** 따라서 경제적 판단이 필요할 때, 이전에 투입된 비용은 그것이 합리적으로 지출되었든 비합리적으로 지출되었든 간에 전혀 고려 대상이 아니다.

  가령 콘서트를 보러 갔는데 기대와 달리 공연이 전혀 재미없고 지루하다고 느낄 수 있다. 그런데도 입장료가 아까워서 공연을 계속 봐야 한다고 우기는 사람들이 종종 있다. 이는 전혀 합리적인 의사결정이 아니다. 매몰비용을 무시하고 판단한 결정이 아니기 때문이다. 입장료는 공연을 끝까지 보든, 중간에 그만 보고 나오든 간에 이미 지불된 비용이다. 따라서 공연장에 남아 지루함을 참아내는 곤욕스러운 시간을 보내기보다는, 공연장을 나와 그 시간에 다른 재미

있는 것을 찾아내는 것이 훨씬 개인의 만족을 높이는 행위가 될 수 있다.

가족과 함께 주말 계획을 세울 때도, 우리는 흔히 매몰비용까지 고려한 잘못된 의사결정을 목격하곤 한다. 여기 등산을 좋아하는 가족이 있다. 이 가족은 주말에 비가 온다는 일기예보에 예정된 등산을 취소했다. 대신 모처럼의 가족 모임이니 썩 보고 싶지는 않았던 콘서트 티켓을 예매했다. 정작 주말이 되어 날씨가 화창해 등산가기 좋은 상황이 된다고 하더라도, 이들은 콘서트 티켓이 환불되지 않는다는 이유로 콘서트를 선택할 가능성이 높다. 이 역시 매몰비용을 고려한 잘못된 의사결정이라 할 수 있다. 이들이 돌이킬 수 없는 비용인 콘서트 티켓 값을 배제하고, 가족끼리 무얼 해야 주말을 가장 즐겁게 보낼 수 있을지 결정했다면 자신들이 좋아하는 등산을 선택했어야 한다.

우리는 의사결정 할 때 무엇을 고려해야 하나

유럽 국가들은 이동통신 서비스에 필요한 특정 주파수에 대해 경매를 실시한 적이 있다. 이에 굴지의 이동통신회사들은 해당 주파수 대역을 얻기 위해 막대한 비용을 지불했다. 그러나 이동통신회사들은 나중이 되어서야 자신들이 실제 사업 가치보다 더 높은 비용을 지불했다는 사실을 깨닫게 되었다. 게다가 얻어낸 주파수 대역을 활용해 실제 사업을 수행하기 위해서는 아직도 많은 투자가 이루어져야 하는 상황이었다. 이때 해당 사업을 지속할지 여부를 결정하는 데 있어, 기존의 투자가 과잉투자였는지는 중요하지 않다. 이미 지불되어 돌이킬 수 없는 매몰비용이기 때문이다. 이 경우 이동통신회사는 앞으로 투자해야 할 금액이 얼마이고, 이로 인해 얻게 되는 수익이 얼마인지만 고려하여 비교하면 된다.

매몰비용을 고려한 잘못된 의사결정의 사례로 유럽에서 가장 유명한 것 중 하나가 콩코드 여객기 개발 사업이다. 프랑스는 1969년 초음속 여객기 개발 계획을 발표했다. 많은 국민과 학자가 천문학적 비용이 들어가는 콩코드 여객기 개발에 경제성이 없다는 우려의 목소리를 높였다. 당시 프랑스 정부는 이미 지불된 금액이 적지 않은 상황에서 개발을 중단하기를 주저했고, 1976년 콩코드 비행기를 완성하게 되었다. 그러나 콩코드 비행기는 비행기 기체 결함과 만성적인 적자에 허덕이다가, 2000년대 초반 결국 사업을 중단하게 되었다. 이에 매몰비용을 고려한 잘못된 의사결정의 오류를 '콩코드 오류Concorde fallacy'라 부르게 되었다.

여기까지 설명한 내용을 바탕으로 의사결정 과정에서 매몰비용을 철저히 배제해야 한다면 무엇을 고려해야 할까? 정답은 '기회비용'이다. **기회비용은 보통 '포기된 대안 중에서 가장 가치가 큰 것'이라고 정의한다. 여러 개의 선택지 중 어느 하나를 선택함으로써 나머지를 포기하게 되는데, 포기한 여러 가지 대안 중 가장 가치가 큰 것을 기회비용이라 한다.**

우리는 기회비용이 가장 적어지는 쪽으로 의사결정을 할 때 가장 효율적인 결정을 내릴 수 있다. 어느 날 오후, 시간을 어떻게 보낼 것인가 고민하는 학생이 있다고 하자. 이 학생이 가지고 있는 대안은 ①공부하기 ②남자(혹은 여자)친구와의 데이트 ③게임, 이렇게 세 가지이다. 이때 공부를 해서 얻는 가치는 A학점, 좋은 성적이다. 남자(혹은 여자)친구와 데이트를 했을 때 얻을 수 있는 가치는 데이트에서 느끼는 즐거움이다. 그리고 PC방에 가서 얻는 가치는 게임을 하는 과정에서 느끼는 재미일 것이다. 세 가지 대안의 가치를 수치로 표현하면 각각 100, 90, 80의 값이라고 해보자. 그렇다면 데이트를 하거나 게임을 했을 경우(공부를 선택하지 않은 경우) 기회비용은 모두 100으로 가장 큰 수치이다. 따라서 공부를 하는 것이 가장 합리적인 선택이라고 할 수 있다.

앞서 소개한 새만금 간척사업과 같은 대규모 부동산 개발 계획을 수립할 때도 당연히 기회비용을 고려해야 한다. 이 경우 어떤 것이

기회비용에 해당할까? 해당 사업을 수행하기 위해 투여한 예산을 부동산 개발이 아닌 다른 곳에 투자할 경우 얻는 편익 중 가장 큰 것이 기회비용이 된다. 부동산 개발을 통해 얻는 편익의 값이 100, 교육에 투자해 얻는 편익이 150, 도로 정비에 투자해 얻는 편익이 80이라고 가정해보자. 부동산 개발을 선택한다면 기회비용은 150이지만, 교육에 투자하면 기회비용은 100이 된다. 따라서 이 경우에는 교육에 투자하는 것이 합리적이다. 이 같은 의사결정 과정은 부동산 개발 계획의 진행 여부를 정할 때 어떤 사항을 고려해야 하는지 명확하게 보여준다.

한계비용과 한계편익을 이용하라

기회비용과 함께 효율적 의사결정 과정을 위해 알아야 할 비용 개념이 하나 더 있다. 바로 '한계비용'과 '한계편익'이다. **한계편익과 한계비용은 특정 경제 행위를 한 단위 추가할 때 발생하는 수입과 비용을 의미한다. 한계편익은 우리가 어떤 행위를 하나 더 할 경우 추가적으로 얻는 편익을 말한다. 반대로 한계비용은 우리가 어떤 행위를 하나 더 할 경우에 추가적으로 드는 비용을 말한다.** 이윤극대화를 달성하기 위해서는 한계편익과 한계비용이 같아지는 수준에서 경제활동이 이루어져야 한다.

만약 어떤 활동을 추가로 하나 더 할 때 한계편익이 한계비용보다 크다면 그 활동을 더 해야 한다. 자동차 회사가 자동차를 1대 더 생산하여 버는 한계편익이 1천만 원이고, 한계비용이 9백만 원이라고 해보자. 이때 회사가 자동차를 1대 더 추가로 생산하면 1백만 원의 순편익, 즉 이윤을 늘릴 수 있다. 따라서 이 회사는 자동차를 1대 더 생산해야 한다. 이러한 논리를 적용한다면, 우리는 한계편익이 한계비용보다 단 1원이라도 클 경우 이 회사가 자동차 생산을 늘려야 한다는 결론을 내릴 수 있다. 그럼으로써 순편익은 증가하기 때문이다.

반면 한계편익이 한계비용보다 작다면 그 활동은 줄여야 한다. 이번엔 자동차를 1대 더 생산할 때 버는 한계편익이 1천만 원이고, 한계비용은 1천1백만 원이라고 해보자. 이 경우 자동차를 1대 더 생산하면 1백만 원의 순편익을 상실하게 된다. 따라서 자동차 생산을 1대 줄임으로써 순편익을 늘릴 수 있다. 한계비용이 한계편익보다 단 1원이라도 크다면 이 회사는 자동차 생산을 줄임으로써 순편익을 증가시킬 수 있다.

이렇게 두 가지 경우를 종합하여 회사가 순편익을 최대화할 수 있는 방법을 찾을 수 있다. 정리하자면 한계편익이 한계비용과 같아질 때까지 생산을 늘이거나 줄여 순편익을 최대화할 수 있다는 사실이다.

 이 같은 논리는 부동산 투자에서도 얼마든지 활용할 수 있다. 부동산 투자의 경우, 해당 투자 규모를 한 평 넓히는 행위가 한계행위라고 할 수 있다. 투자 규모를 한 평 넓힐 때마다 유발되는 비용은 한계비용이다. 그리고 한 평 넓히면서 얻는 편익은 한계편익이 된다. 따라서 부동산 투자 시에도 적정 투자 규모를 결정할 때 '한계'의 개념은 반드시 고려해야 한다.

 한계 개념을 활용하여 적정한 면적을 산출하는 방식은 대규모 국책 사업 외에도 다양하게 적용할 수 있다. 백화점 입점 시 매장 크기를 결정하는 경우 역시 마찬가지이다. 백화점에 입점하는 매장의 면적이 한 평 증가할 때마다 추가로 부담해야 하는 임대료가 한계비용이라고 할 수 있다. 반면 매장의 면적이 한 평 커지며 고객들의 시야에 더 잘 들어와 추가적인 매출 인상을 기대할 수도 있는데, 이를 한계편익이라고 볼 수 있다.

 이러한 상황에서 초기에는 매장을 한 평 한 평 늘릴 때마다 추가적으로 부담하는 임대료보다는 넓은 면적으로 인해 유발되는 추가적인 수익이 더 클 수 있다. 이럴 때는 해당 매장의 크기를 더욱 크게 해야 한다. 하지만 매장이 일정 규모 이상 되면, 면적을 한 평 추가하여 얻는 수익의 증가분에 비해 임대료의 증가분이 더욱 커질 수 있다. 그러면 더 이상 매장 크기를 늘리는 것은 오히려 추가적인 이익 확보를 막는 요인이 되는 것이다. 결국 가장 높은 이윤을 실현해주는 매장 크기는 한계비용과 한계편익이 동일해지는 지점에서 결정된다.

이처럼 경제학에서 제시하는 일련의 개념은 우리에게 부동산 투자뿐만 아니라 일상의 여러 현상들을 보다 합리적으로 결정하는 데 있어 유용한 도구가 되어준다. 경제학과 직접적으로 관련이 없는 분야에 종사하는 사람이라고 하더라도, 경제에 관심을 두어야 하는 이유가 여기에 있는 게 아닌가 싶다.

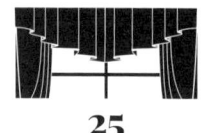

결혼할 때 다이아몬드 반지를 주는 이유는?

어떤 사회에서 오랫동안 인정하는 풍습이 어떻게 형성되었는지 설명할 때, 경제적 유인만큼 유용한 개념은 없는 듯하다. **경제적 유인은 어떤 행동을 하도록 사람을 부추기는 것을 목적으로 하는 자극이다.** 우리가 흔히 인센티브라고 말하는 것들도 일종의 경제적 유인이다. 최근 들어 기업에서는 직원들의 근로 의욕을 부추기기 위해, 혹은 소비자의 구매 의욕을 높이기 위해 다양한 인센티브 제도를 활용하고 있으며 이로 인해 경제적 유인의 중요성이 더욱 부각되고 있다. 하지만 인센티브는 인류가 태동한 이후부터 줄곧 우리의 행동 양식을 결정함에 있어 지대한 영향을 미쳐왔다. 오랜 기간 유지되어온 풍습도 해당 사회 경제 주체들이 경제적 유인과 맞아떨어지는 경우가 많다.

#경제적 유인 구조

부적이었던 다이아몬드, 결혼반지가 되기까지

결혼할 때 신부에게 다이아몬드 반지를 선물하는 풍습도 이에 해당한다. 원래 반지는 선사시대부터 존재했다. 다만 선사시대의 반지는 주술적인 용도였다. 처음으로 결혼식에 반지를 활용하기로 생각한 사람들은 로마인이었다. 그때까지 로마에는 아내를 돈으로 사는 매매혼이 아직 남아 있었다. 이때 결혼할 남성이 결혼에 대한 대금 결제의 증거로 반지를 전해주기 시작했다. 하지만 반지에 법적 구속력이 있는 것이 아니라, 결혼 파기 등의 문제가 생겼다. 그래서 로마인들은 기원전 3세기부터 조금 더 법적인 구속력을 갖춘 열쇠 모양의 반지를 결혼반지로 사용했다. 결혼반지에 열쇠 모양이 있는 이유는 열쇠가 곧 어머니가 될 신부를 상징하는 것이라는 설과, 결혼할 남편의 마음을 여는 열쇠의 의미라는 설 등이 있다.

열쇠 모양의 결혼반지가 갖는 실질적인 기능은 결혼에 대해 보다 엄격한 법적 구속력에 있었다. 결혼반지를 받은 신부가 남편을 위해 결혼 전까지 순결을 지키게 하고, 약혼기간 중 부정을 저지르면 법적 책임을 묻는 기능이 더욱 컸다. 즉, 로마시대의 결혼반지는 여성에 대한 일종의 구속 기능도 함께 갖고 있던 것이다. 그렇지만 고대 로마시대에 주고받은 결혼반지가 단순히 여성을 구속하는 의미만을 담고 있던 건 아니다. 당시 반지는 오늘날 같은 다이아몬드 반지가 아니라, 철이나 구리로 만든 반지가 주로 쓰였다. 특히 금반지를 결혼반지로 썼던 이유는 변하지 않는 금처럼 영원한 사랑과 부귀를 염원하는 뜻을 담은 것이라 한다. 이상에서 언급한 사실을 종합해보면 로마시대 결혼반지는 결혼의 가치를 반영하는 역할과 함께, 자신이 맞이할 신부에 대한 금전적 지불을 완료했음을 확인시켜주는 기능이 있었음을 알 수 있다.

그럼 고대 로마인들은 다이아몬드를 어디에 사용했을까? 로마인들에게 다이아몬드는 신성한 물건이었다. 고대 그리스 전설은 다이아몬드를 신의 눈물로 묘사하고 있고, 다이아몬드의 어원 역시 '정복할 수 없다'는 뜻의 그리스어 아다마스Adamas에서 유래했다. 로마인들은 다이아몬드를 하늘에서 떨어진 별 조각이라고 여기면서 신성시했으며, 수세기 동안 부적으로 사용해왔다.

부적으로 쓰였던 다이아몬드가 처음 보석의 용도로 쓰인 것은 헝가리 여왕의 왕관이었다. 이후 15세기부터 프랑스와 영국 왕실이 보석으로 사용할 다이아몬드를 구하러 다니기 시작했으며, 이제 다이아몬드는 왕의 보석이 되었다. 그러다 1477년 오스트리아 막시밀리안 대공Maximiliano I이 자신의 신부에게 청혼하면서 다이아몬드는 결혼반지로 사용되기 시작했다. 막시밀리안 대공 이후로 다이아몬드를 결혼반지에 사용하는 모습은 더욱 많아졌지만, 어디까지나 일부 왕족과 귀족 계층에 국한된 움직임에 지나지 않았다.

다이아몬드가 오늘날처럼 보편적인 결혼반지로 자리매김한 것은 1940년대 초반부터다. 일반인들이 다이아몬드를 결혼반지로 사용할 수 있던 가장 큰 환경의 변화는 구매력에 있다. 다이아몬드 광산이 추가로 발굴되면서 다이아몬드 가격이 떨어졌을 뿐만 아니라, 일반인들의 수입도 증가해 전보다 다이아몬드를 쉽게 구입할 수 있게 된 것이다.

많은 사람들이 하필이면 다이아몬드를 결혼반지로 사용하기 시작한 데 가장 크게 기여한 것은 드비어스라는 다이아몬드 기업이라고 전해진다. 당시 드비어스는 다이아몬드 약혼반지에 대한 대대적 광고를 실시했다. 특히 '다이아몬드는 영원하다'는 광고 문구는 1947년 처음 고안된 이후 지금까지 단 한 번도 바뀌지 않았다. 이 카

프로포즈의 정석, 다이아몬드 반지

피로 인해 다이아몬드는 영원한 사랑의 징표로 자리잡게 되었다.

여성을 보호했던 경제적 유인, 다이아몬드

조지메이슨 대학의 마가렛 브리니그는 다이아몬드 결혼반지의 보편화가 단순히 특정 기업의 홍보에 의해 형성된 현상이라고 생각하지 않았다. 그녀는 미국에서 다이아몬드 반지가 유행한 원인을 당시 약혼에 대한 미국법원 판결의 변화에 있다고 생각했다.

1930년대 이전까지는 결혼 약속을 어길 시 법적인 처벌을 할 수 있었다. 불합리한 이유로 파혼을 당한 약혼자가 이에 대해 법적인 배상을 요구할 수 있던 것이다. 미국 정부가 법률에 의거하여 여성의 불합리한 파혼을 억제하려 노력한 이유는, 당시 결혼이 여성들의 생계를 보장하는 가장 중요한 방편이었기 때문이다. 그때까지만 해도 여성의 사회 활동이 그리 많지 않았다. 그래서 여성에게 결혼이란 경제적 측면에서도 매우 중요한 일이었다. 이러한 상황에서 여성이 어떤 남성과 결혼 직전까지 갔다가 버림받으면, 그녀에게 정신적 측면은 물론이고 물질적인 면에서도 심각한 손실을 가져다준다. 특히 당시 사회는 자신이 성장한 지역에서 결혼하여 계속 거주하는 비중이 지금보다 월등히 높았다. 그래서 해당 지역의 어느 여성이 누구와 결혼하려다 파혼했다는 소식이 퍼질 경우, 그 여성이 다른 누군가와 결혼할 수 있는 가능성이 현격히 떨어질 수도 있다. 한 다리만 건너면 아는 사이인 남자와 결혼 직전까지 갔다가 파혼한 여성에게 관심을 보일 남성은 상대적으로 적기 때문이다. 따라서 불합리한 이유로 파혼 당한 여성들은 약혼자에게 자신들의 잠재적 재산상의 손실에 대해 법적인 배상을 요구할 수 있었다.

그런데 1930년대에 이르러 이와 관련된 법률 조항이 크게 완화되거나 아예 폐지되었다. 남성들은 파혼을 하더라도 더 이상 소송을 당하지 않게 되었고, 금전적인 피해보상을 하지 않아도 됐다. 이에 반해 여성들의 사회 진출이나 사회 활동에 대한 인식이 크게 개선되지는 못했다. 결국 결혼 과정에 대한 위험이 여성에게는 여전히 높지만, 남성에게는 낮아지게 된 것이다. 여성들은 이제 자신들을 보호할 새로운 방법이 필요했다.

마가렛 브리니그Margaret F. Brinig는 이때 여성들이 주목한 것이 바로 다이아몬드 결혼반지였다고 주장한다. 1930년대 미국에서 다이아몬드 반지의 수요가 급증한 가장 직접적인 이유는, 약혼한 여성들을 보호할 수 있는 법적 조치가 퇴보하자 여성들이 스스로를 지키기 위해 이와 같은 풍습을 만든 것이라고 했다. 여성들은 결혼할 때 남성들에게 결혼반지 선물을 요구함으로써 청혼의 과정을 높은 비용이 유발되는 행동으로 만들었다. 남성들이 일순간의 감정에 의해 쉽게 청혼의 말을 내뱉을 수 없게끔 만들어버린 것이다. 뿐만 아니라 청혼 이후에도 자신의 마음을 쉽게 바꿀 수 없도록 만들었다. 청혼을 하며 비싼 결혼반지를 선물한 남성은 약혼자와 언쟁을 하거나 뒤늦게 마음에 안 드는 점을 발견했다고 하더라도 결혼을 접기 쉽지 않았다. 이미 다이아몬드 반지라는 높은 비용을 투자한 상황이기 때문이다. 이처럼 법원에서 여성을 보호하기 위한 경제적 유인 구조를 단절시키자, 여성들은 직접 사기 약혼이나 파혼에 대한 방지책으로 다이아몬드 반지라는 경제적 유인 구조를 만들어낸 것이다.

이러한 현상은 삽시간에 거의 모든 여성에게 퍼져 나갔다. 동일한 상황에 처해 있던 그 당시 많은 여성들이 다이아몬드를 통해 자신이 누릴 수 있는 긍정적 유인 구조가 무엇인지 깨달았고, 이들은 남성들에게 결혼반지로 다이아몬드 반지를 요구하기 시작했다.

왜 다이아몬드인가

그런데 여성들은 왜 하고 많은 보석 중 다이아몬드를 선택했던 걸까? 물론 새로운 다이아몬드 광산을 발견해 오래 전부터 많은 이들이 선망했던 보석 중 하나인 다이아몬드 가격이 떨어져서 그렇기도 하지만, 다이아몬드가 경제적 유인 구조를 설정하기에 용이한 대상이었기 때문이다. 다이아몬드 결혼반지가 의미 있는 방어수단이 될 수 있었던 이유는 효과적인 경제적 유인 구조가 갖추어야 할 요건을 내포하고 있었기 때문이다.

의미 있는 경제적 유인 구조가 되기 위해서는 무엇이 필요할까? 먼저 '중요성의 원칙'을 갖추어야 한다. 사람들이 중요하게 여기는 것을 대상으로 유인 구조를 설정해야만 영향력을 가질 수 있다는 의미다. 이러한 측면에서 다이아몬드는 적절한 선택이었다. 비록 가격이 많이 낮아졌다 하더라도, 다이아몬드는 여전히 고가의 보석이었다. 고가의 보석을 사야만 청혼할 수 있게 된 남성들은 청혼에 그만큼 신중해질 수밖에 없었다. 따라서 여성들은 다이아몬드 반지라는 유인 구조를 통해 남성들이 청혼에 있어 신중한 태도를 취하도록 유도할 수 있었다.

경제적 유인 구조는 개인마다 다른 수준에서 영향을 미치기에, 다양한 수준으로 유인을 조절할 수 있어야 한다. 이를 '융통성의 원칙'이라 하며, 이런 측면에 있어서도 다이아몬드는 효과적인 대상이었다. 여성들이 다이아몬드 결혼반지를 통해 궁극적으로 확인하고자 했던 부분은 고가의 보석을 살 수 있는 남자의 능력이 아니라, 자신에 대한 남자의 진심이었을 것이다. 그러므로 여성들은 자신과 교제하는 남자의 경제적 여건에 부합하는 수준에서 자신에게 확신을 심어줄 수 있는 적절한 수단을 제시할 수 있어야 한다. 만일 남성들의 경제 상황에 따라 차등적으로 조정할 수 없는 유인 구조라면 그런 방식은 금방 사라져버리거나, 특수 계층의 전유물로 국한되었을 것이다. 그러나 다이아몬드는 흔히 4C(커트, 컬러, 캐럿, 투명도)에 의해 가격이 천차만별이다. 따라서 남성들은 자신의 경제적 여건을 고려하여 이에 맞는 수준의 다이아몬드를 여성에게 선물하고, 자신의 진심을 확인시켜줄 수 있었다.

효과적인 경제적 유인 구조의 역할을 위한 마지막 원칙은, 가시성을 갖추어야 한다는 것이다. 상대방이 경제적 유인 구조에 어떤 수준으로 반응했는지 누구나 명확하게 확인할 수 있어야 한다. 이런 점에 있어서도 다이아몬드만큼 가시성이 높은 방법이 또 있을까. 이제 여성들은 남성이 다이아몬드 결혼반지를 사가지고 와서 청혼을 할 때, 어떤 반응을 해야 좋을지 비교적 명확하게 판단할 수 있게 되었다. 이 같은 경제적 유인 구조로 인해 결혼할 때 다이아몬드 반지로 청혼하는 풍습이 자리매김하게 된 것이다.

경제적 유인 구조가 풍습으로 자리 잡기까지

1960년대에 들어서면서 다이아몬드 반지에 대한 수요는 한풀 꺾인다. 이는 다이아몬드 반지에 대한 경제적 유인 구조가 변했기 때문이다. 1960년에는 여성의 사회 진출이 좀 더 보편화되면서 결혼이 가진 의미 중 생계 유지의 측면이 퇴색되었다. 이와 함께 혼전 성경험에 대한 사회적 인식이 이전과 달리 유연해지면서, 파혼한 여성에 대한 불이익이 줄어들었다. 다시 말해 여성들도 이전처럼 파혼 방지를 위한 강력한 유인 구조가 필요하지 않게 된 것이다.

그럼에도 불구하고 오늘날 여전히 많은 여성들은 남성들에게 결혼반지로 다이아몬드를 요구한다. '결혼반지=다이아몬드'라는 공식이 관습처럼 내려와 많은 여성들이 별다른 의심 없이 이를 추종하기 때문이기도 하지만, 다이아몬드 반지가 여성들에게 여전히 유의미한 경제적 유인 구조를 가지기 때문이기도 하다.

우리는 TV 드라마나 영화에서 여성들이 자기 결혼반지의 다이아몬드가 몇 캐럿인지 자랑하거나, 남자친구가 청혼할 때 얼마나 큰 다이아몬드 반지를 건넬지 기대하는 모습을 흔하게 볼 수 있다. 물론 여성 캐릭터의 허영심을 표현한 장치로 볼 수도 있다. 하지만 우리가 여전히 일상 속에서도 이런 장면을 종종 볼 수 있는 이유는 따로 있다. 많은 여성들이 다이아몬드 반지 크기를 바탕으로 예비 남편이 자신을 얼마나 사랑하는지, 얼마나 소중하게 여기는지 가늠하기 때문이다.

결혼할 때 다이아몬드 반지를 선물하는 풍습은 불합리한 파혼을 막고 남성의 진심을 확인하고자 여성들이 고안해낸 경제적 유인 구조에서 출발했다. 이렇게 생긴 다이아몬드 결혼반지가 오늘날에도 현재진행형인 이유는 다이아몬드를 통해 상대 남성이 자신을 얼마나 사랑하는지 확인할 수 있다는 점을 내포하기 때문이다. 처음에는 이러한 경제적 유인 구조 속에서 고안되었으나, 지금은 결혼할 때 반드시 다이아몬드 반지를 줘야 한다는 풍습으로 자리잡게 된 것이다. 만약 이런 풍습이 마음에 들지 않아 바꾸고 싶은 사람이 있다면, 여성들에게 보다 강력한 경제적 유인 구조를 제시할 수 있어야 한다.

ECONOMICS
IN
10 MINUTES

창문 수에 따라 세금을 낸다?

조세란 국가나 지방자치단체가 재정 활동에 필요한 재원 마련을 위해 국민들로부터 거둬들이는 수입이다. 조세는 재원 마련 기능 이외에도 효율적인 자원 배분을 유도하는 기능을 담보하거나, 소득재분배 기능을 담당하기도 한다. 하지만 납세자의 의사와 달리 강제성이 부여되었다는 점, 정부로부터의 수혜 정도와 무관하게 세금이 부과된다는 점, 반드시 서비스 생산 목적으로만 사용되지 않는다는 점 등으로 인해 조세부과 시 논쟁을 유발하는 경우가 많다. 사실 납세자 입장에서는 나에게 직접적인 혜택을 주는 데 사용되는지 아닌지 제대로 확인할 수 없는 돈을, 그것도 강제적으로 납부해야 하는 일이 그리 유쾌한 일만은 아닐 것이다.

조세가 내포하는 강제성, 그리고 수혜 정도와 무관하게 부과되는

#근거과세 원칙의 중요성

특징으로 인해 발생하는 납세에 대한 논쟁을 최대한 억제하기 위해 과세 주체는 엄격한 원칙 아래 조세를 부과하고 있다. 이를 '국세부과의 원칙'이라고 한다. 국세부과의 원칙은 크게 '실질과세의 원칙', '신의성실의 원칙', '근거과세의 원칙', '조세감면의 사후관리' 네 가지 세부 내용으로 구성되어 있다.

실질과세의 원칙은 법적인 형식보다는 경제적 실질성에 근거하여 과세해야 한다는 원칙이다. 신의성실의 원칙은 세무공무원은 법에 근거해 신의성실한 세무처리를 해야 한다는 원칙을 의미한다. 근거과세의 원칙은 조세를 부여할 때 명확한 근거자료를 기준으로 과세해야 한다는 원칙을 말한다. 마지막으로 조세감면의 사후관리는 과세 주체가 조세를 감면한 경우 그 취지를 달성하기 위해 해당 감면에 대해 일정한 사후관리를 해야 한다는 원칙이다.

국세부과의 원칙 중 근거과세의 원칙은 조세를 부과하는 근거를 적절하게 설정하지 못하면 납세자가 조세부과의 근거를 축소하거나 은폐할 우려가 있다. 뿐만 아니라 근거 자체가 잘못된 대상으로 설정될 경우 적합한 납세자에게 적절한 수준의 조세를 부과하지 못하게 된다. 적합하지 못한 대상을 근거로 조세가 부과될 때 어떤 문제가 유발되는지 확인할 수 있는 좋은 선례가 하나 있다. 바로 창문세다.

부자는 창문이 많은 집에 산다

창문세는 납세자가 소유한 집의 창문 수에 근거해 부과했던 세금이다. 창문 수를 근거로 세금을 부과하다니, 어떻게 보면 얼토당토않은 얘기로 들리기 쉽지만 나름의 합리적인 근거가 있긴 했다. 과거 창문은 일종의 사치품이었다. 창문의 재료인 유리가 고가였기 때문에 당시에는 창문이 없는 집에 사는 사람도 많았다. 게다가 큰 건물을 소유하고 있는 사람은 그만큼 많은 수의 창문을 갖고 있을 가능성이 높다. 조세가 납세자의 경제적 능력에 부합하는 형태로 부과되어야 한다는 점에서 창문을 근거로 한 조세부과는 나름의 합리성을 갖고 있었다.

17세기경 영국이 최초로 도입한 것으로 알려진 창문세는 사실 그

창문이 많을수록 부잣집

이전부터 여러 국가에서 이미 시행된 바 있다. 창문세를 최초로 고안한 국가는 바로 프랑스다. 1303년 필립 4세 Philippe IV는 왕권 강화를 위해 다양한 세원을 확보해야만 했다. 이에 여러 종류의 세금을 신설했는데, 그중 하나가 창문세였다. 창문세는 짧은 기간 동안 징수되다가 곧바로 폐지되었는데, 이후 프랑스가 14세기 백년전쟁을 치르는 과정에서 군자금 확보를 위해 다시 시행되었다.

영국이 창문세를 받아들인 시기는 1696년이다. 이전까지 영국에는 창문이 아니라 난로에 근거해 과세하는 난로세가 있었다. 1662년 찰스 2세 Charles II는 전쟁 자금을 조달하기 위해 영국과 웨일즈에 난로당 2실링씩 과세했다. 하지만 난로를 기준으로 세금을 징수하려면 담당 공무원이 가정집 안에 직접 들어가서 난로의 보유 여부를 확인할 필요가 있었다. 이 과정에서 세금징수자들과 국민들 간 충돌이 끊이지 않았다. 그리고 난로세는 소득 수준과 무관하게 난로 하나당 성 미카엘 대축일과 성모 영보 대축일에 각각 2실링씩 부과되는 조세였다. 이런 조세 형태는 상대적으로 가난한 사람들에게 더욱 커다란 부담을 안겨줬다.

결국 난로세는 네덜란드 윌리엄 공이 영국을 점령한 뒤 민심을 달래고자 1688년 폐지됐다. 하지만 네덜란드와 스코틀랜드의 분쟁이 발생하자 다시 줄어든 세원을 확보할 필요가 커졌고, 이를 해결하기 위해 창문세가 도입되었던 것이다. 당시 영국은 각각 창문이 10개 이하일 경우 0.1파운드, 11개 이상~20개 이하는 0.3파운드, 21개 이상은 0.5파운드를 부과했다.

건물 외부에서 확인할 수 있는 창문을 근거로 과세했기 때문에, 난로보다는 훨씬 명확한 징수 근거를 확보할 수 있었다. 하지만 오늘날과 마찬가지로 과거 사람들 역시 세금 내는 것을 좋아하지 않았다. 결국 당시 영국인들은 창문을 기준으로 부과된 조세를 축소 내지 회피할 방법을 모색하기에 이른다. 가장 쉬운 방법은 창문을 없애 버리는 것이었다. 난로세를 피하기 위해 벽난로를 없앴던 납세자들은 창문 또한 없애기 시작했다. 세금을 많이 낼 바엔 차라리 어둡게 살겠다는 거였다. 실제로 창문세를 부과하던 시기 세워진 건물들을 보면, 건물 크기에 비해 창문 수가 몹시 적은 기형적인 형태로 건설된 건물이 많이 남아 있다.

세금 혐오가 합리적 선택을 가로막는다

납세자는 세금 부담을 회피하고자, 자신에게 가장 합리적인 경제적 선택을 바꾼다. 경제학에서는 이를 '교란'이 발생했다고 표현한다. 조세를 부과하지 않는다면 납세자는 자신에게 가장 높은 효용을 가져다주는 선택을 자유롭게 내릴 수 있다. 하지만 조세가 부과되면 조세부과로 인해 발생하는 경제적 손실을 피할 수 있는 선택지를 최우선하는 경향이 있다. 이 선택이 조세부과 이전에 내렸던 선택에 비해 상대적으로 덜 합리적이라는 데서 교란이 발생한다.

창문세 역시 교란이 발생한 것으로 볼 수 있다. 창문에 세금이 부과되지 않았다면, 대체 누가 어두컴컴하고 통풍도 잘 안 되는 창문 없는 집에서 살기를 선택하겠는가? 세이의 법칙으로 유명한 프랑스 경제학자 세이는 영국 여행 중 창문이 없는 집을 목격하고는 창문세가 가진 폐단에 대해 맹렬한 비판을 쏟아냈다. 잘못된 조세 정책으로 인해 유발된 교란 행위에 대한 비판이었다.

창문에 대한 과세를 피하기 위한 납세자들의 노력 못지않게, 창문에 과세하려는 당국의 노력도 끈질기게 이어졌다. 당시 영국인들은 건물 외부에서는 하나의 창문처럼 보이게 하면서 창문 간격을 넓게 하는 방식으로 세금을 회피하려 했다. 그러자 정부는 창문 간격이 일정 기준보다 벌어져 있으면 별도의 창문으로 간주해 세금을 부과했다. 조사원이 방문할 때 일시적으로 창문을 폐쇄했다가 다시 만들기도 했는데, 이러한 행위가 적발될 경우 20실링의 벌금을 물리거나 일시적으로 폐쇄했던 창문을 다시는 이용하지 못하도록 막기도 했다.

한동안 창문세에 주목하지 않았던 프랑스도 다시 창문세를 활용하기 시작했다. 1789년 프랑스대혁명이 성공한 후 귀족들에게 막대한 세금을 거두기 위한 방법을 모색했는데, 이때 프랑스인들이 선택한 방법 중 하나가 바로 창문세였다. 귀족들은 자신의 신변이 어떻게 될지 모르는 상황이었기 때문에 과세에 순순히 응했다고 한다.

창문을 근거로 한 과세는 신대륙에서도 이어졌다. 미국은 1729년 처음으로 직접세를 도입했는데, 당시 과세 대상은 토지, 집, 노예 등이었다. 특히 집에 대한 과세가액을 산출할 때 창문의 수와 크기를 활용했는데, 이 과정에서 징수원의 주관적인 판단이 많이 개입되어 납세자로부터 거센 항의를 받기도 했다. 심지어 세금에 불만을 품은 사람들이 세금징수원을 감금하거나 폭행한 일도 여러 번 있었다고 한다.

이처럼 다양한 문제를 유발한 창문세는 영국을 비롯한 유럽과 신대륙에서 좀처럼 사라지지 않았다. 영국에서 창문세가 사라진 시기는 1851년이며, 프랑스는 1925년이 되어서야 창문세를 없앴다. 14세기 초 필립 4세가 처음으로 창문세를 고안한 이후, 무려 600~700년이 흐르고 나서야 창문을 근거로 한 과세 기준이 사라진 것이다. 창문세만 봐도 알 수 있듯이, 적절하고 효과적인 과세 근거를 찾는 것은 무엇보다 중요하다. 창문처럼 잘못된 과세 근거로 인해 인간의 기본적 권리라고 할 수 있는 일조권마저 스스로 포기하게 만드는 상황이 생길 수 있기 때문이다.

창문세가 폐지된 이후, 각국 정부는 새로운 과세 근거를 찾기 위해 다양한 시도를 꾀한다. 영국인들이 주목한 것은 모자였다. 부자는 고가의 모자를 여러 개 가지고 있지만, 가난한 사람은 싸구려 모자 한 두 개 정도를 가지고 있을 뿐이었다. 이에 영국 정부는 모자 가격에 따라 세금을 부과했다. 4실링 미만의 모자는 3펜스, 4~7실링 정도의 모자는 6펜스, 이렇게 차등을 두어 세금을 부과한 것이다. 이렇게 세금이 부과된 모자를 살 때 납세가 이루어지면, 모자 안쪽에 납세가 완료되었다는 도장을 찍어주었다. 도장을 위조한 사람에게는 무거운 형벌을 내렸다. 모자 외에도 장갑세, 벽지세 등 다양한 방식의 과세 근거가 모색되었다.

납득할 만한 과세기준을 만들려면

세금에 대한 우스갯소리로 이런 말이 있다.

"세금을 피하는 방법은 오직 죽음뿐!"

세금은 우리가 살아가면서 결코 회피할 수 없는 강제성이 부여된 의무다. 하지만 인류가 유사 이래 지속적이고 다양한 방식으로 세금을 회피하려는 시도를 이어온 것도 사실이다. 17세기 러시아 황제 표트르 1세Peter I는 다른 유럽 국가에 비해 상대적으로 뒤떨어진 러시아의 발전을 도모하기 위해, 후진성의 상징인 긴 수염을 자르게 만드는 방법을 모색했다. 당시 러시아 귀족과 교회는 종교적 이유를 들어 이를 격렬하게 거부했는데, 이때 표트르 1세가 선택한 방법은 수염세였다. 표트르 1세는 수염을 계속 기르려면 해마다 100루블의 수염세를 내도록 강제했고, 수염세 도입 7년 만에 턱수염은 러시아에서 자취를 감추었다고 한다. 수세기 동안 종교적 문화적 이유로 지속되었던 행태가 세금으로 인해 변한 것이다. 이런 사실만 보더라도 인류가 얼마나 세금을 내기 싫어하는지 잘 알 수 있다.

납세자는 언제나 세금 납부를 싫어하지만, 최근 우리 정부는 그 어느 때보다 조세수입 확보를 위한 다양한 방법을 강구하고 있다. 이는 장기적으로는 증가하는 복지재정 규모를 대비하기 위한 노력일 수 있으며, 단기적으로는 경기 침체로 인한 세수 감소에 대비하기 위한 노력으로 평가할 수 있다.

하지만 이런 과정에서 적절하고 합리적인 과세 근거인지에 대한 논쟁이 유발되고 있다. 정부는 이전에 치료 목적이 아닌 미용 목적 성형수술에 해당하는 양악 수술이나 피부 관련 시술에 대해 부가가치세를 부과하는 것을 입법 예고한 적이 있다. 이에 의사협회는 미용 목적 시술 역시 치료 목적을 함께 지니고 있어 현실적으로 미용과 치료 목적을 엄격하게 구분하기 어렵다는 실정을 토로했다. 이러한 의사협회의 지적은 명확한 과세 근거를 확정하기 어렵다는 의미다. 최근 발생하는 갖가지 과세 관련 논의의 일면을 단적으로 확인할 수 있는 대목이다. 이 같은 국내 상황들을 고려할 때, 앞서 언급한 창문세가 우리에게 던지는 교훈을 다시금 생각해봐야 할 것이다.

한때 자동차는 도시 환경을 개선한 구세주였다?

우리는 일상생활 중 전혀 의도하지 않게 다른 누군가에게 긍정적인 혜택을 주거나, 부정적인 영향을 주며 살아가고 있다. 누군가 독감에 걸리지 않기 위해 예방 주사를 맞았다면, 이는 자기 자신을 위해 수행한 지극히 개인적인 행동이다. 하지만 이로 인해 의도치 않게 다른 사람이 독감에 걸릴 확률을 낮추는 데 기여할 수 있다. 교육도 마찬가지다. 대게 사람들이 교육을 받는 이유는 자신의 생산량을 높이기 위한 행위이거나 자신의 지적 만족을 채우기 위한 행위이다. 하지만 교육을 통해 얻은 지식을 사용하며 의도치 않게 다른 사람들의 후생 증대에 기여할 수 있다. 자신의 앞마당에 예쁜 공원을 만드는 까닭은 개인의 주거환경을 개선하기 위해서다. 하지만 이 과정에서 주변 지역 거주자들의 주거환경에도 긍정적인 기여를 하게 된다.

#외부경제와 외부불경제

반대로 의도치 않게 다른 사람에게 악영향을 미치는 경우도 많다. 누군가 개를 키우는 이유는 자신의 삶의 질을 위해서지, 다른 사람에게 피해를 주기 위함은 아니다. 그러나 개가 시끄럽게 짖으면 그 소리로 인해 원치 않는 피해를 입는 이웃이 생기게 된다. 기업이 제품 생산 과정에서 유발하는 환경오염 역시 의도하지 않았지만 다른 사람들에게 피해를 끼친 대표적인 예라고 할 수 있다. 환경오염 물질을 배출하면서 물건을 생산하는 기업들은 자신의 이윤 추구를 위해 제품을 생산하는 것이지, 환경을 오염시키기 위해 물건을 생산하지는 않는다. 사람들이 많은 길거리에서 담배를 피우는 사람이나, 지하철에서 시끄럽게 떠드는 아이들도 의도치 않게 다른 사람에게 부정적인 영향을 미치는 경우라 할 수 있다.

어떤 경제 행위를 수행할 때, 해당 경제 행위에 참여하지 않는 제

3자에게 의도치 않게 이익이나 손해를 가져다줌에도 불구하고 그에 대한 대가나 벌칙을 받지 않는 경우를 경제학에서 '외부 효과'라 한다. 외부 효과는 다시 '외부경제'와 '외부불경제'로 나눌 수 있다. 먼저 외부경제는 쉽게 말해 긍정적인 외부 효과다. 어떤 경제 행위가 타인에게 의도하지 않게 이익을 가져다주지만 시장에서 정당한 대가를 받지 못하는 경우를 말한다. 반면 외부불경제는 부정적인 외부 효과다. 어떤 경제 행위가 타인에게 경제적인 손실을 입혔으나 시장에서 정당한 대가를 지불하지 않은 경우를 말한다.

경제학에서 외부 효과를 주목하는 이유는 외부 효과가 사회 전체의 효율적인 자원 배분을 저해하는 요인이 되기 때문이다. 모든 경제 행위는 비용과 편익을 수반한다. 그런데 이 과정에서 유발되는 모든 비용과 편익이 해당 경제 행위를 수행한 개인에게만 전적으로 귀속된다면, 각 개인이 자신의 만족을 극대화하는 수준에서 경제 행위를 수행할 때 사회 전체도 최적의 상황에 도달할 수 있다. 하지만 외부 효과가 유발되면 상황은 달라진다.

외부 효과가 유발되는 상황에서 사회 전체가 최적의 상태에 도달하기 위해서는 개인에게 부여되는 비용과 편익과 제3자에게 미치는 영향을 함께 고려해야 한다. 그렇지만 우리는 의사결정 과정에서 자신의 행위로 인해 다른 사람이 어떠한 영향을 받을지 의식하지 않고 결정한다. 이 때문에 시장 전체의 최적화된 상태에 도달하기 어렵다. 의도치 않게 다른 사람에게 긍정적인 영향을 미치는 외부경제는 보다 권장하고, 부정적인 영향을 미치는 외부불경제는 보다 억제해야 사회 전체적으로 보다 개선된 상태에 이를 수 있게 된다.

외부 효과의 해결책, 조세와 보조금

외부 효과가 유발되어 자원이 효율적으로 배분되지 않는 현상을 해결하기 위해 어떤 조치를 취해야 할까? 경제학은 대표적으로 조세와 보조금이라는 방법을 제시한다. 외부불경제를 유발하는 행위에게 조세를 부과하여 이러한 행위를 억제하는 것이다. 공해를 배출하는 기업에게 공해 배출에 대한 조세를 부과하는 식이다. 반면 외부경제의 경우 보조금을 지급하여 해당 행위가 더 많이 수행될 수 있도록 권장한다. 경제학자 피구Arthur Cecil Pigou가 이를 처음 제안했기에 조세와 보조금을 '피구세'와 '피구적 보조금'이라고 부르기도 한다.

그러나 조세와 보조금만으로는 외부 효과로 인한 문제를 해결하는 데 한계가 있다. 먼저 일상의 경제 행위 중 어떤 경제 행위가 외부불경제 혹은 외부경제에 해당하는지 명확하게 규명하기 어렵기 때문이다. 오늘 하루 수행한 수많은 경제 행위 중에서 도대체 어떤 행위가 다른 사람의 경제적 편익에 영향을 주었는지 가늠하기란 결코 쉬운 일이 아니다.

다음으로 우리가 외부 효과로 인한 문제를 해결하기 위해 조세나 보조금을 부여할 경우, 적정 규모의 조세 내지 보조금 수준을 책정해야 한다. 어떤 행위가 외부 효과를 유발한 행위였는지 구분했다고 하더라도 외부 효과로 인해 유발되는 정확한 이익이나 손실의 규모를 측정하기는 현실적으로 어렵다.

조세와 보조금을 통한 문제 해결이 어려운 또 다른 이유는, 거의 모든 경제 주체가 외부경제를 유발하는 행위와 외부불경제를 유발하는 행위를 동시에 수행하고 있다는 데 있다. 누군가 하루 종일 수행한 여러 경제 활동 중에는 다른 사람에게 긍정적인 영향을 미친 행위도 있지만, 부정적인 영향을 미친 행위도 있을 것이다. 이 사람에게 보조금이나 조세를 부과하려면 두 가지 측면을 모두 가감한 뒤 적정 수준을 결정해야 할 것이다. 그러나 이 또한 현실적으로 불가능하다.

외부 효과 해결에 있어 조세와 보조금은 부분적인 한계점을 내포하고 있기에 많은 경제학자들은 외부 효과를 해결할 수 있는 보다 효율적인 대안들을 지속적으로 제시해 왔으며, 지금까지도 이에 대한 연구를 지속하고 있다. 이에 경제학에서 제시하는 다양한 방법론 못지않게 상당한 성과를 보인 것은 의외로 과학 기술이었다.

말똥은 도시 환경을 악화시키는 주범이었다

과학 기술의 발달이 외부 효과를 해결에 있어 유의미한 방편이 될 수 있다는 사실을 단적으로 보여주는 사례가 있다. 바로 자동차다. 오늘날 자동차는 외부불경제를 유발하는 대표적인 요인으로 인식된다. 대기오염과 온실가스를 유발하는 주범 중 하나이기 때문이다. 교토협정에서 확인된 6개 온실가스에 대한 연구결과에 따르면, 교통 부문(30%), 제조 및 산업 부문(20%) 다음으로 자동차의 배출량(19%)이 많았다.

자동차로 인한 또 다른 외부불경제로 교통 혼잡을 들 수 있다. 많은 사람들이 자신의 편의를 위해 차를 끌고 나온다면 교통 혼잡을 유발하여 많은 사람들이 시간을 낭비하게 된다. 여러 국가에서 교통 혼잡으로 인한 GDP 및 국가경쟁력 감소에 대한 연구를 정기적으로 수행하고 있다. 유럽연합위원회는 유럽연합 내 간선도로 중 7,500km에 해당하는 구간이 매일 정체 상태라는 것을 확인했다. 이로 인한 손실 규모는 EU 전체 GDP의 약 2%에 해당하는 수준이라고 밝혔다. 교통 혼잡으로 인한 외부 효과는 여기에서 그치지 않는다. 교통 혼잡으로 도로 위에서 차량들이 오래 운행하게 되면, 당연히 더 많은 대기오염 물질이 배출된다. 더욱이 혼잡한 도로에서는 교통사고가 더 많이 발생하기 때문에 교통 안전 측면에서도 외부불경제 요인을 유발한다. 교통 인프라의 노후화를 가중하는 요인 중 하나 역시 교통 혼잡이다.

이처럼 오늘날 자동차는 다양한 측면에서 부정적 외부 효과를 유발하는 대표적인 요인이다. 그런데 한때 자동차는 대도시에서 전개되는 각종 부정적 외부 효과를 줄여주는 가장 획기적인 방편이었다.

100년 전 과거로 돌아갔다고 한번 상상해보자. 그때까지만 해도 인류의 가장 보편적인 교통수단은 말과 마차였다. 말과 마차를 교통수단으로 활용한 역사는 훨씬 오래되었지만, 인류가 말과 마차로 인한 부정적 외부 효과를 처음 인식한 시기는 17세기로 추정된다. 1605년 런던에서 처음으로 요금을 지불하고 이용하는 마차가 등장했고, 1640년에는 역마차를 대중교통수단으로 활용하기 시작했다. 대도시를 중심으로 마차를 다각적 교통수단으로 활용하기 시작한 지 불과 100년이 지났을 무렵, 17세기 후반 처음으로 말과 마차로 인한 교통 혼잡 현상이 목격되었다.

이때부터 말과 마차는 여러 가지 외부불경제 요인으로 대두되었다. 무엇보다도 가장 큰 문제는 말똥이었다. 당시 유럽 주요 대도시와 뉴욕의 도로는 말의 똥과 오줌으로 가득 찼기 때문이다. 20세기 초 뉴욕시에서는 20만 마리의 말이 교통수단으로 활용되고 있었다. 일반적으로 말 한 마리에서 하루 평균 10kg 내외의 배설물이 나온다는 사실을 고려할 때, 당시 뉴욕의 말들은 하루에 2,000톤에 가까운 배설물을 거리 곳곳에 쏟아내고 있었다. 막대한 양의 말똥으로 인한 피해 중 악취는 그나마 가장 가벼운 부정적 외부 효과에 해당했다. 말똥이야말로 이산화탄소에 비해 온실가스 효과가 25배나 높은 메탄 배출의 주범이기 때문이다. 말이 트림을 하고 방귀를 뀔 때도 메탄 성분이 배출된다.

당시 말똥으로 인한 가장 커다란 외부불경제 요인은 사실 온실가스 효과가 아니라 건강 문제였다. 말똥이 건조되어 부서지는 과정에서 생기는 말똥 먼지가 시민들의 기관지를 오염시켰기 때문이다. 게다가 1900년대 초반까지 매년 2만 명 정도의 뉴욕 시민이 파리가 옮기는 각종 질환으로 사망했다. 장티푸스를 비롯하여 그 시기 대도시 거주자들의 건강을 위협하는 가장 직접적인 원인 역시 말과 말똥이었다. 그때 남겨진 기록을 보면, 말똥으로 인한 문제가 얼마나 심각했는지 보여주는 대목이 많다. 비 오는 날 똥물이 흐르는 도로 위를 걷지 않도록 안아서 원하는 곳까지 데려다 주는 직업이 생겨났는가

하면, 뉴욕에서는 국제회의를 열어 말똥으로 인한 피해 등에 대해 논의하기도 했다.

말똥 문제를 야기했던 마차

미래를 예측하는 기법인 '시나리오 기법'과 '델파이 기법' 또한 말똥 문제를 연구하는 과정에서 탄생했다. 19세기경 영국에서 말똥으로 인한 피해가 앞으로 얼마나 진행될 것인지를 연구하는 과정에서 이러한 미래 예측 기법이 활용되기 시작했기 때문이다.

동물의 분뇨로 인한 피해는 우리나라도 마찬가지였다. 조선 후기 인구가 급속히 증가하면서 동시에 도시로 인구가 집중되는 현상이 전개됐다. 이러한 과정에서 한양은 각종 동물들의 분뇨로 인한 피해가 심화됐다. 실학자 박제가의 〈북학의〉에 따르면, 당시 한양은 사대

문 안에서 나오는 분뇨를 미처 다 수거하지 못해 더러운 냄새로 가득했으며, 거리는 온통 개똥과 말똥으로 가득했다는 묘사가 나온다. 분뇨 때문에 바람이 불어오면 눈을 뜨기도 어려울 지경이었다고 한다. 말똥 가루가 여기 저기 날려서 주막의 술상이나 밥상을 더럽히는 주된 요인이었다고 묘사되어 있다.

말똥으로 인한 심각한 피해를 단번에 해결한 것은 다름 아닌 자동차였다. 1900년 초기부터 유럽과 미국에서는 수백 개의 소규모 차량 제조회사들이 등장했고, 이들이 서로 경쟁하면서 자동차 관련 기술 수준이 높아짐과 동시에 가격은 점차 떨어졌다. 자동차의 가격과 유지비가 점점 저렴해진 것이다. 무엇보다 자동차는 분뇨를 치울 필요가 없었다! 때문에 많은 사람들이 자동차를 크게 선호하기 시작했다. 1940년 당시 자전거를 제외한 영국의 자동차 생산대수는 17,810대였는데, 1910년 107,635대, 1918년에는 330,518대로 급격히 증가했다. 자동차 보급이 확대되면서 유럽 각종 대도시와 뉴욕 거리에는 차츰 말의 숫자가 줄어들게 되었고, 자연히 말의 분뇨로 인한 피해도 줄어들었다. 이러한 과정에서 말똥으로 인한 대기오염 및 위생 문제 등이 차츰 개선되기 시작했다.

고작 100년 전만 하더라도 도시 환경의 개선에 일조했던 자동차가 근래 도시 환경에 부정적 영향을 끼치는 주범으로 대두된 이유는 자동차 보급 숫자가 너무 급격히 증가했기 때문이다. 현재 많은 국가에서 자동차로 인한 외부불경제 요인을 해결하고자 앞서 소개한 해결책인 조세와 보조금 등 다양한 경제적 유인책을 활용하고 있다. 오염 물질 배출이 상대적으로 적은 차량을 구입하는 사람에게 다양한 보조금과 세금 감면 혜택을 주거나, 휘발유세나 혼잡세를 부과하여 주행 거리 감소를 유도해 오염 물질 배출량을 줄이려는 시도가 있어왔다.

경제적 유인책을 통한 해결책과 함께 주목해야 할 부분은 과학 기술의 발달이다. 자동차 기술의 발달로 지난 20년간 유럽과 미국 주요 도시의 대기질이 개선되고 있다. 주행거리당 오염 물질 배출 비율의 감소 폭이 운전 거리 증가율보다 더 크기 때문이다. 말똥으로 인한 부정적 외부 효과를 자동차의 발명이 해결했듯, 우리 인류가 자동차로 인한 부정적 외부 효과를 개선하기 위해 어떤 해법을 찾아낼 수 있을지 기대해본다.

ECONOMICS
IN
10 MINUTES

초고층 빌딩은 누가 가지고 있는가?

세계적인 도시나 명소를 머릿속으로 떠올려보자. 먼저 그 지역에서 유명한 건축물이 생각날 때가 많을 것이다. 대표적으로 에펠탑이나 자유의 여신상 같은 탑이나 조각품이 있고, 뉴욕의 엠파이어스테이트 빌딩이나 시카고의 윌리스 타워, 쌍둥이 빌딩으로 불리는 말레이시아 쿠알라룸푸르의 페트로나스 타워 같은 초고층 빌딩도 있다.

초고층 빌딩을 흔히 마천루摩天樓라 하는데, 마천루의 시초는 20세기 초 미국이었다. 1911년 뉴욕 맨해튼에 세워진 높이 241.4m의 울워스 빌딩Woolworth Building이 그 주인공이다. 울워스 빌딩은 이제 더 이상 미국은 유럽의 아들이 아니며, 유럽 주요 국가들과 어깨를 나란히 하는 강국이 되었음을 알리려는 듯 거대한 위용을 자랑했다. 실제 당시 유럽 여러 언론에서 울워스 빌딩의 규모를 비중 있

#보험의 성립 요건

한때는 초고층 빌딩이었던 울워스 빌딩

게 다루었다고 한다.

1960년대 들어 새로운 건축 기법들이 대두되며 초고층 빌딩은 한층 발달했다. 또한 도시화가 급진전되면서 좁은 부지를 효율적으로 활용하는 방법에 대한 고민도 함께 커졌다. 초고층 빌딩은 아파트, 쇼핑몰 등 다양한 방식으로 활용되기 시작했다. 많은 국가들은 이러한 실용적인 쓰임 외에도 다양한 이유로 초고층 빌딩에 관심을 보였다. 자신이 보유한 기술력과 자본력을 과시하기 위한 목적도 있고, 관광객 유치를 위한 이유도 적지 않았다.

아시아의 초고층 빌딩 각축전, 그리고 보험회사의 초고층 빌딩 사랑

최근 초고층 빌딩에 가장 크게 관심을 보이는 곳은 역시 아시아다. 2000년대 이후 전 세계적으로 화제가 되었던 초고층 빌딩의 거의 대부분이 아시아 지역에서 건립되었다. 세계에서 가장 높은 빌딩이며, 영화 〈미션 임파서블: 고스트 프로토콜〉에 등장해 더욱 주목을 끌었던 두바이의 부르즈 할리파(808m) 역시 2010년 세워진 마천루이다. 앞서 언급한 말레이시아의 페트로나스 트윈 타워(452m), 대만의 타이베이 101(508m)도 모두 아시아의 마천루다.

앞으로 세워질 초고층 빌딩들은 더욱 아시아 편향적이다. 두바이가 중동의 자존심을 거머쥐었다 여기는지, 중동 여러 국가들의 각축

전이 심화되고 있다. 사우디아라비아는 여러 번 중단되긴 했지만 무려 1,000m 높이의 제다 타워Jeddah Tower(일명 킹덤 타워)를 올리기 위한 공사를 2023년 재개했다. 신흥 부호인 중국도 예외일 수 없다. 베이징 올림픽에 맞추어 건설된 높이 330m, 74층 귀마오國貿 빌딩을 비롯하여, 선진시의 높이 439m, 98층 징지다샤京基大廈 빌딩 등이 대표적이다. 그 밖에도 중국에서 올린 빌딩들이 세계 초고층 빌딩 순위 10위권 중 무려 5개를 갈아치운 실정이다.

이처럼 각국의 대표적인 초고층 빌딩들은 건물 외형은 물론이고, 건설 배경과 이용 방식에 있어 제각각 고유의 특징을 갖고 있다. 하지만 공통점도 하나 있는데, 우리가 알고 있는 상당수의 초고층 빌딩 주인은 사실 비슷한 경우가 많다. 바로 보험회사이다.

초고층 빌딩에 대한 보험회사의 사랑은 남다르다. 시카고의 명물로 꼽히던 시어즈 타워가 매물로 나왔을 때 이를 인수한 것은 영국의 보험 중개업체 윌리스 그룹이었다. 당시 윌리스 그룹은 높이 527m에 108층짜리 초고층 빌딩을 매입하는 조건으로 해당 건물의 이름을 시어즈 타워에서 자사 이름인 윌리스 타워Willis Tower로 바꿀 것을 요구했다. 윌리스 그룹은 임대 조건에 빌딩의 작명권을 자신들이 소유하는 조건을 붙였다고 한다. 당시 시카고 시민들의 거센 반발이 예상되었음에도 윌리스 그룹이 이 같은 요구를 강행했다는 점만 보아도, 보험회사의 초고층 빌딩 사랑이 얼마나 큰지 알 수 있다. 런던 금융가의 랜드마크인 로이즈 빌딩 Lloyd's building 역시 원래는 세계 최대 보험회사인 로이즈 소유였다. 그런데 잠시 독일의 자산운용사 코메르츠 레알에게 매각되었다가, 2013년 중국계 보험사 핑안이 소유하게 되었다. 그러니까 다시금 보험회사의 소유가 된 것이다.

웅대한 건축물에 대한 보험회사의 애정은 초고층 빌딩에만 국한되지 않는다. 2006년 독일 월드컵 당시 특이한 조형미로 주목받으며 월드컵 경기장으로 활용되었던 건물 역시 독일계 보험회사인 알리안츠가 건설한 것이다. 알리안츠는 이 경기장 건설의 스폰서로 참여하면서 15년 동안 경기장의 명칭을 소유하는 것을 조건으로 걸었다고 한다. 그래서 알리안츠 아레나 Allianz Arena로 불리게 되었다.

우리나라 보험회사 역시 예외일 수는 없다. 한국 최초의 고층빌딩 중 하나로 손꼽히는 빌딩은 남산 초입에 위치한 연건평 7,000평짜리 건물이다. 높이 31m에 불과한 이 건물이 무슨 초고층 빌딩이냐고 생각할 수 있지만, 1960년대 후반만 해도 건축법상 건물 높이는 최대 31m까지 허용되었다. 따라서 국내에서 지을 수 있는 가장 높은 빌딩을 지은 것이라 할 수 있다. 이 건물 역시 국제화재해상보험 주식회사의 사옥으로 이용되었다. 이후에도 마찬가지다. 여의도의 대표적인 명물인 63빌딩 역시 대한생명을 거쳐 현재는 보험회사를 소유하고 있는 한화그룹의 소유다. 63빌딩은 건설 당시인 1985년 국내는 물론 아시아에서 가장 높은 빌딩(265m)이었고, 이후에도 10여 년 가까이 국내에서 가장 높은 빌딩이었다. 광화문 부근에서도 적지 않은 위용을 자랑하고 있는 건물 중 하나가 교보빌딩이며, 길 건너 현대해상 사옥이 위치하고 있다. 남대문 시청 인근에서 가장 눈에 띄는 빌딩 중 하나도 삼성생명 사옥이다. 전 세계적으로 보나, 우리나라로 보나, 보험회사가 초고층 건물에 남다른 애정을 갖고 있다는 사실은 분명해 보인다.

왜 보험회사는 초고층 빌딩을 사랑하는가

왜 보험회사는 이처럼 초고층 빌딩에 특별한 애정을 갖게 된 걸까? 이를 이해하기 위해 보험회사의 주된 업무 영역인 보험의 특징을 알 필요가 있다. 보험은 쉽게 말해 위험을 대비하기 위한 금융상품이다. 따라서 보험계약이 성립하기 위해서는 가장 먼저 위험이 존재해야 한다. 그렇다고 해서 모든 위험을 보험 상품으로 보장받을 수 있는 건 아니다. 보험으로 보장받기 위해서는 먼저 해당 위험이 우연한 사고로 발생해야 한다. 만일 어떤 위험이 우연히 발생하는 것이 아니라, 인위적으로 조절이 가능할 경우 이를 조작하여 보험사기 등에 악용할 수 있기 때문이다.

    다음으로 보험이 성립되려면 해당 위험이 동질적이고, 다수의 보험가입자가 존재해야만 한다. 보험의 구조는 비슷한 위험에 대비하고자 하는 여러 사람들의 자금을 모아, 이를 재원으로 삼아 해당 위험에 먼저 직면한 사람을 구재하는 구조를 갖고 있다. 그렇기에 비슷한 위험에 노출되어 이로부터 보호받고자 하는 익명의 다수가 존재할 때 비로소 보험의 상품화가 가능하다. 이러한 이유로 모든 사람에게 동시다발적으로 일어나는 위험은 보험 상품의 대상이 될 수 없는 것이다. 전쟁의 위험에 대비하기 위한 보험 상품이 있다고 가정해보자. 만일 진짜 전쟁이 발발한다면 모든 사람들이 동시에 보험금 수령의 대상자가 된다. 많은 사람들이 납부한 보험료를 재원으로 먼저 위험에 노출된 사람에게 선별적인 혜택을 주고자 하는 보험 상품 본연의 구조가 성립되지 않는다.

    다음으로 측정 가능한 위험이어야만 보험으로 성립될 수 있다. 보험금을 지급하기 위해 해당 위험이 진짜로 발생한 것인지 아닌지 확인할 수 있어야 하며, 그로 인해 생긴 손실의 규모가 어느 정도인지 명확하게 측정할 수 있어야 한다. 그래야만 해당 위험으로 인해 유발된 손실을 보험을 통해 보상해줄 수 있기 때문이다. 그리고 보험회사는 기본적으로 사기업이다. 따라서 타인의 위험을 대비해주면서 그 과정에서 자신들도 일부 이익을 확보한다. 보험회사가 보험 상품을 통해 가입자에게 과도한 이익을 부여하지 않으면서, 자신들도 적정 수준의 이윤을 확보하기 위해 가장 중요한 것은 무엇일까? 바로 해당 위험에서 유발하는 손실의 규모를 명확하게 파악하는 것이다.

위험의 강도와 빈도 또한 중요하다. 보험 상품이 수요가 있으려면 해당 위험의 강도가 일정 수준 이상이 되어 이를 대비하기 위해 보험에 가입하고자 하는 욕구가 발생해야 한다. 위험의 수위가 너무 낮으면 해당 위험을 자신이 떠안으려고 하지, 굳이 보험 상품을 통해 위험을 관리하거나 대비하려고 들지 않기 때문이다. 위험의 빈도 역시 중요하다. 위험이 유발될 빈도가 너무 높은 경우에는 보험 기금을 마련하기 어렵다는 등의 이유로 인해 보험 상품이 성립하기 어렵다.

여기까지 설명한 일련의 요건은 보험으로 관리될 수 있는 위험인지 여부를 판단하는 주요한 기준이다. 물론 최근에는 보험 상품도 지속적으로 발달하고 있어, 과거에는 보험 상품으로 성립되지 못했던 위험들이 새로이 보험의 대상이 되고 있는 것은 사실이다. 하지만 일반적으로 보험으로 관리될 수 있는 위험이란 앞서 언급한 제약 조건을 위배하지 않은 위험들이 해당한다.

자, 그렇다 하더라도 바로 보험이라는 상품이 성립하는 것은 아니다. 여기에 한 가지 더, 보험 상품을 판매하는 보험회사에 대한 신뢰가 필요하다. 보험 상품은 다른 금융상품에 비해 비교적 장기적인 구조를 가지고 있다. 정기적금, 예금처럼 짧게는 1년에서 길게는 10년 정도 계약 기간이 체결되는 금융상품이 아니라 대부분 10년 이상의 긴 기간으로 구성되어 있다. 그렇기에 보험 가입자들은 앞으로 몇십 년 후에도 해당 보험회사가 지속적으로 존재하여 자신들의 위험을 관리해줄 수 있는 금전적 능력을 갖춘 곳인지 확신을 받고 싶어 한다. 이런 심리는 이틀 뒤에 갚겠다며 돈을 빌려간 사람과, 10년 뒤에 갚겠다고 하며 돈을 빌려간 사람을 우리가 각각 어떻게 여기는지 생각해보면 알 수 있다.

바로 이 지점에서 우리는 보험회사가 초고층 빌딩에 유별난 관심을 보이는 이유를 쉽게 짐작할 수 있다. 보험회사는 자신들의 사옥을 웅대하고 거대하게 지어 고객들로 하여금 자신들에 대한 신뢰를 부여하고자 하는 것이다. 이렇게 큰 규모의 사옥을 소유한 회사 혹은 높은 빌딩에서 근무하는 사람들이라면 믿고 돈을 맡길 수 있다는 생각을 갖게 하려는 목적이다. 이 같은 이유로 해외 유수의 보험회사를 비롯한 국내 보험회사들 역시 다른 회사에 비해 멋진 빌딩을 사옥으로 이용하고 있다.

보험회사가 건설한 것이든, 국가적 차원에서 지어진 것이든 간에 오늘날 초고층 빌딩은 도시에 차별화된 이미지를 구축해줄 뿐만 아니라, 해당 도시 거주자들에게 활력을 불어넣고, 경제적 부흥을 유발하는 등 여러 가지 이점을 가져다주고 있다.

29. 지방의 대형 마트가 더 큰 이유는?

한적한 지방의 소도시를 방문할 때 한 가지 특이한 점을 발견할 수 있다. 도시의 규모에 비해 현격히 큰 대형 마트나 할인 마트가 입점해 있다는 것이다. 물론 소도시에 있는 대형 마트의 절대적인 크기는 서울의 대형 마트보다 작을 수 있다. 하지만 해당 소도시의 거주자나 마트 이용자 규모를 고려할 때, 소도시에 위치한 대형 마트 규모는 서울 지역에 비해 결코 작지 않은 경우가 많다.

왜 이러한 현상이 생기는 걸까? 경영자가 해당 지역의 시장 규모를 잘못 파악한 탓일까? 아니면 상대적으로 이용자 수가 적어 그렇게 보이는 것뿐일까? 보다 정확한 판단을 위해서는 지방 소재 대형 마트와 서울 소재 대형 마트의 이용자 1인당 매장 면적을 비교할 수 있는 통계자료나, 인근 거주자수 대비 매장 면적 등에 대한 통계

#전략적 공약을 통한 이윤 추구

가 필요할 것이다. 하지만 아쉽게도 이와 관련된 구체적인 통계치를 찾을 수 없었다. 다만 우리는 세계 최대 규모의 대형 마트인 월마트Walmart도 미국 남부 아칸소주의 작은 도시에서 출발한 회사라는 사실을 알고 있다. 물론 지금은 도심지나 상업지구에서도 월마트를 쉽게 찾아볼 수 있다. 하지만 이는 월마트가 소도시에서 대규모 매장 운영을 통해 전 세계 1위의 할인 마트가 된 이후에 들어선 매장들이다. 월마트는 애초에 소도시 중심으로 성장해왔다.

일본 최대의 리테일 유통회사 이온그룹AEON CO.도 마찬가지다. 이온그룹의 명예회장 오타다 타쿠야는 도심지에는 작은 매장을 운영해야 하고, 교외에는 대형 매장을 운영해야 한다고 말했다. 더 나아가 그는 다음과 같은 경영지침을 직원들에게 제시하기도 했다.

"늑대가 나올 것 같은 동떨어진 곳에는
오히려 초대형 매장을 운영해야 한다!"

이를 보면 교외에 지역 규모에 비해 큰 대형 마트가 운영되고 있는 것이 결코 우연이 아님을 알 수 있다.

교외 지역일수록 규모가 커진다는 마트의 비밀

왜 작은 도시에 대형 마트를 운영하는 걸까

그런데 이런 현상이 나타나는 이유는 도대체 무엇일까? 그러니까 월마트와 이온그룹은 왜 작은 도시에 큰 규모의 할인 마트를 운영하고자 할까? 결론부터 말하자면, 해당 지역에 대규모 마트를 건설하여 신규 경쟁기업의 진입을 막고, 이를 통해 안정적인 이윤을 확보하려는 전략적 판단에서 비롯된 선택이다.

누군가 소도시에서 작은 할인 마트를 운영하고 있다고 가정해보자. 이 경우 해당 시장으로 신규 경쟁자가 유입될 가능성이 있다. 기존에 운영되고 있는 할인 마트의 규모가 작으면 자신이 새로운 마트를 운영해도 두 마트 모두 공존할 수 있다고 판단하기 때문이다. 그러나 해당 지역에 실제로 신규 마트가 입점하면, 두 회사 모두 가격 경쟁을 해야 하는 상황에 놓여 이익률이나 마진율이 떨어진다. 심지어 경쟁기업이 해당 지역에 기존의 마트보다 훨씬 큰 규모의 마트를 건립하면 오히려 원래 있던 마트가 물러나야 하는 상황에 처할 수도 있다. 다시 말해, 소도시에서 해당 도시에 적합한 규모인 소규모 마트를 운영할 경우 다양한 위험 요인에 직면하게 된다. 이는 어중간하게 큰 규모의 할인 마트를 운영할 때도 마찬가지다.

하지만 초대형 마트를 운영한다면 어떨까? 상황은 전혀 달라진다. 기존에 형성된 대형 마트의 규모가 도시의 규모를 고려할 때 이미 과잉 투자된 형태라면, 그 시장에 경쟁기업이 뛰어들기 어렵다. 물론 경쟁기업이 기존의 마트보다 더더욱 큰 규모의 마트를 건설하며 해당 시장에 진출할 수는 있다. 다만 이렇게 해서 기존의 대형 마트를 제거하는 데 성공했다고 해도, 시장 규모에 비해 너무 큰 마트를 건설한 셈이 되어 이익률이 현격히 떨어진다. 따라서 이미 대규모 마트가 들어선 소도시라면 이곳에 신규 기업이 진입하기 어려워지고, 경쟁기업의 진입을 막는 효과를 거둘 수 있다는 뜻이다. 이는 그 지역에서 안정적인 수익을 얻을 수 있는 기회가 된다. 물론 과잉투자로 인해 눈앞의 단기적인 이익은 다소 떨어질 수는 있다. 그러나 해당 지역에 다른 경쟁자가 유입되지 못하기 때문에 장기적으로 보면 안정적인 수익을 지속적으로 얻을 수 있게 된다.

전략적 공약을 활용하여 시장을 선점한다

이렇듯 **자신이 선택할 수 있는 다양한 가능성을 스스로 차단하여 상대방을 압박하고, 이를 통해 이윤을 추구하는 방식을 경제학에서 '전략적 공약'이라 부른다.** 일반적으로 우리는 우리가 선택할 수 있는 범위가 넓을수록 더 높은 만족이나 이익을 얻을 수 있다. 상황에 따라서 자신이 다양한 전술적인 결정을 내릴 수 있을 때 더욱 유리하다는 뜻이다. 하지만 나의 만족 내지 이익 구조가 상대방의 의사결정에 따라 달라지는 상황이라면 넓은 선택 범위가 반드시 유리하지만은 않다. 이런 경우 오히려 내가 선택할 수 있는 범위와 폭을 일부러 제거함으로써 더 큰 만족과 이익을 얻게 되는 경우가 있는데, 이

것이 바로 전략적 공약이다.

    소도시에 대형 할인 마트를 짓는 것 역시 전략적 공약에 해당한다. 만일 소도시에 작은 규모의 슈퍼마켓을 운영한다면 주인은 다양한 선택을 할 수 있다. 해당 지역의 상황이 여의치 않으면 쉽게 철수할 수도 있고, 매장의 위치를 이동하는 것도 비교적 수월하다. 즉 다양한 선택권을 가질 수 있다. 그러나 선택권이 많음에도 이익 구조는 불리한 상황이다. 반면 같은 소도시에 커다란 규모의 마트를 지으면 어떻게 될까? 이 경우 해당 지역에서 철수하거나 이동하기가 어려워진다. 선택권이 적은 상황을 스스로 자초한 것이다. 그런데 선택권을 줄어들었지만 대규모 투자로 경쟁기업의 진입을 저지할 수 있게 되어, 오히려 쾌적한 경영 환경을 이끌어낼 수 있다.

    필요 이상의 과잉 투자나 설비 투자를 통해 경쟁 기업의 진입을 막아 안정적인 수익을 창출하는 전략적 공약은 마트 분야에서만 일어나는 일은 아니다. 대규모 시설 투자가 필요한 철강, 석유화학, 정보통신 산업 등에서도 이와 같은 전략을 통해 경쟁기업의 시장 진입을 주저하게 만드는 것을 쉽게 목격할 수 있다.

    과거 필립스Philips가 CD 시장을 선점하는 과정 속에서도 전략적 공약을 발견할 수 있다. 1982년, 필립스는 선택의 기로에 놓였다. 당시 필립스는 미국에서 CD 시장이 확대될 것으로 예측했고, CD 생산 공장을 지을 준비를 하던 참이었다. 하지만 그때까지 CD는 미국 내에서 상업성이 확인되지 않은 상황이었다. 소니SONY와 같은 여타 경쟁기업들 역시 CD 시장에 주목했다. 이에 필립스는 CD 생산 공장을 효율적인 수준 이상으로 과잉 투자하여 건설한다는 선택을 내렸다. 아직 CD 시장이 완벽하게 형성되지 않아 소규모 시장임에도 불구하고 과잉 생산 능력을 보유한 공장을 건설한 것이다. 필립스의 선택은 결국 다른 경쟁기업들의 미국 내 CD 생산 공장 건립을 억제하는 요인이 되었다. 덕분에 필립스는 한동안 가격 경쟁을 피할 수 있었다.

듀폰Dupont은 1970년대 이산화티탄이라는 표백제에 대해 과감한 시설 투자를 실시했는데, 이 역시 전략적 공약에 해당한다. 듀폰이 이때 감행한 시설 투자 내용은 향후 10년 동안 미국 시장 전체를 듀폰 단독으로 공급하고도 남을 만큼의 막대한 규모였다고 한다. 신규 기업의 시장 진입을 저지하기 위한 듀폰의 전략은 성공적이었다.

전략적 공약이 성공하기 위한 방법

여기까지 소개한 여러 사례는 선택의 폭을 줄이는 전략적 공약이 어떻게 이윤 창출에 기여할 수 있는지를 단적으로 보여주고 있다. 그러나 무조건 자신의 선택을 줄인다고 해서 모두가 소기의 성과를 거둘 수 있는 건 아니다.

전략적 공약이 성공하기 위해서는 크게 세 가지 요건을 갖추어야 한다. 가시성, 인식가능성, 신뢰성이다. 전략적 공약이 성공하기 위해서는 상대방으로 하여금 내가 선택한 행동을 직접 눈으로 확인할 수 있게 만들어야 하며, 동시에 이 선택을 믿을 수 있게 만들어야 한다. 이 중에서 특히 자신의 공약에 신뢰성을 부여하는 것이 중요하다. 상대방이 나의 선택과 행동을 믿어주지 않을 경우, 오히려 더 큰 손실을 유발할 수 있기 때문이다. 소도시에 대형 할인마트 건설을 추진하는 과정에서 상대방이 이를 믿지 않고 자신들도 커다란 할인마트 건설을 추진하는 상황을 떠올려보면 쉽게 이해할 수 있다.

경제학은 전략적 공약에 신뢰성을 부여하는 유용한 방법론을 제시하고 있다. 그중 하나가 바로 배수진 전략이다. 배수진 전략은 후퇴할 길을 봉쇄하여 죽을힘을 다해 싸우게 만드는 것으로, 고대 그리스 크세노폰Xenophon과 제2차 세계대전에서 일본의 카미카제 전술에 활용된 방식이다. 17세기 신대륙에 도착한 스페인 탐험가 에르난 코르테스Hernan Cortes는 원주민 인디언들이 보는 앞에서 자신들이 타고 온 함대를 모두 불태워버렸다. 이를 통해 원주민을 비롯한 자신의 군대에게 더 이상 후퇴할 곳은 없으니 여기서 살아남아야 한다는 굳은 의지를 천명한 것이다. 유명한 미술가 중에는 판화로 몇 장의 작품만 제작한 뒤 공개적인 장소에서 해당 판화를 부수어 버리기도 한다. 해당 판화로 계속해서 동일한 작품을 찍어내지 않을 것임을 보여주는 것이다. 이로 인해 기존 작품의 가치는 더욱 높아진다.

전략적 공약이 신뢰성을 가질 수 있는 또 다른 방법으로는 스스로 자신의 결정 내용을 통제할 수 없게끔 만들어두는 것이다. 최혜고객조항Most favoured customer clause: MFCC이 여기에 해당한다. 이 조항은 만약 판매자가 신규 고객 유치를 위해 추가적인 할인 등의 혜택을 부여할 경우, 동일한 계약을 맺은 기존의 고객들 역시 같은 혜택을 받을 수 있게 한다는 내용을 담고 있다. 따라서 최혜고객조항이 담긴 계약을 체결하면 해당 회사는 선별적으로 일부 고객에게만 혜택을 부여할 수 있는 통제력을 잃어버린다. 이처럼 계약이나 법률에 근거하여 자신이 항상 지켜야만 하는 강제적인 상황을 부여할 때, 이를 지켜보는 경쟁사는 해당 회사가 앞으로 어떤 방식을 고수하게 될 것인지 믿을 수밖에 없게 된다.

의사소통의 경로를 단절하는 것도 한 가지 방법이다. 우리가 공약한 내용을 보고 상대방이 어떤 반응을 보이면, 반응에 따라 처음 공약한 내용을 바꿀 가능성이 있다. 이런 상황을 원천적으로 차단하기 위해 일단 공약을 제시한 후 이에 대해 상대의 반응이나 의사를 확인할 수 있는 경로를 모두 차단하는 것이다. 이렇게 되면 해당 공약의 신뢰성이 더욱 높아진다. 여자친구가 데이트 장소를 일방적으로 정해놓고 휴대폰을 꺼두었을 때 우리가 어떻게 반응하게 되는지 떠올려보면 이해가 쉬울 것이다.

약속한 것은 무조건 지키는 사람이라는 평판을 쌓는 것도 의미 있는 방법이다. 이전에 여러 차례 공약한 내용을 철저히 지켜왔던 기업이 새로운 공약을 제시했다고 해보자. 해당 기업이 새로운 공약에 신뢰성을 부여하기 위해 별다른 조치를 취하지 않더라도, 여타 기업이 이 공약에 부여하는 신뢰도는 높을 것이다. 하지만 항상 공약을 수정하거나 변경해왔던 기업이라면 새로운 공약을 제시한다 하더라도 이를 믿는 사람은 극히 적을 것이다.

별도의 독립적인 대상에게 권한을 위임하는 방법도 효과가 있다. 단기적인 이익을 위해 내가 선언한 공약을 스스로 파기하고 싶은 욕구가 들 수 있다. 하지만 자신에게 해당 공약 내용을 번복할 수 있는 권한이 없다면, 공약이 뒤바뀔 가능성은 낮아진다. 대표적으로 정부는 종종 물가를 특정 수준으로 안정시키겠다는 공약을 내걸곤 한다. 하지만 정부는 경기부양이라는 유혹을 뿌리치기가 쉽지 않다. 경기를 부양하기 위해 시중에 돈을 풀어 물가 인상을 감수하고 싶을 때가 많다. 이때 물가에 영향을 줄 수 있는 대부분의 의사결정 권한을 중앙은행에 부여하고 중앙은행의 독립성을 철저하게 지켜준다면, 물가 안정에 대한 공약은 달성될 가능성이 높다.

전략적 공약에 신뢰를 부여하는 여러 가지 방법들 속에는 한 가지 공통점이 있다. 신뢰를 얻기 위한 핵심은 자신의 공약에 비번복성(비가역성)을 부여하는 것이다. 자신이 타고 온 함대를 불태운 탐험가, 자신이 만든 판화를 손수 부순 예술가, 법에 근거해 자신의 특정 행위를 번복할 수 있는 기회를 스스로 박탈해버린 정부나 기업 모두 약속을 뒤바꿀 기회조차 주지 않는다.

지금 상대방으로 하여금 자신의 약속에 신뢰를 부여하여 보다 높은 만족이나 이익을 실현하고자 하는 사람이 있다면, 스스로 '약속을 번복할 수 있는 기회를 어떻게 박탈할 수 있을까' 고민해보는 것도 의미가 있을 것이다.

ECONOMICS
IN
10 MINUTES

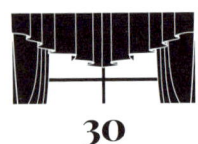

도시는 인류의 축복인가 불운인가?

부동산을 사용가치보다 교환가치로 바라보게 된 이유는 무엇일까? 바로 도시화 때문이다. **도시의 주된 특징 중 하나는 제한된 공간에 많은 사람들이 밀집하여 거주하고 활동한다는 점이다.** 쉽게 말해 도시는 '모여 사는' 공간이다. 많은 사람들이 특정 장소에 모여 살기 시작하면 해당 공간의 자산적 가치는 높아지기 마련이다. 반면 농촌 지역은 함께 모여 살기가 어렵다. 농업은 경작을 위해 반드시 일정 정도의 토지가 필요하다. 그리고 효과적인 농업 활동을 수행하려면 경작할 토지가 거주지와 멀면 안 된다. 농기구나 수확한 농작물 등을 들고 원거리를 이동할 수는 없기 때문이다. 따라서 전통적으로 농민은 매일 도보로 걸어갈 수 있는 지역에 자신이 경작할 토지가 있어야 한다. 만약 농민들이 일정 공간에 과밀하게 모여 살 경우, 누군가는 자신의 경작지에 도달하기 위해 먼 거리를 걸어가야 하는 비효율적인 상황이 생길 수 있다. 그렇기에

#도시화와 부동산

농민들은 다른 사람들과 모여 살기보다는 자신만의 경작지를 찾아 멀리 떨어져 사는 쪽을 선택한다. 때문에 농촌 지역은 도시만큼 밀집된 형태로 거주하기가 어렵다.

    농업에 종사하는 사람들은 통상 이사를 자주 다닐 수도 없다. 농업은 동일한 작물을 재배한다고 하더라도 지역이 달라지면 농사 방식을 조금씩 수정해야 한다. 지역마다 토양의 환경, 수질 등 재배 환경이 다르기 때문이다. 그래서 다른 지역으로 이사를 가게 되면 새로운 방식으로 농업을 수행해야 하는 리스크가 발생한다. 농업에 종사하는 사람들 대부분이 대대손손 특정 지역에 터를 잡고, 해당 지역을 좀처럼 벗어나지 않는 이유가 여기에 있다. 즉 농민들은 자주 이사를 다니지 않는다. 농촌 지역은 자연스럽게 다른 지역 부동산에 대한 관심이 도심지에 비해 상대적으로 적을 수밖에 없다.

그리고 농업은 일가친척이 함께 모여 사는 경우가 일반적이다. 농업은 혼자 작업을 수행하기 보다는 여러 사람들이 모여서 함께 작업을 수행할 때 훨씬 생산적이다. 일가친척은 가장 손쉽게 지속적인 협조를 얻을 수 있는 대상이다. 이 때문에 국내를 비롯해 해외에서도 특정 농촌 지역에 가면 비슷한 성씨의 사람들이 모여 사는 사례가 많다.

이러한 여러 가지 이유로 인해 농촌 지역이나 농업을 중심으로 한 국가나 지자체에서는 부동산 거래가 빈번히 일어나기 어렵다. 그러나 경제 구조가 산업화되면서 제조업과 서비스업 비중이 높아지면 상황은 달라진다. 노동집약적인 제조업은 공장 부지 안에서 많은 사람들이 동시에 작업을 수행하는 경우가 많다. 따라서 제조업은 인근 지역에서 많은 인력을 조달할 수 있어야 지속성을 확보할 수 있다. 서비스업도 일정 수준 이상의 매출을 올리기 위해서는 인근 지역에 많은 사람들이 모여 살고 있는 편이 유리하다. 더 많은 사람들이 모여 살면 살수록 매출이 높아질 가능성이 커진다. 그래서 도시는 일정 공간에 많은 사람들이 모여 살게 되더라도, 해당 도시를 벗어나 다른 지역에 또 다른 도시가 형성되기보다는 먼저 형성된 도시에 더 많은 사람들이 모여 살게 되는 경우가 많다. 우리나라만 하더라도 늘어난 인구는 대체로 기존의 도시를 확장하는 형태로 진화해왔다. 서울시 면적은 1949년 서울특별시로 승격되면서 $268.35km^2$으로 시작해 1973년 627.06km²으로 최대가 되었고, 이후 행정구역이 소폭 조정되어 2010년 605.25km²가 되었다. 이후 서울의 행정구역이 늘지는 않았지만, 대신 서울 외부에서 서울로 출퇴근하는 지역의 범위는 점점 더 확대되었다.

도시화로 시작된 부동산 문제

극한의 도시화를 보여주는 서울

서울이라는 거대한 도시에서 새로운 기회를 찾고자 몰려드는 사람들은 점점 더 많아졌다. 하지만 기존의 서울 지역은 이들을 수용할 수 있는 공간적 환경을 단기간에 제공하기 어려웠다. 결국 국가에서는 늘어나는 주택 수요에 부합하기 위해 신도시 건설을 추진한다.

노태우 정부 시기의 1기 신도시, 노무현 정부 시기의 2기 신도시 등이 이에 해당하며, 이후에도 박근혜, 문재인 정부 시기부터 본격적인 논의가 시작된 3기 신도시까지 지속적으로 서울 근접 지역에 새로운 수도권 이주자를 수용하기 위한 신도시 및 기존 도시의 재개발 재건축 추진이 있어 왔다. 서울시청을 기점으로 각 기 신도시들까지의 최장 거리는 1기 신도시가 25km^2 이내에 조성되었고, 2기 신도시는 40km^2 이내에 조성하기로 결정한다. 이는 서울을 중심으로 서울 거점 생활권이 더욱 넓어져 왔음을 반증한다.

국가에서는 광역화되어 가는 수도권에 거주하는 주민들을 위해 다양한 교통 편의시설을 구축하기 시작한다. 지하철 노선 확장, 광역철도, 외곽순환도로, 경전철 등을 통해 수도권 주민들은 수월하게 서울 내부로 왕래할 수 있게 되었다. 이 같은 노력은 지금도 이전보다 원거리 지역들로 확장되어 계속되고 있다. 이처럼 교통 관련 시설 투자는 서울로 출퇴근하는 사람들을 위한 편의성 제고를 위해 도입되었다. 하지만 서울로의 접근성을 높이는 교통 인프라 구축이 결국 서울의 부가가치를 더더욱 높이는 데 일조하는 역할을 해온 것도 사실이다. 출퇴근 시간이 단축되면서 그만큼(혹은 그 이상으로) 서울로의 집중화 현상이 높아졌기 때문이다.

원거리 교통수단을 제공하면
수도권 과밀이 해소될까

초기 도시공학자들은 원활한 교통수단을 제공해 줄 경우, 사람들이 굳이 도심지에 모여 살지 않을 것으로 예상했다. 과거 도보로 이동하던 시절에는 도시 중심지를 선호할 수밖에 없었다. 도시의 중심지는 다른 지역으로 이동하기 가장 편리한 공간이기 때문이다. 하지만 교통수단의 발달로 원거리 이동이 자유롭게 되면, 도시 어디에 있더라도 쉽게 다른 지역으로 이동할 수 있다. 그렇기에 교통의 발달이 도심지와 주변 지역의 격차를 완화하여 도심지 선호 현상을 완화해 줄 것으로 여겨졌던 것이다. 하지만 결과는 정반대였다. 원활한 교통 수단을 활용해 더 많은 사람들이 도심지로 몰려들기 시작했고, 이는 도시의 발달을 더더욱 촉진시켰다.

초기 도시공학자들은 도심지에 접근 가능성이 높아진다면, 굳이 비싼 돈을 주고 도심지 안에 거주하려는 사람은 없을 것이라고도 예상했다. 하지만 상황은 예상과 전혀 달랐다. 수도권의 확산은 서울 도심지 땅값을 떨어뜨리는 데 기여한 것이 아니라, 오히려 서울 도심지 땅값 상승의 요인 중 하나가 되었다. 도시가 성장하며 그 범위가 넓어질 경우, 도심 핵심 지역의 땅값은 더욱 높아졌다. 수도권 거주자들마저 도심지 핵심 지역의 소비자층이 된 것이다. 수도권 거주자들은 서울 시내에 있는 직장만 오가는 것이 아니라, 주말이면 서울 도심지에서 쇼핑을 하거나 데이트를 즐기는 등 다양한 소비 활동을 전개한다. 도시가 일정 규모 이상으로 확장되어 광역화되면 가장 접근성이 높은 지역이 생긴다. 이런 지역 대부분이 도심 가운데 위치한 지역들이다. 이런 곳에는 더더욱 많은 사람들이 몰려들었고, 이는 서울 도심지 상권 형성을 더욱 공고하게 만들었다.

서울 요지의 주택 역시 비슷한 추세를 보였다. 수도권 거주자들 중 일정 수준 이상의 자본을 확보한 사람들은 너도나도 서울로 거주지를 옮기길 원했다. 수도권이 광역화되면 될수록 서울 거주를 희망하는 사람 수를 늘리는 요인이 되었고, 서울 시내에 위치한 주택 수요가 높아져 결국 서울 집값 상승을 견인하는 효과를 가져왔다. 서울 요지에 주택이 부족해 집값이 오르면 그 여파가 주변에 영향을 미쳐 전체적인 집값 상승으로 이어지게 됐다. 하나의 도시가 중심부를 기점으로 점점 더 외곽으로 성장한다는 것은, 달리 말하면 기존의 요지가 점점 더 중요한 요지가 된다는 것이다. 그러니까 특정 중심부가 점점 더 요지가 된다는 뜻이며, 당연히 그곳의 가격은 점점 더 비싸질 것이다. 도시가 부동산 투자 분위기를 만들어 내기 시작했고, 거대 부동산 투자를 너머 투기마저 야기하여 부동산 가격을 천정부지로 오르게 만드는 요인이 되었다.

물론 도시 규모가 일정 수준 이상으로 커지면 하나의 중심지를 기반으로 도시가 유지되기 어렵다. 모든 활동과 인력이 하나의 중심지로 모이는 것은 비효율적이기 때문이다. 이런 상태가 되면, 도시 내 경제 활동의 일부가 분업화되어 서로 다른 중심지를 형성하는 것이 효율적이다. 즉 다수의 중심지 내지 중심지와 부심지로 도시가 진화한다. 하지만 중요한 것은 이 상황에서도 신생 중심지 내지 부심지는 일반적으로 도시 중심부에서 크게 벗어나지 않는 지역에 형성되는 경우가 일반적이라는 점이다.

도시화가 부동산 가격 상승을 초래한 요인은 또 있다. 도시는 대가족이 한 집에 사는 것보다는 1인 가구나 핵가족 형태로 거주하는 것이 훨씬 유리한 장소다. 이에 반해 농촌 지역은 대가족이 한 집에 모여 사는 것이 훨씬 유리하다. 가족은 농업에 필요한 노동력으로 활용할 수 있는 유용한 자원이기 때문이다. 아버지, 어머니, 큰 형네 가족, 둘째 형네 가족 등 모든 가족이 한 곳에 모여 사는 주거 형태가 농업 생산성 향상에 큰 도움이 된다. 그런데 도시에 거주하는 사람들은 대부분 직장에 다니며 월급으로 생활한다. 월급으로 생활할 때는 부양가족이 적은 편이 유리하다. 특히 부양가족이 적으면 직업을 구하기도 상대적으로 쉽다. 회사 입장에서는 월급을 적게 줘도 되는 사람을 선호하는데, 대가족을 부양해야 하는 사람은 상대적으로 많은 월급을 요구할 수밖에 없다. 하지만 부양가족이 적거나 없는 사람은 다소 적은 월급에도 수긍할 수 있다. 그래서 도시 생활은 1인 가구 내지 핵가족 형태 거주자가 정착하기 용이하다. 이는 달리 보면 동일 면적에 동일 인구가 거주하고자 할 때, 도시 지역은 농촌 지역에 비해 더 많은 수의 주택을 공급해 주어야 한다는 사실을 내포한다. 이런 과정에서 당연히 도시 부동산에 대한 관심은 지속될 수밖에 없다.

국토교통부와 한국국토정보공사가 발표한 '2022년 도시계획현황 통계'에 따르면, 국토 면적 중 도시 지역으로 분류되는 면적은 1만 7,792km^{2}로 전체 국토의 16.7%에 불과하다. 하지만 도시 지역에 거주하는 인구는 국내 총인구 중 91%에 해당한다고 한다. 이러한 수치에서 확인할 수 있듯 우리 사회의 부동산 문제는 모두 도시 부동산 문제이며, 전국민의 부동산 관심사는 도시의 부동산 문제에 국한된다 해도 과언이 아니다.

부동산에서 실수요란

우리나라 사람들에게 "당신은 언제 국가 정책에 가장 실망감을 느끼나요?"라고 묻는다면, 상당수가 부동산 정책을 꼽을 것이다. 실제로 부동산 가격이 폭등하는 구간에 접어들면 별다른 효과도 없는 대책을 남발하기만 하고, 부동산 시세 안정은 고사하고 더 큰 혼란만 야기하는 경우가 많기 때문이다. 그럴 때마다 "도대체 국가는 이런 수요 하나도 예측하지 못하고 뭐 하고 있는 거야?" 혹은 "우리나라는 중장기적 계획 하나 없는 나라인가?" 등 다양한 푸념이 나오기 십상이다. 하지만 부동산 수요 예측에 있어 학자들 사이에서도 각각 기준이 다르거나 명확한 개념조차 설정하지 못한 부분이 있다. 그것은 다름 아닌 '가수요'다. 부동산 문제는 언제나 가수요에서 촉발되었다고 봐도 큰 무리가 없다.

주택 수요 증감에 영향을 미치는 것은 인구, 가구, 일자리, 가수요의 증감이다. 먼저 인구가 늘어나면 당연히 더 많은 주택이 필요하다. 그런데 3명이 사는 집에 4명이 살 수도 있는 일이어서, 인구의 증가가 정확하게 선형적 비례로 주택 수요 증가로 이어지는 건 아니다. 인구 증가가 선형적으로 일어난다면, 이로 인한 주택 수요 증가는 계단식으로 발생한다고 보면 된다. 가구 수의 증가는 인구 증가보다 확실하게 주택 수요 증가로 이어진다. 대체로 한 집에 한 가구가 사는 핵가족 양식이 확고하게 자리잡았기 때문이다. 과거 농경사회처럼 한 집에 여러 세대와 여러 가구가 모여 사는 대가족제도라면 가구 수 증가와 주택 수요 증가가 선형적 관계로 이어지지는 않는다. 대가족제도에서는 가구 수가 늘어나도 여전히 한 집에서 함께 살 수도 있다는 말이다. 그러므로 가구 수 증가가 곧바로 주택 수요 증가로 이어지지 않는다. 이상의 내용을 종합할 때, 인구와 가구 수는 어느 정도 국가가 시간을 두고 대응하거나 계획을 수립할 수 있는 시간적 여유가 있다.

집에 대한 수요에 영향을 미치는 요인으로 일자리 증가를 빼놓을 수 없다. 특정 지역에 인구가 유입되는 가장 큰 요인은 일자리가 늘어날 때이다. 해당 지역은 일자리를 찾아 이주한 인구를 수용할 수 있을 만큼의 주택이 더 필요하다. 특히 일자리로 인해 이주한 노동 가능인구는 혼자 이주하기보다는 가족과 함께 이주하는 경우가 많다. 어떤 지역에 일자리 10,000개가 늘어났다고 하면 유입되는 인구는 10,000명 이상이다. 일자리 증가로 유입된 인구는 일자리 수만큼 선형적으로 증가하는 것이 아니라, 점차적으로 늘어난다. 물론 신규 일자리 모두를 외부에서 유입된 인구가 채우는 것도 아니다. 기존에 해당 지역에 거주하고 있던 원주민 중 일부가 새 일자리를 차지하기도 한다. 하지만 일자리의 경우 신규 일자리 종류를 비교적 명확하게 예측할 수 있기 때문에, 외부 인력으로 채워질 일자리 수와 원주민으로 채워질 일자리 수도 구분할 수 있다. 신규 유입될 공장이나 회사가 언제부터 업무를 시작할지도 비교적 명확한 일정을 미리 알 수 있다. 그래서 특정 지역에 일자리로 인해 유발되는 부동산 수요는 어느 정도 국가에서 사전에 대응할 수 있다. 단, 신규 일자리가 증가한 지역이 한적한 외곽 지역이거나 신규 조성된 계획도시라면 충분한 주거단지를 확보하고 진행할 수 있다.

　인구, 가구, 일자리 증가로 인해 특정 지역에 신규 주택 수요가 생긴다면 이는 실수요일 가능성이 높다. 실수요에 부응하기 위해 가구, 인구, 일자리 증가를 월별이나 분기 단위로 예측할 필요는 없다. 실수요 구매 행태의 특성상, 어느 정도 기다릴 수 있다는 점 때문에 그렇다. 일자리 수 증가를 예측해 주택을 미리 공급하는 것은 어렵다. 하지만 늘어난 일자리 수에 맞춰 시간 차이를 두고 그러한 수요에 부응하는 것은 어려운 일이 아니다. 일자리 수가 늘어나고 이에 따라 주거 단위 수가 증가한다는 흐름은 쉽게 파악할 수 있다. 또한 실수요가 기다릴 줄 아는 수요라는 것을 생각한다면, 이러한 주거 단위 증가에 대응하는 것도 그리 어렵지는 않다. 정리하면 실수요는 은밀하게 증가해 갑작스럽게 폭발하는 양태를 보이지 않는다는 것이다. 수요 증가 상태를 의도적으로 무시하지 않는다면 얼마든지 수요에 부응할 수 있는 방법이 있다.

부동산 투기 문제는 언제나 가수요

그렇다면 가수요는 어떨까? 집의 수요에 영향을 미치는 요인을 꼽을 때 가수요는 절대 빼놓아서는 안 된다. 인구, 가구, 일자리 증가는 사실 점진적으로 발생한다. 인구는 하루아침에 1,000만 명에서 2,000만 명으로 늘어날 수가 없다는 이야기다. 가구 수나 일자리 증가도 마찬가지다. 하룻밤 사이에 2, 3배가 되는 일은 없다. 그리고 이 같은 증가 추세를 어느 정도 예측할 수 있다는 점도 중요하다. 점진적으로 변화하므로 추세를 파악할 수 있고, 추세를 바탕으로 통계적으로 매우 유의미한 수준으로 미래를 예측할 수 있기 때문이다. 반면 가수요는 이와 전혀 다르다.

가수요는 폭발적으로 발생한다. 매우 짧은 기간 내 2배가 될 수도 있다. 우리의 경험이 이를 뒷받침한다. 우리는 이미 특정 지역의 집에 대한 수요가 단시간 내 급증할 수 있음을 여러 번 겪어 잘 알고 있다. 2019~2020년간 서울 강서구의 아파트 거래 건수 증가량은 100.7%로 2배 증가했다. 이러한 증가 크기는 서울 평균이나 전국 평균과 비교해봤을 때 특별한 수치였다. 같은 기간 서울 평균 아파트 거래 건수 증가량은 28.7%이고, 전국 평균은 29.3%였다. 물론 2019~2020년 사이 강서구에서 나타난 거래량 증가를 모두 가수요라고 볼 수는 없다. 하지만 다른 지역과 비교해 볼 때 비정상적인 거래량 증가라는 것은 분명히 알 수 있다.

이렇듯 단기간에 주택 가격이 폭등하는 이유는 무엇일까? 주택 시장에서는 가격이 오를 때 더 사려는 현상이 종종 목격되기 때문이다. 바로 이것이 흔히 말하는 가수요 시장이다. 가수요 시장에서는 가격이 오르면 가격이 내릴 때까지 기다리지 않고 비싼 가격이라도 산다. 흔히 추격 매수라고 부르는 현상이다. 주택 가격 상승 시기를 여러 번 맞이하면서 학습된 결과다. 오른 주택 가격이 쉽사리 내려가지 않을 것이라고 확신한다. 굳이 집을 당장 구입해야 할 이유가 없는 사람들이 부동산 투기 열풍과 함께 갑자기 신규 주택을 구매하게 되는, 이런 수요는 누구도 예측하기 힘들다. 특히 서울에 거주하면서 직장이 서울에 있는 사람이 지방 중소도시에 투자 수익을 목표로 신규로 주택을 구입하는 가수요 형태는 어떤 경제적 모델로도 예측하기 어려운 것이 사실이다. 특히 가수요가 단기간에 촉발될 경우, 짧은 시간 내 신규 주택을 공급하기 어려운 부동산 시장 특성상 부동산의 가격은 폭등하기 시작한다. 그리고 이러한 폭등은 또 다른 가수요를 불러일으킨다.

결과적으로 부동산 수요 부분의 현상을 종합해보면, 부동산 문제의 주범은 언제나 가수요였다. 하지만 실제 정책을 수립할 때는 무엇이 가수요이고 무엇이 실수요인지 구분하기 더더욱 어렵다. 흔히 거주를 위한 구매 수요를 실수요, 수익을 위해 구매하는 행위를 가수요라고 부른다. 실수요로 주택을 구매하는 사람들조차 투자 수익을 함께 기대하며 구매한다. 게다가 부동산 시세가 급등하면 당초 실수요 목표로 구매한 주택이라 하더라도 바로 되팔아버릴 수 있다.

그렇다면 이런 매물은 실수요라 해야 할까, 아니면 가수요라 해야 할까? 가수요와 실수요 구분이 어려운 이유는 더 있다. 단순 투자 목적으로 구매한 주택 가격이 폭락하거나, 대신 거주할 입주자를 찾기 어려우면 마지 못해 구입한 주택에 들어가 사는 경우도 있다. 이때는 실수요에 의한 구매라고 분류할 수 있을까? 현재 관련 제도나 사회적 통념상 주택을 구매한 사람이 실거주한다면 실수요로 분류할 것이다. 하지만 주택 구매 의도는 분명 투자 수익을 목표로 했으며, 이 과정에서 부동산 시세를 불필요하게 요동치게 만드는 데 일조한 가수요 기반 주택 구입이다.

다음으로 구매력에 대한 이야기다. 실수요든 가수요든 간에 먼저 주택을 구매할 수 있는 구매력이 확보되어야 한다. 사람들은 구매력이 확보된 뒤 구매 시기를 모색한다. 구매력이 확보된 예비 구매자가 미래의 적당한 구매 시점을 모색하면서 기다리는 동안 실수요와 가수요를 포함한 수요가 축적된다. 하지만 실수요가 쌓이는 기간과 가수요가 쌓이는 기간에는 상대적으로 길이의 차이가 있다. 실수요는 가격 상승 혜택을 조금 덜 보더라도, 혹은 반대로 가격 하락의 위험이 조금 있더라도 언제까지나 구매를 미루지 않는다. 그러므로 실수요 축적은 장기적이지 않다. 여기서 장기적이라는 표현이 조금 모호하기는 하지만, 분명한 것은 가수요 축적 기간에 비해서는 짧다고 말할 수 있다. 실수요는 예측 불가능한 상태에서 어느 날 갑자기 폭발적으로 튀어 오르는 모양새로 증가하지는 않는다. 실수요 증가는 기본적으로 주택을 필요로 하는 단위의 증가가 원인이 되는데, 이런 식의 증가는 인구나 가구 수 증가와 같이 매우 예측 가능한 형태로 나타난다. 그리고 인구나 가구 수 증가의 대부분은 일자리 증가와 같이 거주 단위 증가를 유발하는 요인들의 증가에 따라 나타난다.

부동산 정책을 정밀하게 수행하기 위해 가수요에 대한 명확한 진단, 실수요에 대한 명확한 진단, 그리고 둘 사이의 확실한 구분은 언제쯤 가능해질까? 사실상 어렵다고 봐야 한다. 가수요에 자극을 받아 실수요자가 움직이는 경우도 많다. 주택 가격이 비싸질 때, 앞으로 가격은 내려갈 수도 있겠지만, 그때까지 기다리기보다는 값이 더 오르기 전에 무리해서라도 집을 사는 것이 좋겠다고 판단되면 실수요자들도 움직인다. 여기에 '쏠쏠한 집 한 채'를 기대하는 수요가 가세하면 이때 발생한 수요가 순수하게 실수요인지, 아니면 가수요인지 모호한 상황이 된다. 이들에게는 실제로 주택을 구매해 거주할 목적이 있으니 실수요에 가깝다고 볼 수 있다. 그렇지만 경제학적 정의를 가져와 보면 가수요라고 정의할 수도 있다. 경제학에서는 장차 값이 더 비싸질 것을 우려하여 구매하는 행위를 가수요라고 부르기 때문이다.

주택 가격 폭등의 시작점에는 언제나 가수요가 있다. 가수요는 구매력을 확보하고 오랫동안 구매 시점을 탐색한다. 이들은 구매력을 갖춘 계층이 집단적으로 동시에 시장에 참여해 가격을 인위적으로 상승시킬 수 있을 것이라 판단되는 시점에 시장으로 뛰어든다. 가수요를 축적하고 있던 계층 모두가 '이제는 모두들 값이 오를 거라고 생각할 거야.'라고 판단하면 일제히 시장에 참여하여 주택을 구매하게 된다. 이쯤 되면 실수요조차 가수요와 같은 성질로 바뀐다.

부동산에서 실수요와 가수요를 구분하여 안정감 있는 부동산 시세가 형성되기를 기대하는 것은 아직까지 쉽지 않아 보인다. 만약 특정 시점의 부동산 시세가 안정되어 있다면, 이는 그저 운이 좋아 가수요가 촉발되지 않은 시점일 것이다. 앞으로 우리가 부동산 가격의 폭등이나 폭락의 시점을 예측하는 가장 합리적인 접근은 시장에서 가수요가 유발될지 아닐지 여부의 판단에 있다고 할 수 있다. 향후 부동산 시세 파악을 어찌 해야 할지에 대해 궁금증을 갖는 사람이 있다면, 가수요의 흐름만 읽어도 충분하다고 말해주고 싶다.

ECONOMICS
IN
10 MINUTES

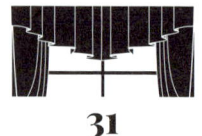

뉴욕 부유층이 아파트를 싸게 임대할 수 있었던 이유는?

　　　　　　　뉴욕 맨해튼을 가본 적 있는 사람이라면 한 가지 특이한 점을 발견할 수 있다. 다름 아니라 도심 한복판임에도 주유소를 찾기 어렵다는 것이다. 브롱크스나 브루클린에서는 그나마 군데군데 주유소를 목격할 수 있지만, 맨해튼 지역은 좀처럼 주유소를 찾기가 어렵다. 땅값이 비싼 남쪽 다운타운은 더 그렇다. 이런 현상의 주범은 역시 1평당 1억 원에 가까운 땅값 때문이다. 비싼 땅에 주유소를 짓는 것은 오히려 손해이므로, 많은 사람들이 기존에 있던 주유소마저 매입하여 고층 빌딩으로 개발했다. 그래서 맨해튼 11번가와 51번가 인근에는 과거 30여 개의 주유소가 있었지만, 지금은 3분의 1로 줄어들었다고 한다.

　이는 뉴욕이라는 도시가 얼마나 땅값이 비싼 곳인지 보여주는 단적인 사례이다. 물론 뉴욕이 전 세계에서 가장 땅값이 비싼 도시는

#최고가격제

아니다. 부동산 전문업체 나이트프랭크의 웰스리포트가 전 세계 주요 도시의 땅값을 비교한 적이 있다. 이때 세계에서 땅값이 가장 비싼 도시는 모나코이며 15m^{2}당 100만 달러 수준에 거래되고 있다고 발표되었다. 뒤이어 홍콩, 런던, 싱가포르 등의 도시가 순위에 올랐으며 뉴욕은 6위를 차지했다. 다소 변화는 있지만 뉴욕은 늘 세계에서 땅값이 가장 비싼 도시들 중 하나로 이름을 올리고 있다.

하늘을 팝니다, 뉴욕으로 오세요

제2차 세계대전 이후 줄곧 높은 땅값을 자랑했던 뉴욕은 땅이 모자라 하늘을 사고 팔기 시작했다. 건물 위의 하늘을 개발할 수 있는 권리인 공중권Air rights을 거래하기 시작한 것이다. 하늘에 대한 개발권을 거래하는 방식은 이러하다. 뉴욕 시내의 특정 지역에서는 건물을 20층까지만 건설하도록 제한되어 있다고 가정해보자. 이때 해당 지역에서 25층짜리 건물을 짓기 위해 인근의 저층 건물주에게 남은 층의 건설 권리를 사들이는 것이다. 해당 지역에서 15층짜리 건물을 소유하고 있는 사람은 5층 높이를 추가로 건설할 수 있는 권리를 가지고 있다. 따라서 이 사람에게서 5층을 추가로 건설할 수 있는 권리를 매입하여 자신의 건물을 20층 이상으로 지을 수 있게 되는 것이다. 뉴욕은 1961년부터 이러한 공중권 거래를 합법화했다.

이런 이유로 뉴욕에서는 똑바로 올라가던 빌딩의 옆구리가 갑자기 툭 튀어나오는 모습을 유달리 자주 목격할 수 있다. 대표적인 예

뉴욕 맨해튼 스카이 라인

가 세계적인 보험회사인 메트라이프 빌딩MetLife Building이다. 메트라이프 뉴욕 빌딩은 뉴욕시의 역사적인 유물인 그랜드 센트럴 역사 바로 옆에 위치하고 있다. 1913년 완공된 그랜드 센트럴 역사는 이후 비행기를 비롯한 다른 교통수단이 대두되며 철거 위기에 몰리게 된다. 하지만 뉴욕 시민들이 그랜드 센트럴 역사의 철거를 반대하여 철거를 면한다. 그러자 인근 건물 소유주가 그랜드 센트럴 역사의 공중권을 사들였고, 이렇게 해서 지어진 건물이 1963년 완공된 메트라이프 빌딩이다. 뉴욕 시민들이 일찌감치 하늘을 거래했다는 사실을 통해 뉴욕이 얼마나 땅값이 비싼 지역인지 쉽게 알 수 있다.

그런데 이처럼 비싼 땅값의 뉴욕에서 한동안 특이한 현상이 목격되었다. 부유층이 저렴한 비용으로 아파트를 임대하여 살고 있다는 사실이다. 바로 '미아 패로 법' 때문이다. 미아 패로Mia Farrow는 세계적인 코미디 영화 감독이자, 뉴욕의 또 다른 명물인 우디 앨런Woody Allen 감독과 명콤비를 이루었던 영화배우다. 미아 패로는 90년대 후반 센트럴 파크 서쪽에 위치한 아파트를 임대해 살고 있었다. 무려 방이 10개나 되는 초호화 아파트였다. 하지만 그는 미국의 다른 도시에서 소형 아파트 한 채를 빌릴 만한 수준의 아주 저렴한 임대료만 내고 있었다.

세계적으로 가장 땅값이 비싼 도시에서, 그것도 가장 주거환경이 좋은 위치에 있는 초호화 아파트에 살면서도 저렴한 임대료를 내고 살 수 있던 이유는 무엇일까? 당시 미국 정부가 임대료 인상을 법으로 엄격하게 통제하고 있었기 때문이다. 게다가 집주인이 세입자를 함부로 내보낼 수 없게 만들었다. 그래서 한 번 입주한 세입자는 누구나 저렴하게 해당 거주지에서 일정 기간 이상을 거주할 수 있었다. 이 같은 정책으로 인해 당시 뉴욕에서는 초호화 아파트를 저렴한 비용으로 임대하여 거주하는 세계적인 거부들이 즐비했다고 한다.

임대료 인상이 강력하게 통제되자 새로운 아파트를 지으려는 사람이 줄어들었고, 이로 인해 한동안 뉴욕에 신규 아파트가 공급되지 않았다. 당연하게도 도시 일부 지역은 점차 황폐해져 갔다. 그리고 기존의 아파트 소유자들은 어차피 제대로 된 임대료를 받지 못하는 상태인지라, 자신이 소유한 아파트를 친지나 지인 위주로 임대하기 시작했다. 결국 뉴욕시의 임대료 규제는 저소득층에게 혜택을 주기는커녕, 저소득층으로 하여금 오히려 교외 지역으로 거주지를 이전하게 만들고 말았다. 이상에서 설명한 미아 패로 법은 최고가격제의 효과와 문제점을 단적으로 보여주는 사례라고 할 수 있다.

왜 최고가격제를 실시하는가

시장의 수요와 공급이 만나서 결정된 가격은 소비자나 생산자에게 합리적인 경제 활동을 위한 신호 역할을 한다. 수요 측면에서 봤을 때 가격은 재화를 가장 필요로 하는 사람이 사용할 수 있도록 만들어 준다. 공급 측면에서 보면 가격은 생산자가 얼마나 생산할 것인가를 결정해 준다. 이처럼 가격이 자유롭게 스스로 신호 역할을 충실히 할 때 시장의 자원은 효율적으로 배분된다.

그러나 시장 메커니즘에 의해 형성된 가격은 효율적일 수는 있지만, 항상 바람직한 결과를 가져다주는 것은 아니다. 시장에서 형성된 가격이 생산자나 소비자에게 적절하지 못한 방식으로 형성될 수도 있기 때문이다. 임대료만 생각해봐도 그렇다. 수요와 공급의 원리에 의해 형성된 임대료의 시장 가격이 서민들에게 너무 비싸서 열심히 일해도 감당하기 어려운 수준이라면 어떨까? 이는 사회적으로 바람직한 결과라고 보기 어렵기 때문이다. 종종 정부는 이런 문제를 해결하기 위해 시장 기능에 의해 형성된 가격을 법과 제도를 통해 인위적으로 변화시키기도 하는데, 이를 '가격통제정책'이라고 한다.

가격통제정책은 가격상한제와 가격하한제 두 가지로 구분할 수 있

다. 먼저 가격상한제는 어떤 상품의 가격이 정부가 고시한 수준 이상으로 올라가지 못하게 만드는 제도이다. 가격상한제를 다른 말로 '최고가격제'라고도 한다. 반면 가격하한제는 어떤 상품의 가격이 정부가 고시한 수준 이하로 내려가지 못하게 만드는 제도이다. 앞서 소개한 미아 패로 법처럼 임대료를 특정 수준으로 올리지 못하도록 강제한 내용은 가격상한제에 해당한다.

가격상한제를 도입하는 이유는 크게 세 가지를 들 수 있다. 먼저 가격이 일순간 급등하여 저소득층에게 커다란 고통을 안겨주고 있는 경우 도입한다. 1979년 중동으로부터 원유 공급이 갑작스레 줄어들어, 난방용 석유 가격이 급등하며 서민들에게 큰 괴로움을 불러일으킨 적이 있다. 당시 미국 정부는 미국 북부 지역 저소득층의 어려움을 우려하여 가정용 난방유에 대해 일정 수준 이상의 가격을 부여하지 못하도록 하는 가격상한제를 도입했다. 급작스러운 가격 변동으로 인한 서민들의 피해를 막기 위해 가격상한제가 도입된 경우다.

다음으로 한두 가지 제품의 가격 인상이 전반적인 물가 인상을 촉발할 때도 가격상한제를 도입한다. 국내의 경우 주식인 쌀의 가격을 통제한 바 있다. 쌀의 가격이 상승하면 도시 생계비의 전반적인 상승이 유발되어, 기타 제품에 대해서도 전반적인 가격 인상될 수 있다고 봤던 것이다.

마지막으로 특정 제품의 가격이 상승할 때, 일반적으로는 해당 물건의 공급이 증가하며 다시금 가격이 하락하게 되는데, 단기간에 공급이 증가하기 어려워 지속적인 가격 상승이 예상된다면 가격상한제를 도입할 수 있다. 특히 개별 경제주체들이 해당 제품의 가격이 인상되었음에도 불구하고 단기간에 이에 상응하는 공급이 수반되기 어렵다고 판단하게 되면, 해당 제품의 지속적인 가격 상승을 예상하며 투기 분위기를 형성하기도 한다. 따라서 이러한 투기의 흐름을 막기 위한 수단으로 가격상한제를 도입하기도 한다.

최고가격제로 인한 부작용

가격상한제는 가격 상승으로 일어나는 여러 문제점을 개선하기 위해 도입하는 정책이다. 하지만 '미아 패로 법' 사례처럼 당초 의도하지 않았던 다양한 부작용을 수반하는 경우가 많다. 특히 저소득층을 돕기 위해 도입한 가격상한제가 오히려 그들에게 더 큰 피해를 주기도 한다.

가격상한제 도입으로 인해 생기는 가장 흔한 부작용으로 해당 제품의 품귀 현상이 있다. 가격상한제가 실시되면 기업 입장에서는 기껏 물건을 만들었다 하더라도 정부의 통제로 인해 제대로 된 가격으로 팔기 어렵게 되어, 공급 자체를 꺼려하기 때문이다. 품귀 현상이 장기간 지속될 경우 추가적인 여러 부작용을 유발한다. 가장 먼저 목격되는 것이 해당 제품을 사기 위해 줄을 서거나 배급을 실시하는 등의 비효율성이다. 공급이 부족해져 배급을 통해 해당 자원을 배분하고자 할 때, 과연 누구에게 배급해야 하는지에 대한 새로운 문제를 일으킨다.

배급보다 더 심각한 부작용은 암시장의 형성이다. 가격상한제의 실시는 해당 제품이 시장에서 아예 자취를 감추어 버리고, 모두 암시장에서만 거래되는 결과를 불러올 수도 있다. 이런 식으로 암시장이 형성되면 당초 정부가 고시한 가격상한폭은 무의미해지고, 실제로는 이보다 높은 가격에 거래가 이루어진다. 특히 암시장이 가져오는 폐해는 단순히 가격이 다시 상승하게 된다는 사실에만 국한하지 않는다. 제도적 테두리 안에서 관리되지 않는 지하 경제인 암시장에서 수행된 거래 행위는 법적 보호를 받기 어렵다. 따라서 암시장 거래가 활성화되면 그 과정에서 사기를 당하거나 도둑을 맞는다 해도 법적으로 호소하기 어렵게 되며, 경제에 더욱 큰 혼란을 가져오게 된다.

또한 가격상한제는 해당 제품의 질을 저하시킬 수 있다. 기업 입장에서는 해당 제품을 생산해도 제값을 받기 어렵게 되므로, 굳이 높은 생산 비용을 들여 질 좋은 제품을 출시할 필요가 없다. 오히려 정부에서 제시한 가격 수준에 부응하는 정도로 해당 제품의 품질을 낮춰서 출시하는 편이 보다 큰 이윤을 가져다줄 수 있기 때문이다. 실제로 뉴욕시에서 임대료 인상을 규제했을 때, 엘리베이터가 설치되어 있지 않거나 누수가 심한 싸구려 아파트가 등장하기도 했다. 이 역시 가격상한제로 인해 제품의 질이 저하된 전형적인 사례라고 볼 수 있다.

가격상한제는 시장에서 형성된 가격이 특정 경제주체들에게 바람직한 수준이라고 판단되지 않을 때, 인위적으로 가격을 조절하여 해당 경제주체들에게도 유의미한 혜택이 돌아갈 수 있도록 조정한 것이다. 그러나 부작용 없이 본래의 의도만 효율적으로 달성하기란 여간 어려운 일이 아니다.

인류는 일찍이 고대부터 가격상한제를 실시해왔다. 4세기 로마시대에는 전쟁과 무리한 토목 공사를 수행하기 위해 주화를 남발하여 물가가 폭등한 적이 있다. 이에 황제 디오클레티안Diocletianus은 인위적으로 주요 제품의 가격을 동결시켰다. 황제는 자신이 제시한 기준보다 높은 가격을 부여하는 상인이 있다면 엄중히 처단할 것이라는 공표도 잊지 않았다. 즉 가격상한제를 실시한 것이다.

황제가 실시한 가격상한제는 초기에 비교적 성과가 있어 보였다.

그러나 일정 기간이 지나자 상인들이 아예 물건을 만들지 않게 되었다. 제값을 받지도 못하는 물건을 만들어 뭐하냐는 반응이었다. 물가는 다시 치솟기 시작했다. 결국 황제는 다시금 강제적인 수단을 동원하기에 이르렀다. 그 내용인즉슨, 모든 로마 상인의 자식들은 아버지의 가업을 계승해야 한다는 법이었다. 아버지의 직업을 계승하여 지속적으로 해당 물건을 생산해야 한다는 뜻이었다. 지금 생각해도 무리가 있는 이러한 규제와 법규는 가격상한제를 잘못 실시할 경우 얼마나 큰 폐단을 가져올 수 있는지를 단적으로 보여주고 있다. 이와 함께 우리 인류가 고대 정부부터 오늘날 현대적인 정부에 이르기까지 꾸준히 가격상한제를 도입해 왔음을 확인할 수 있다.

그렇다면 역대 여러 정부나 정치가가 가격상한제의 유혹을 뿌리치지 못한 이유는 무엇일까? 가격상한제가 정치적으로 매우 인기를 얻을 수 있는 선택이기 때문이다. 가격상한제는 장기적으로 봤을 때 부작용이 우려되는 부분이 분명히 존재한다. 하지만 지금 당장 많은 서민들에게 고통을 안겨주는 제품의 높은 가격을 강제적으로 낮춰주겠다는 정치가를 싫어할 유권자는 별로 없을 것이다. 가격상한제로 인한 피해가 미래의 유권자에게 돌아갈 수 있지만, 지금 당장 나에게 한 표를 행사하는 사람들은 이러한 정책으로 인해 혜택을 받을 수 있기 때문이다. 지금까지 전개된 우리 인류의 역사가 보여주듯이, 지금 이 순간에도 가격상한제가 내포하는 특성을 활용하여 유권자들의 표를 얻고자 시도하는 사람이 있을 것이다. 이때 앞서 설명한 가격상한제에 대한 내용이, 다소나마 여러분의 판단에 도움이 되길 바란다.

경쟁사 옆에 가게를 차리면 오히려 이득이 된다?

서울에는 100여 개 정도의 재래시장이 있다. 이들 재래시장은 고객을 흡수할 수 있는 범주에 따라 크게 광역형, 지역형, 근린형 재래시장으로 나뉜다. 재래시장 중에는 인근 지역 주민들을 대상으로 상권이 형성된 근린형 재래시장도 있지만, 특정 품목을 전문적으로 취급하면서 전 국민을 대상으로 형성된 광역형 재래시장도 많다. 한약재를 전문으로 취급하는 경동시장, 동대문 의류시장, 황학동 만물시장, 노량진 수산시장, 을지로의 공구상가 등이 광역형 재래시장에 해당한다. 비슷한 품목을 취급하는 가게들이 가까이에 밀집해 있는 것이다.

이렇게 직접적인 경쟁 관계에 놓여 있는 회사들이 바로 옆에 모여 있는 현상은 우리나라 밖에서도 쉽게 목격된다. 해외 역시 특정 산업을 대표하는 회사들이 군집하여 명성을 얻게 된 곳이 많다. 명품

#집적의 경제

의 1번지 밀라노, 영화 제작업체가 모여 있는 할리우드, 소프트웨어 회사가 모여 있는 실리콘밸리가 이에 해당한다. 이런 풍경을 보자면 한 가지 의구심이 들 수밖에 없다. 어째서 비슷한 품목을 취급하는 가게들이 함께 모여 있는 걸까? 경쟁이 치열해지면 오히려 수익성이 떨어질 수 있는데도 말이다. 경제학에서는 유사한 업종의 가게들이 함께 모여 있는 이유를 '집적의 경제 Agglomeration economics'로 설명한다. **집적의 경제란 기업이나 가게들이 서로 인접한 거리에 입지하여 얻게 되는 이익을 말한다.** 집적의 경제로 인한 이익은 해당 회사를 비롯해 일반 소비자, 해당 회사에서 근무하는 근로자, 그리고 경쟁사 등에게 모두 유발된다는 특징이 있다. 대체 유사한 업종 가게들이 서로 인접해 있으면서 얻게 되는 경제적 이득은 무엇일까?

집적의 경제로 인한 이득
― 기업

먼저 제조회사의 입장에서 얻게 되는 이익부터 살펴보자. 비슷한 품목을 취급하는 가게들이 함께 모여 있을 때 얻게 되는 가장 큰 이익은 생산 비용 절감이다. 오늘날에는 하나의 완성품을 만들기 위해 수많은 부품 내지 소재가 필요할 때가 많다. 이런 부품이나 소재를 흔히 중간재라고 한다. 제품 제조 과장이 나날이 복잡다단해지면서 기업 입지를 정하는 데 있어 이러한 중간재들을 얼마나 쉽게 조달할 수 있느냐가 노동, 토지, 자본 못지않는 중요한 고려 요인이 되고 있다. 기업들이 한 곳에 모여 있으면 중간재를 저렴한 비용으로 쉽게 조달할 수 있다는 장점을 갖게 된다.

옷을 만드는 데 필요한 단추나 옷감 등을 제공하는 회사들이 있다고 가정해보자. 단추와 옷감은 옷을 만드는 데 필요한 일종의 중간재다. 그렇기에 한 종류의 단추를 대량생산하기란 쉽지 않다. 유행이나 계절에 따라 이전과는 전혀 다른 형태의 옷들을 만들어야 하고, 여기에 들어가는 단추 역시 그때그때 다양한 형태와 색깔로 제작되어야 하기 때문이다. 네모 모양의 푸른색 단추를 만들었다가 곧이어 전혀 다른 형태의 원형 흰색 단추를 만들어야 할 수도 있다. 따라서 특정 중간재를 무턱대고 많이 만들어 놓았다간 큰 낭패를 볼 수 있으므로, 필요할 때마다 소량으로 생산해야만 하는 상황에 놓이게 된다. 그 과정에서 당연히 제품 단위당 제작비용은 높아진다.

하지만 소량생산으로 인한 생산 비용 증가의 문제점은 관련 분야의 사람들끼리 모여 집적하게 되면 쉽게 해결할 수 있다. 집적을 할 경우, 생산 규모를 크게 하여 생산단가를 줄일 수 있기 때문이다. 외딴 지역에서 혼자 단추 공장을 운영하는 공장 주인이 있다면 이 사람은 인근에 있는 몇몇 의류회사의 주문에 의존해서 단추를 생산하게 된다. 하지만 여러 의류회사들이 모여 있는 곳에서 단추 공장을 운영한다면 어떨까? 지금 당장은 해당 단추를 찾는 사람이 없다 하더라도 나중에 다른 의류회사에서 해당 단추를 원할 수 있기 때문에 대량생산이 가능해진다. 따라서 자연히 제작비용은 줄어들고, 재고를 처분할 가능성도 높아진다.

집적으로 인한 이득은 중간재를 공급하는 업체에만 유발되는 것이 아니라, 중간재를 가져다 쓰는 업체에게도 유발된다. 즉 단추 공장과 단추를 납품받는 의류업체 모두 집적으로 인한 이득을 누릴 수 있다. 자신의 요구에 따라 그때그때 상이한 형태의 중간재를 납품받아야 하는 회사의 경우, 중간재를 공급하는 회사와 긴밀한 의견 교류가 필요하다. 왜냐하면 표준화된 제품을 구입하는 것이 아니라, 자신만을 위한 제품을 요구해야 할 때가 더욱 많기 때문이다. 그래서 주기적으로 중간재 생산 기업과 직접 면담 시간을 보내야 한다. 관계자들과 직접 의견을 주고받고, 자신의 요구사항을 명확히 전달하여, 이에 부합하는 중간재를 납품받기 위해 면담은 꼭 필요하다. 만일 중간재를 생산하는 공장이 집적된 곳에 회사가 위치한다면 이러한 시간비용을 절감하는 효과를 거둘 수 있다. 그리고 중간재 납품업체를 쉽게 변경할 수 있다는 것도 장점이다. 기존의 중간재 납품업체가 자신의 요구에 맞는 결과물을 만들어내지 못할 경우 새로운 거래처를 찾아야 한다. 이때 관련 업체가 모여 있는 장소에서 회사를 운영하는 사람들은 쉽게 다른 회사를 물색할 수 있기 때문에, 거래처 변경비용이 절감되는 효과를 거둘 수 있다.

집적의 경제로 인한 이득
─ 노동자

집적의 경제로 인한 이익은 노동자들에게도 유발된다. 특정 산업 분야가 집적된 곳에서 근무하는 근로자들은 이직이 쉽기 때문이다. 산업 특성상 프로젝트 단위별로 사람을 채용하는 경향이 있는 산업이 있다. 대표적으로 컴퓨터 소프트웨어 분야가 그렇다. 2~3년에 걸쳐 수행해야 하는 대규모 프로그램 개발 프로젝트를 수주한 벤처기업의 경우, 관련 업무를 수행하는 기간 동안 프로그래머를 추가로 고용할 것이다(물론 해당 프로젝트가 완료되면 다시 적정 고용 수준으로 조정해야 하겠지만). 이와 유사한 산업 분야에서 근무하는 근로자는 상대적으로 집적된 장소에서 일자리를 찾기 위해 노력하는 경향이 강하다. 지금 일하는 프로젝트가 끝난 뒤에도 인근에서 다시 새로운 일자리를 찾을 가능성이 높기 때문이다. 유사한 업무를 수행하는 회사가 즐비한 곳에서 일하면 비슷한 업무를 수행하는 다른 회사의 정보를 쉽게 얻을 수 있으며, 유사 회사 관계자들에게 자신의 존재를 자연스럽게 알릴 수 있는 기회도 있다. 따라서 특정 프로젝트가 끝날 무렵 인근의 다른 회사 중 어느 회사에 내가 일할 수 있는 신규 프로젝트가 있는지 쉽게 탐색할 수 있다. 정리해보면 특정 산업이 집적된 장소에서 일하는 근로자는 이직에 대한 정보와 기회를 보다 많이 가질 수 있다는 장점이 있다.

집적으로 인해 근로자가 유관 분야로 쉽게 이직할 수 있게 되면, 해당 근로자를 고용하는 회사 입장에서도 이익이 된다. 회사가 특정 프로젝트를 수행하기 위해 인력을 확보할 때는 크게 두 가지 방법이 있다. 하나는 외부에서 해당 업무 수행에 적합한 인력을 충원하는 것이다. 하지만 이러한 인재가 어디에 있는지 찾아 선별하는 과정에서 비용이 유발된다. 이때 집적된 곳에 회사가 위치한 경우, 우리에게 필요한 인재가 어디에 있는지 인근 회사로부터 자문을 구하거나 추천을 받기 훨씬 수월해지기 때문에 인력 충원에 들어가는 비용이 크게 절감된다.

  물론 집적이 인재 채용 과정에서 유발되는 비용 절감에 항상 긍정적 영향만 미치는 것은 아니다. 특정 분야의 인재에 대한 수요가 크게 높아질 경우에는 주변의 비슷한 회사들 간 경쟁이 생기고, 해당 인재에 대한 몸값이 올라가 더 높은 비용을 지불해야 하는 일도 생긴다. 하지만 이 역시 특정 지역에 유사한 회사들이 모여 있는 집적의 수준이 훨씬 높아지면 해결할 수 있다. 집적의 수준이 한층 높아져 인재 풀이 더욱 많아지거나 다른 대안을 찾을 가능성이 높아지면 비용을 절감할 수 있는 또 다른 방법을 모색할 수 있기 때문이다.

집적의 경제로 인한 이득
— 고객

비슷한 업종이 모여 있을 때 이득을 보는 경제 주체 중 하나로 고객을 빼놓을 수 없다. 특정 품목을 취급하는 가게들이 여기 저기 흩어져 있다면, 고객들은 여러 가게에서 상품을 비교하기 위해서 먼 거리를 이동해야 한다. 하지만 유사한 품목을 취급하는 가게들이 몰려 있는 지역에 가면 굳이 발품을 많이 팔지 않고서도 편하게 여러 상품을 비교할 수 있다. 이러한 이유로 우리는 전자제품을 사려고 할 때는 용산 전자상가로, 의류를 사려고 할 때는 동대문 의류상가로 향하는 것이다. 결국 특정 품목을 전문으로 취급하는 집적된 장소는 관련 고객의 방문 횟수가 더욱 증가하게 되어, 해당 지역에 입점한 회사들에게도 다시 이익으로 작용한다.

이 밖에도 비슷한 업종이 함께 모여 있으면, 해당 산업 분야에 대한 다양한 정보 습득, 아이디어 공유, 해당 지역에 입점한 기업이라는 후광 효과 등의 측면서 다양한 이점을 갖게 된다.

모일수록 이득이다

여러 경제적 유인으로 인해 현재 많은 국가에서 특정 산업과 관련된 회사들이 집중적으로 모여 있는 현상이 목격되고 있다. 영화 산업의 메카라 불리는 할리우드 역시 이러한 범주에 해당한다. 영화에 필요한 중간재라 할 수 있는 영화 소품, 영화 편집 및 특수 효과 제작회사들의 경우 영화사들이 모여 있는 할리우드에 회사를 차리는 것이 유리하다. 특정 영화만을 위한 중간재를 생산했더라도, 이를 다른 영화에 제공할 수 있다는 장점이 있기 때문이다. 로마시대를 배경으로 하는 영화에 소품 제공자로 참여한 소품회사의 입장에서는 해당 영화가 마무리되면 그 많은 소품들이 그대로 무용지물이 될 수 있다. 하지만 할리우드에서는 언젠가 또 다른 영화사가 로마시대 배경의 영화를 제작할 것이기 때문에 결코 이 소품들을 버릴 필요가 없다. 영화사 입장에서도 할리우드를 선택하는 것이 유리하다. 다른 지역에서 영화를 제작한다면 영화 관련 소품을 얻기 위해 높은 비용을 지불해야 한다. 그러나 할리우드에서 영화를 제작하면 이전에 유사한 배경의 영화에서 사용되었던 소품을 쉽게 구할 수 있기 때문에, 상대적으로 저렴한 비용을 들여 영화를 만들 수 있게 된다.

이는 소품에만 해당되는 이야기가 아니다. 기타 영화 관련 인력과 인프라도 손쉽게 구축할 수 있다. 영화 산업 종사자들의 선택도 할리우드여야 한다. 한 영화에 스태프로 참여한 이후 또 다른 영화에 스태프로 참여할 수 있는 기회를 가장 손쉽게 얻을 수 있는 최적화된 공간이 바로 할리우드이기 때문이다. 단역 배우나 무명 배우들 역시 영화 출연의 기회를 잡기 위해서는 항시 영화가 제작되고 있는 할리우드에 거주하는 것이 좋을 것이다. 할리우드는 영화를 좋아하는 일반 소비자들에게도 영화 관련해서 반드시 찾아가봐야 하는 곳 중 하나가 되었다.

집적으로 인한 이익은 해당 산업에 종사하는 회사, 거래처, 경쟁사, 소비자 모두에게 다양한 이익을 유발하고 있다. 특히 이러한 집적으로 인한 이익은 단추 제조와 같은 전통적인 산업뿐만 아니라 최첨단 산업에서도 흔히 목격된다. 최첨단 산업은 기술 발달의 속도가 빠른 분야이기 때문에 급변하는 혁신적인 제품에 들어가는 중간재가 그때그때 달라지는 경우가 많다. 따라서 중간재를 원활하게 공급받을 수 있는 방법 중 하나가 함께 모여 있는 것이다. 이러한 이유를 통해 우리는 경쟁사 바로 옆에 회사를 차리는 사람들이 결코 어리석은 판단을 내린 것이 아니며, 다양한 경제적 이익을 고려한 전략적 선택이었음을 이해할 수 있다.

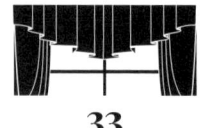

어느 도시에서 살아야 하는가?

전 세계 사람들은 오늘날 대부분 도시에 살고 있다고 해도 과언이 아니다. UN의 보고서에 따르면 현재 전 세계 인구의 절반 이상이 도시에 살고 있으며, 매달 500만 명에 가까운 인구가 도시를 향해 이주하고 있다. 이러한 추세를 감안할 때, 머지않아 도시는 우리 인류의 보편적인 거주 지역이 될 것이다.

이렇게 많은 사람들이 도시로 몰려오고 있다고 해서, 모든 도시가 비슷한 방향성을 갖고 있는 것은 결코 아니다. 번성하는 도시가 있는가 하면, 쇠퇴하는 도시도 있다. 미국 디트로이트 시는 1960년대만 하더라도 미국 4대 도시로 손꼽혔다. 그러나 현재는 디트로이트 시 전체 인구의 85%에 해당하는 100만 명에 가까운 많은 사람들이 타 지역으로 이주했으며, 남아 있는 디트로이트 시민의 연평균 소득

#실업의 종류

또한 여타 미국 도시의 절반 수준에 그치고 있다.

　디트로이트의 실업률은 다른 지역에 비해 두 배 이상 높고, 범죄율은 무려 뉴욕의 10배 이상으로 높아진 적도 있다고 한다. 심지어 2013년에는 미국 역사상 지자체 도시 최초로 파산 보호 절차를 밟는 불명예를 안게 되었다. 한때 미국 최고의 도시였던 디트로이트는 어째서 몰락의 길을 걷게 되었을까? 디트로이트의 몰락은 자동차 산업에서 기인한다. 2000년대 들어 자동차 산업의 쇠퇴와 함께 거주 인구가 절반 이하로 줄어들었으며, 이 과정에서 지자체의 세수입 감소와 방만한 도시 운영으로 무려 20조 원에 달하는 부채를 떠안게 된 것이다.

왜 번성했던 도시가 몰락하는 걸까

크게 번성했던 도시가 몰락한 것은 비단 디트로이트만의 특수한 현상이 아니다. 이는 전 세계적으로 쉽게 목격되는 일반적인 상황이다. 미국의 다른 도시만 봐도 1950년대 최대 도시로 꼽히던 도시 10곳 중에서 8곳의 인구가 점점 줄어들고 있다. 버펄로, 뉴올리언스, 피츠버그, 세인트루이스 등의 인구가 절반 이상 감소했다. 일본의 시즈오카현도 마찬가지다. 시즈오카현은 본래 도쿄와 오사카를 잇는 교통의 요충지일 뿐만 아니라 고급 휴양지와 주요 제조업체들의 공장이 위치한, 일본에서 가장 윤택한 지역 중 하나였다. 그런데 최근에는 일본에서 인구가 가장 크게 줄어드는 도시 2위에 올랐다.

이에 반해 오히려 인구가 유입되는 도시도 많다. 미국의 경우 2000년 이후 휴스턴 지역으로 이사한 사람이 100만 명에 달한다. 휴스턴은 그나마 원래 도시였던 지역이라 할 수 있지만, 전혀 도시라 할 수 없었던 지역이 도시화되는 경우도 많다. 대표적으로 더 빌리지스라는 도시는 미국에서 가장 가파르게 성장하는 도시 중 한 곳이다. 더 빌리지스의 인구는 11만 명 수준으로 아직 작다고 할 수 있지만, 2000년 이래 4배로 증가하였으며, 2013년에도 인구가 5.2% 증가했다. 이러한 인구 유입 속도는 나이지리아의 최대 도시 라고스나 방글라데시의 수도 다카 이상의 수준이라고 한다. 아마도 10~20년이 지난 후에는 미국을 대표하는 도시가 더 빌리지스가 될지도 모를 일이다.

그렇다면 도시가 흥하거나 쇠퇴하는 이유는 무엇일까? 이 질문에 단 하나의 답변으로 대답하기는 어려울 것이다. 하지만 도시에 대한 또 다른 변화 양상을 살펴보면 한 가지 힌트를 얻을 수 있다. 그것은 특정 분야에 종사하는 비슷한 직업을 가진 사람들이 같은 도시에 거주하는 일이 많아지고 있다는 점이다.

저명한 도시학자 리처드 플로리다에 따르면, 미국의 전체 영화배우, 방송인, 코미디언 등 연예인의 75% 이상이 LA에서 일하며 LA 인근에 거주하고 있다. 워싱턴 D.C.의 경우에는 경제학자, 수학자, 천문학자의 비율이 높을 뿐만 아니라, 미국의 전체 정치인 78%가 거주하고 있다. 이 밖에도 패션 디자이너의 절반 이상이 뉴욕에 거주하고 있으며, 석유공학 분야의 엔지니어의 30% 이상이 휴스턴에 살고 있다고 한다. 이러한 일련의 사실들은 도시의 흥망성쇠가 특정 직업 혹은 산업의 실업률과 관련될 수 있음을 보여주고 있다.

실업자는 어떻게 분류될까

한 도시나 국가의 고용 상황을 가장 쉽게 확인하는 방법은 실업률이다. **실업률이란 경제활동인구 중에서 실업자가 차지하는 비율을 나타낸다.** 실업률의 개념을 명확히 이해하기 위해서는 먼저 고용 관련 통계가 어떤 기준으로 취업자와 실업자를 분류하고 있는지 이해해야 한다.

고용통계상 가장 큰 분류 기준은 노동가능인구이다. 노동가능인구란 노동에 투입할 수 있는 15세 이상 인구로 정의하는데, 이는 단순히 노동 가능성 여부를 나타내는 기준이다. 노동가능인구는 고용 통계에서 가장 넓은 의미의 분류 기준으로, 우리나라 전체 인구를 크게 노동가능인구와 노동가능제외인구로 구분한다. 15세 이상이라고 하더라도 경제활동에 참여하여 노동력을 제공할 수 없는 상태에 놓인 군인과 수감자는 노동가능인구에서 제외된다. 노동가능인구는 경제활동 참가 의사를 기준으로 다시 두 그룹으로 분류된다. 이들 중 적극적으로 경제활동 참가 의사를 표현한 사람이거나 현재 경제활동을 하고 있는 사람의 경우 경제활동인구로 분류되고 있으며, 그렇지 않은 사람들은 비경제활동인구로 분류된다. 따라서 경제활동인구는 노동가능인구 중에서 일에 종사하고 있거나 취업을 하기 위하여 구직활동 중에 있는 사람들이 해당된다. 이 중 실제 경제활동에 참여하고 있는 사람은 취업자, 경제활동에 참여하기 위해 열심히 구직활동 중인 사람들이 실업자에 해당한다. 따라서 실업률은 전체 인구 중에서 직업을 구하지 못한 사람으로 집계되는 것이 아니다. 경제활동에 참여할 의사가 있거나, 현재 참여하고 있는 경제활동인구 중 아직 직업을 구하지 못한 사람만을 대상으로 집계된다.

그렇다면 비경제활동인구로 분류되는 사람들은 누구일까? 대표적으로 전업 주부, 학교에 다니는 학생, 일을 할 수 없는 고령자 및 심신장애자, 자발적으로 자선사업이나 종교단체에 관여하는 사람 등이 비경제활동인구로 분류된다. 여기서 주의해서 보아야 할 부분이 구직포기자이다. 구직포기자는 고용 통계 분류상 어디에 속하게 될까? 우리는 보통 직장을 구하다가 구직활동을 포기한 사람들을 가리켜 실업자라 부르는데, 이는 잘못된 표현이다. 구직포기자를 정확히 지칭하는 용어는 비경제활동인구이다. 실업자로 분류하기 위해서는 현재 구직활동을 수행하고 있어야 한다. 하지만 구직활동을 포기할 경우 구직활동을 하고 있지 않기 때문에 경제활동인구에서 빠지게 되며, 그로 인해 경제활동인구 중 실업자 비율로 집계되는 실업률 통계에서 제외된다.

현재 우리나라는 실업자로 분류되기 위한 구직활동의 기준을 '매월 15일이 포함된 1주일 동안 적극적인 구직활동을 하였으나 1시간 이상 일하지 못한 사람으로서, 즉시 취업이 가능한 사람'으로 규정하고 있다. 이러한 분류 체계 속에서 집계된 실업률은 현재 해당 지역이나 국가의 고용 상태에 대한 개괄적인 정보를 전달해줄 수 있다.

실업은 어떻게 구분될까

경제학은 실업률의 높고 낮음의 원인에 따라 실업을 몇 가지로 구분하여 이해하고 있다. 경제학에서는 먼저 실업이 생기는 원인을 크게 두 가지로 분류한다. 하나는 '자발적 실업'이고, 다른 하나는 '비자발적 실업'이다. **자발적 실업이란 현재 임금 수준에서 일할 수 있지만, 더 나은 임금이나 더 나은 근로 여건을 찾거나, 적성에 더 잘 맞는 직장을 찾기 위해 이직을 하는 과정에서 발생하는 실업이다.** 다른 말로 '마찰적 실업' 또는 '탐색적 실업'이라고도 한다. 예를 들어 현재 다니고 있는 직장이 마음에 안 들어 이를 포기하고 자신에게 맞는 회사를 찾으려는 사람들이 자발적 실업에 해당한다. **반면 비자발적 실업은 일할 의사가 있음에도 불구하고 본인의 의사와 달리 일자리를 얻지 못하는 상태를 말한다.**

비자발적 실업은 다시 '경기적 실업'과 '구조적 실업'으로 분류할 수 있다. **경기적 실업은 경기가 좋고 나쁨에 따라 유발되는 실업을 의미한다.** 가령 글로벌 금융위기로 인해 자신이 일하고 있는 산업 분야에 불황이 찾아와 실직을 하게 된 사람이 있다면? 그는 바로 경기적 실업으로 인해 실업자가 된 것이다. 다른 실업 요인들이 개인적인 원인에 의해 발생한 것인데 반해, 경기적 실업은 경제 전체의 상황 악화로 인해 발생한 실업이라는 점에서 차이가 있다. **구조적 실업은 산업의 구조 변화에 따라 발생하는 실업으로, 성장하고 발전하는 현대 자본주의에서 반드시 발생할 수밖에 없는 실업의 형태이다.** 사양 산업과 신흥 산업이 급변하는 요즘과 같은 상황에서, 사양 산업에 종사하였던 노동자들이 신흥 산업으로 이동하지 못하여 유발되는 실업이 이에 해당한다. 단적인 예로, 우리는 예전에 카세트테이프와 LP 등을 통해 음악을 들었다. 하지만 이후 CD가 등장했고, 최근에는 MP3 파일이나 스트리밍을 통해 음악을 듣게 되었다. 이렇게 되면 자연스럽게 카세트테이프나 LP판을 만드는 산업에 종사하는 사람들의 일감이 줄고 일자리를 잃게 되는 경우가 많아진다. 이처럼 경제 구조 내지 산업 구조가 변화하여 유발되는 실업이 구조적 실업이다.

도시의 흥망성쇠는 구조적 실업과 연결되어 있다

이렇듯 실업은 원인에 따라 다양하게 분류할 수 있는데, 이 중 가장 심각한 실업의 종류가 구조적 실업이다. 앞서 소개한 자발적 실업의 경우에는 자신이 스스로 더 좋은 직업을 찾아 그만둔 것이기 때문에 문제가 될 부분이 가장 적다. 다음으로 경기적 실업은 경기 상황이 호전되면 다시 자신이 일하던 분야에서 일자리를 찾을 수 있는 기회가 생길 수 있기 때문에 이 또한 한시적인 실업이라 할 수 있다. 하지만 구조적 실업은 다르다. 구조적 실업은 장기화될 가능성이 높다. 산업 구조나 기술 환경의 변화로 자신이 수십 년 동안 숙련해왔던 기술이나 노하우의 활용도가 크게 줄어든 사람이 다시금 새로운 기술이나 지식을 습득하여 새로운 분야에서 일자리를 찾기란 결코 쉬운 일이 아니기 때문이다.

다시 서두로 돌아가 보자. 과거 번성했던 많은 도시들이 몰락하고 새로운 도시들이 부각되고 있는 이유를 설명할 수 있는 요인 중 하나가 구조적 실업이다. 런던과 뉴욕이 여전히 발달하고 있는 도시로 남을 수 있는 가장 큰 원동력은 첨단 산업인 금융의 중심지이기 때문이며, 실리콘밸리가 세계적인 도시로 거듭나고 있는 원동력은 IT기술 산업 덕분이다. 반면 미국의 산업구조가 변모함에 따라 쇠퇴하고 있는 자동차 산업과 철강 산업을 중심으로 성장해왔던 디트로이트나 피츠버그는 점차 쇠락의 길로 접어든 것이다.

이러한 현상은 도시 단위로만 발생하는 것이 아니라, 도시 내 지역 단위에서도 볼 수 있다. 과거 중구 을지로3가에서 시작해 충무로까지의 지역은 서울을 대표하는 인쇄회사들이 몰려 있던 곳이었다. 하지만 급격한 경제 성장과 함께 다양한 인쇄물 발주로 성장해왔던 이들 지역은 최근 커다란 침체를 경험하고 있다. 과거처럼 인쇄물 형태로 브로슈어, 카탈로그, 연하장 등을 보내는 사람이 현저히 줄어들고 있기 때문이다. 최근에는 이러한 행위가 대부분 온라인상에서 이루어지고 있다. 반면 최근 많은 사람들이 몰려드는 지역인 테헤란로, 판교, 구로디지털단지 등은 국내 IT 분야의 성장에서 그 원인을 찾을 수 있을 것이다.

이처럼 특정 지역의 발달과 쇠퇴를 설명하는 데 있어, 고용과 실업의 관점은 충분한 설득력을 더해준다. 그리고 우리에게 더욱 중요한 사실도 알 수 있다. 바로 개인의 경제적 풍요로움과 취업 여부를 결정하는 데 있어, 어느 도시 어느 지역에 사는지가 결정적인 영향을 미칠 수 있다는 사실이다. 예술가들이 모여 있는 도시에서 성장한 사람과 과학자들이 즐비한 도시에서 성장한 사람이 앞으로 무슨 직업을 갖게 될 것인지에 대해 떠올려보자. 굳이 멀리 가지 않더라도 지금 내 직업을 결정하는 데 있어 가장 커다란 요인이 무엇이었는지 떠올려보면, 거주지가 왜 중요한지 쉽게 답을 얻을 수 있을 것이다.

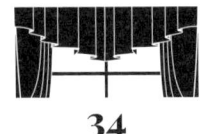

내 땅인데
내
마음대로
못한다고?

사유재산이란 자신의 자유의사에 따라 마음대로 사용하거나 처분할 수 있는 동산(형상, 성질 따위를 바꾸지 않고 옮길 수 있는 재산)이나 부동산을 의미한다. 뿐만 아니라 소유자는 자신의 소유물에 대해 그 누구의 간섭도 받지 않을 권한이 있다. 사유재산은 우리 인류의 발전에 가장 근원적인 원동력이 되어왔으며, 시장경제원리의 중요한 기틀이라고 할 수 있다.

그런데 아무리 시장경제원리가 발달하고 사유재산을 존중하는 나라이더라도, 소유주 마음대로 사용하지 못하도록 제안하는 재화가 하나 있다. 바로 부동산이다. 다시 말해 내가 소유한 산이라고 해서 마음대로 개간해서는 안 되고, 농지에 마음대로 건물을 지어서도 안 되며, 자신이 소유한 빌딩이라고 해서 마음대로 증축을 해서도 안 된다.

#공공재의 이해

우리가 소유한 부동산을 마음대로 하지 못하는 이유는 무엇일까? 국가가 국토 이용에 대한 기본법인 '국토의 계획 및 이용에 관한 법률' 등을 통해 전국의 모든 부동산을 여러 목적에 따라 구분하여 관리하고 있기 때문이다. 이로 인해 부동산 소유자들은 지역의 지정 목적에 적합한 형태로 토지를 이용해야 할 의무를 지게 된다.

공공재란 무엇인가

전국 각지 모든 토지를 가장 효율적으로 사용하는 손쉬운 방법을 생각해보자. 언뜻 생각하기에 토지 소유자들의 의견을 존중하고 소유자들의 바람대로 토지를 활용하도록 하는 것이라 생각할 수도 있다. 사실 정부 계획과 통제를 통해 전국의 모든 토지를 가장 효율적으로 사용하는 방법을 결정한다는 것은 불가능에 가까운 일이다. 이를 위해서 전국 각지의 모든 토지 특성, 생산성, 주변 거구자들의 의견 등을 전부 파악해야 한다. 더불어 해당 토지 이외의 인근 다른 토지도 함께 파악하여 상충관계를 줄이고 시너지를 얻을 수 있는 방법을 제시해야 한다. 이 같은 사실을 종합할 때, 국가가 부동산 활용 방법에 대해 직접적으로 규제하는 것은 적절하지 못하다고 생각할 수 있다. 하지만 부동산이 가지고 있는 공공재적 특성을 떠올려본다면, 이것이 불가피한 선택임을 쉽게 이해할 수 있다.

공공재의 개념을 정확하게 이해하기 위해서는 먼저 '경합성'과 '배제성'을 이해해야 한다. 경제학은 경합성과 배제성의 보유 여부에 따라 일상의 여러 재화나 서비스를 구분하고 있다.

먼저 배제성이란 타인을 소비로부터 배제할 수 있는 특성을 말한다. 내가 편의점에서 구입한 물건을 다른 사람이 이용하지 못하게 막을 수 있는 이유는, 이 물건이 배제성을 갖고 있기 때문이다. 반대로 비배제성이란, 타인을 소비로부터 배제할 수 없는 특성을 말한다. 치안이나 국방 서비스의 경우 어느 한 사람만 혜택을 누리지 못하도록 배제할 수 없다는 점을 떠올려보면 쉽게 이해될 것이다. 비배제성은 개인이 생산비를 직접 부담하지 않으면서도 이용할 수 있다. 그래서 다른 누군가 해당 재화나 서비스를 구축하는 비용을 부담해주기를 기다리게 만드는 무임승차 문제가 생긴다.

　배제성과 함께 재화의 특성을 구분하는 또 하나의 기준은 경합성이다. 한 사람이 해당 재화를 더 많이 소비하면 다른 사람들은 덜 소비해야 하는 특성을 말한다. 내가 동네 편의점에서 물건을 구입하면, 이웃집에서 그 물건을 소비할 수 있는 양이 줄어드는 것과 같다. 반대로 비경합성이란 누군가의 소비 여부가 다른 사람의 소비에 영향을 주지 않는 특성을 말한다. 새로운 소비자가 추가로 진입한다고 해도 기존 소비자의 소비에 아무런 영향을 미치지 않는다. 예를 들어 넷플릭스의 경우 내가 구독료를 지불해 신청한다고 해서, 옆집 사람이 넷플릭스를 보지 못하게 되지 않는다.

당신의 부동산은 공공재다

경제학은 이처럼 우리가 소비하는 일련의 재화와 서비스 등을 배제성, 비배제성, 경합성, 비경합성 네 가지로 구분하여 파악하고 있다. **공공재의 경우 비경합성과 비배제성을 내포하고 있어, 비용을 부담한 사람 외에도 모든 사람이 공동으로 사용하는 재화나 서비스를 말한다.** 도로, 치안, 공원, 가로등 등이 대표적인 예이다.

대표적인 공공재인 공원

부동산 역시 공공재적 특성을 갖고 있다. 경제적 의미에서 부동산은 크게 세 가지 기능으로 분류할 수 있다. 생산요소, 투자나 자산, 소비재의 기능이다.

먼저 생산요소로서의 기능이다. 부동산을 무언가 생산하기 위한 도구로 활용하는 것을 말한다. 농작물을 키우기 위한 논과 밭, 제품 생산을 위한 공장, 주차장으로 활용하기 위한 공간 모두 생산요소로서 부동산을 활용한 사례라고 할 수 있다. 투자나 자산으로서 부동산의 기능은 국내의 경우 더욱 중요시하는 부분이다. 한국금융투자협회가 발표한 〈2022 주요국 가계 금융자산 비교〉 보고서에 따르면, 한국은 부동산을 포함한 비금융자산 비중이 64.4%로 미국(28.5%),

일본(37.0%), 영국(46.2%), 호주(61.2%)보다 컸다. 이 같은 결과는 국내에서 아직까지는 부동산이 자산 증식을 위한 투자 대상으로 여겨지고 있음을 확인해준다. 마지막으로 소비재로서 부동산의 기능은 대표적으로 국립공원을 들 수 있다. 국립공원은 무언가 새로이 생산하기 위한 부동산이 아니며, 자산 증식을 위한 부동산도 아니다. 국립공원은 그 존재만으로 많은 사람들에게 커다란 혜택을 가져다주는 부동산이다. 국립공원의 아름다운 경관, 공기 정화 기능, 환경 보호 기능 등은 우리가 무언가를 소비할 때처럼 많은 편익을 가져다주기 때문이다. 앞서 언급한 부동산의 공공재적 특성 또한 이런 점에서 기인한다.

소비재형 부동산이 공공재와 같은 특성을 보이는 이유는 비배제성과 비경합성을 가지고 있기 때문이다. 국립공원을 통해 얻는 혜택은 누구에게는 돌아가고 누구에게는 돌아가지 못하게 할 수 없다. 다시 말해 배제성이 없다. 이쯤에서 국립공원은 입장료를 받으니, 입장료가 배제성 역할을 하는 것이라는 생각이 들 수 있다. 하지만 국립공원 입장료는 누군가를 막는 진입장벽 효과를 보이는 수준이라기보다는, 국립공원을 유지하고 관리하기 위한 최소한의 비용이다. 따라서 국립공원의 입장료가 배제성을 가져온다고 보기 어렵다.

소비재형 부동산은 비경합성의 성격도 보인다. 일반적인 재화는 누군가 더 많이 이용하면 다른 누군가는 상대적으로 덜 이용하게 된다. 반면 국립공원의 자연 경관과 공기 정화 작용 등의 혜택은 나보다 누가 먼저 누릴까 봐 걱정할 필요가 없다. 누가 먼저 누리든 간에 나 역시 언제든 같은 혜택을 누릴 수 있기 때문이다. 국립공원과 같은 소비재형 부동산이 제공하는 다양한 이익은 치안, 국방 서비스 등 여타 다른 공공재가 제공하는 혜택처럼 공익적인 측면을 갖고 있는 경우가 많다.

따라서 이런 소비재형 부동산은 공공재가 가지고 있는 동일한 문제와 부딪히게 된다. 굳이 내가 먼저 나서서 해당 편익을 구축하지 않더라도, 다른 누군가 구축하면 나는 저절로 해당 편익을 얻게 된다는 생각 때문에 과소 생산될 수 있다는 점이다. 다시 말해 비배제성과 비경합성을 가진 소비재형 부동산은 돈을 내지 않은 사람을 배제하고 돈을 낸 사람에게만 편익을 제공하여 금전적 이득을 챙기기 어렵다.

소비재로서 기능하는 부동산이 사라지고 있다

이러한 이유 때문에 소비재 기능에 가까운 부동산을 소유한 사람들은 이를 생산요소로서의 기능 혹은 투자나 자산으로서 기능을 가진 부동산으로 바꾸고 싶어할 수밖에 없다. 우리 동네 뒷산을 소유하고 있는 사람을 떠올려보자. 그가 소유한 뒷산은 인근 주민들에게 산책로, 그늘, 신선한 공기 등 다양한 혜택을 제공하고 있다. 하지만 뒷산의 소유주는 여기에서 아무런 금전적 이득을 얻지 못한다. 만약 뒷산 주인이 산을 허물고 그 자리에 다가구 주택이나 유료 주차장을 세우거나, 공장이 들어올 수 있는 산업 용지를 조성한다면 어떨까? 그는 적지 않은 금전적 이득을 얻게 될 것이다. 이런 상황에서 부동산 소유자들이 자신이 소유한 부동산을 통해 얻을 수 있는 금전적 이득을 포기하고 공익적 편익 제공을 위해 해당 부동산을 그대로 둘 것을 기대하는 것은 무리다.

물론 부동산 소유자가 자유롭게 자신의 부동산을 사용하게 한 뒤, 추후 문제가 생기면 이를 조정하는 방법을 떠올릴 수 있다. 그러나 부동산은 '비가역성'을 갖고 있다. 쉽게 말해 갯벌이나 산림이 형성되어 있던 부동산을 산업 용지로 바꾸고 나면, 이를 다시 예전처럼 되돌리는 것이 불가능한 경우가 많다. 북한산을 허물어 공업 지대로 바꾸고 난 뒤, 잘못된 판단이라 해서 이를 원상 복귀하는 것은 불가능한 일이다.

부동산은 분명 대표적인 사유재산이자, 가장 값비싼 자유재산이다. 그럼에도 불구하고 앞서 설명한 일련의 이유로 인해, 소유자 마음대로 처분하거나 용도를 변경하지 못하고 국가가 일정한 사용 방식을 사전에 결정해주는 것이다. 국토해양부 연차보고서에 따르면, 1960년대만 하더라도 우리나라 공업용 토지의 면적은 $40km^2$ 내외였다. 전체 토지 중 도시화율도 40% 미만에 불과했다. 그러나 지금은 도시화율이 90%에 이른다고 한다. 그 사이 우리 모두에게 다양한 편익을 가져다주는 부동산의 비중은 크게 줄어든 반면, 개인에게 이익을 가져다줄 수 있는 부동산의 비중은 크게 늘어난 것이다. 현재 부동산의 체계적 관리와 장기적인 계획이 더욱 절실한 이유도 바로 여기에 있다.

ECONOMICS
IN
10 MINUTES

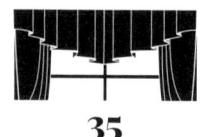

다수결의 결과가 내 맘에 안 드는 이유는?

우리는 무언가 결정하기 위해 다른 사람들의 의견을 수렴해야 할 때가 많다. 대통령이나 지자체 대표를 뽑을 때는 당연히 여러 사람의 의견을 모아야 한다. 굳이 국가적 선거가 아니더라도 가족끼리 여행을 갈 때나 여자친구와 데이트 장소를 정할 때, 학교에서 발표 주제를 선정할 때도 나 혼자만의 의견이 아닌 다른 사람들의 의견을 반영하여 결정해야 한다. 이때 우리가 가장 즐겨 사용하는 방법은 다수결 투표이다. 다수결 투표는 가장 많은 사람들이 선호하는 내용이나 대상을 바탕으로 의사결정을 수립하기에 합리적인 의사결정 방식이라고 할 수 있다. 그로 인해 다수결 투표는 현재 민주적 의사결정의 대명사이자 가장 보편적으로 사용하는 집단 의사결정 방식이 되었다. 그러나 다수결 투표에 대한 평가는 이렇게 단순하게 끝나지 않는다.

이식주 경제학

#투표의 역설과 불가능성

투표의 역설

다수결 투표제에 나름의 문제점이나 한계점이 있다는 말일까? 결론부터 밝히자면 그렇다. 가장 큰 이유는 다수결 투표제는 투표에 참여한 개인의 선호가 명확함에도 불구하고, 이를 바탕으로 도출된 사회 전체의 투표 결과는 불분명할 수 있기 때문이다. 이를 흔히 '투표의 역설Voting paradox'이라 한다. 구체적인 내용을 알아보기 위해 다음과 같은 투표 상황을 가정해보겠다.

유권자 김 씨, 이 씨, 박 씨는 동네 대표를 뽑는 투표에 참여하고 있다. 이때 후보자는 갑, 을, 병 세 명이다. 유권자 3명의 선호도는 다음과 같다.

	김 씨	이 씨	박 씨
1순위	갑	을	병
2순위	을	병	갑
3순위	병	갑	을

 이와 같은 상황에서 임의로 두 명의 후보자를 먼저 선택하여 투표를 실시한다. 그 결과를 바탕으로 과반수의 지지를 얻지 못한 후보자는 탈락시킨다. 그리고 과반수의 지지를 얻은 후보자와 남아 있는 한 명의 후보자를 결선 투표에 붙여 이 중 과반수를 얻은 후보자를 동네 대표로 최종 선정하는 방식으로 투표를 진행한다.

 이때 갑과 을을 대상으로 먼저 투표를 수행한다고 해보자. 김 씨는 자신의 1순위인 갑에 투표할 것이고, 박 씨도 1순위인 을에 투표할 것이다. 그런데 박 씨는 자신이 1순위로 선호하는 병이 투표 대상에 없기 때문에, 2순위로 선호하는 갑에 투표할 것이다. 따라서 과반수 득표자는 갑이 된다. 이제 여기서 선출된 갑과 남은 병을 대상으로 결선 투표를 실시한다. 김 씨는 그대로 갑에 투표할 것이고, 이 씨와 박 씨는 병에 투표할 것이다. 따라서 최종 당선자는 병이 된다.

 이번에는 을과 병을 대상으로 먼저 투표를 수행하는 경우이다. 을과 병을 대상으로 투표를 실시하면 김 씨는 자신의 1순위인 갑이 투표 대상에 없기에 2순위인 을에 투표할 것이다. 이 씨와 박 씨는 각각 자신의 1순위에 투표할 것이므로 1차 투표에서 을이 과반수를 얻게 된다. 을과 남아 있는 갑을 대상으로 결선 투표를 실시한다. 그러면 김 씨는 갑에 투표하고 이 씨는 을에 투표할 것이다. 하지만 자신의 1순위가 투표 대상에 없는 박 씨는 2순위인 갑에 투표할 것이므로 결국 최종 당선자는 갑이 된다.

투표에 참여한 사람들의 선호 체계는 분명했지만, 투표 순서를 달리했더니 최종적으로 선정된 사람이 전혀 달라져버렸다. 이러한 현상이 바로 투표의 역설이다. 우리는 투표의 역설을 바탕으로 의미 있는 결론을 얻을 수 있다. 투표 시 비교대상의 순서만 변경해도 최종 결정 내용을 얼마든지 뒤바꿀 수 있다는 점이다. **투표의 역설은 다수결 투표제가 우리가 생각한 것만큼 완전한 의사결정 방식이 아니라는 사실을 단적으로 보여준다.**

물론 실제 현실에서는 특정 안건에 대해 1차 투표를 하고, 다시 결선 투표를 하는 방식으로 다수결을 진행하는 경우는 많지 않다. 다만 특정 후보자를 추가로 등록하거나 사퇴시키게 되면 이와 동일한 효과를 거두게 되고, 이는 꽤 빈번하게 일어나는 일이다. 앞에서 언급한 상황을 조금 달리 표현해보자. 병을 배제하고 갑과 을을 대상으로 1차 투표를 실시하는 것이 아니라, 유권자의 선호도를 사전에 파악한 특정 후보자가 자신의 당선을 위해 병을 설득해 사퇴를 종용한 것이라면? 이로 인해 병이 빠진 채 갑과 을에게만 투표하게 되어 당선 결과에 영향을 미칠 수도 있을 것이다. 또는 다른 후보자를 당선시키기 위해 갑을 찾아가 사퇴를 종용하여 다른 결론을 얻어낼 수도 있는 일이다. 반대로 갑과 을 두 명의 후보자만 경쟁하던 상황에서 추가로 병을 내세워 선거 결과를 뒤바꾸는 것도 가능하다.

사실 우리는 이와 비슷한 상황을 현실에서 빈번하게 목격해왔다. 가장 알기 쉬운 예시는 선거이다. 선거에 세 명의 후보자가 출마했을 때, 두 명의 후보자는 지지층이 비슷하고 다른 한 명만 지지층이 다를 수 있다. 이런 경우 지지층이 겹치지 않는 후보자가 당선될 가능성이 높다. 하지만 지지층이 유사한 두 명의 후보자가 협의하여 한 명이 사퇴하거나, 단일화에 성공한다면 결과는 달라질 수 있다. 반대로 지지율이 비슷한 두 후보자가 경쟁하는 상황에서 상대방 후보자와 지지층이 유사한 제3의 후보자를 내세울 경우에도 투표 결과는 달라질 수 있다.

투표의 역설에 의해 비교 대상만 바뀌어도 투표 결과가 달라지는 현상은 꼭 선거와 같은 국가적 의사결정 과정에서만 벌어지지 않는다. 회사에서 안건을 진행하는 순서를 어떻게 정하는가에 따라서 의사결정의 결과가 달라질 수 있다. 기업 간 M&A에 적절한 기업을 선정할 때에도 대상 기업의 순서를 어떤 순서로 제시하는가에 따라 가장 적절한 대상 기업의 평가는 달라질 수 있다. 이처럼 다수결 투표를 바탕으로 진행하는 의사결정은 모두 투표의 역설에 직면할 수밖에 없다.

불가능성의 정리

경제학자들은 과반수 투표의 한계점을 일찍부터 인지하고 있었다. 그리고 이러한 문제점을 해결하여 보다 합리적인 집단 의사결정 방식을 제시하기 위해 노력해왔다. 비단 경제학자들의 이야기가 아니다. 우리 역시 스스로 다양한 의사결정 방식을 시도해왔다. 전원합의제를 통해 모든 사람의 의견이 반영된 내용을 도출하고자 한 적도 있다. 그러나 모든 사람의 의견이 일치되는 경우는 좀처럼 찾기 어렵다는 사실을 금방 깨닫게 된다. 소수의 의견이 묵살되는 일을 막고자 전체의 3분의 1만 찬성할지라도 해당 의견을 채택하기도 했다. 반대로 좀 더 많은 사람의 지지를 얻은 내용만 선별하기 위해 과반수의 기준을 3분의 2 이상으로 조정한 제도도 있다. 그리고 기존의 투표 제도가 자신의 선호 정도를 구체적으로 표현할 수 없다는 한계점에 주목하여 점수 투표제라는 새로운 방식을 고안하기도 했다. 투표 시 자신의 선호 정도를 점수로 표시하도록 한 것이다.

우리는 의사결정 과정에서 이처럼 다양한 투표 방식을 활용한 바 있다. 보다 합리적인 방법으로 의사결정하기 위해 노력해온 것이다. 그럼에도 경제학자들이 내린 결론은 명료했는데, 바로 그 어떠한 투표제도도 완벽한 의사결정 방식이 될 수 없다는 것이다. 이를 케네스 애로Kenneth Arrow의 '불가능성의 정리Impossibility theorem'라 부른다.

불가능성의 정리는 정치경제학의 핵심이론으로 평가받고 있으며, 이 이론을 제시한 케네스 애로 교수는 1972년 노벨 경제학상을 수상한 인물이다. 불가능성의 정리는 투표자의 선호에 어떠한 제한도 가하지 않고, 더불어 투표에 대한 어떠한 독재도 허용하지 않는 민주적인 상태에서 개인의 선호 결과를 취합하여 일관성 있는 사회적 선호로 바꿔주는 투표제도는 없다는 것이다. 더 간단히 표현하자면 완벽한 의사결정 방식으로 평가받기 위해서는 민주적이면서 동시에 효율적으로 집단의 의사결정을 도출할 수 있어야 한다는 의미이다. 그러나 그런 의사결정 방식이 실제로 존재할 수 있겠는가? 즉 효율적인 의사결정 방식은 민주적이지 못하거나, 반대로 민주적인 의사결정은 효율적이지 못하다는 뜻이다. 여기서 의사결정이 효율적인지 아닌지는 투표에 의해 도출된 결론이 개인의 선호 상황을 제대로 반영하고 있는지 여부를 말한다. 그러나 민주적인 투표는 종종 효율적인 결론을 담보하지 못할 때가 있다.

이해를 위해 사례를 들어 설명해보겠다. 할아버지, 할머니, 어머니, 아버지, 큰형, 작은형, 누나, 나 그리고 동생까지 총 9명의 식구가 투표를 통해 새로 이사할 동네를 결정하기로 했다고 해보자. 그런데 할아버지와 할머니 그리고 부모님은 오래 전에 거주했던 동네인 강북 지역을 가장 선호하고 있으며, 뒤이어 강남, 강서 지역 순서로 선호도를 보였다. 반면 형들과 누나는 친구들과 놀기 편한 강남 지역을 가장 선호하고 있으며 뒤이어 강서, 강북 순서로 선호도를 보였다. 나와 동생은 친구들이 많이 살고 있는 강서 지역을 가장 선호하고 있으며, 뒤이어 강남, 강북 순으로 선호도를 보였다.

	할아버지, 할머니, 아버지, 어머니	누나, 큰형, 작은형	나, 동생
1순위	강북	강남	강서
2순위	강남	강서	강남
3순위	강서	강북	강북

만일 이사 지역을 다수결로 정한다면 할아버지, 할머니, 아버지, 어머니 4명이 선호하는 강북 지역으로 결정될 것이다. 이는 온 가족이 민주적으로 다수결 투표하여 의사결정한 내용임으로 별다른 문

제는 없어 보인다. 그런데 강북 지역으로 이사하는 것이 정말 이 가족이 원하는 결과일까?

만약 나와 동생이 강서 지역을 후보군에서 빼자고 주장하여, 강북과 강남 지역만 두고 투표를 하는 상황이 되었다면 어떨까? 이때 할아버지, 할머니, 아버지, 어머니는 기존 그대로 강북에 투표할 것이고, 형들과 누나는 강남에 투표할 것이다. 하지만 나와 동생은 1순위인 강서 지역이 없어졌기 때문에 2순위에 해당하는 강남 지역에 투표할 것이다. 이렇게 되면 투표 결과는 강북 4명, 강남 5명으로 결과가 뒤바뀌게 된다.

이번에는 두 명의 형과 누나가 동생들을 위해 자신들의 1순위 선호지인 강남 지역을 후보군에서 배제하기로 했다고 해보자. 이 경우 다시 투표하면 형들과 누나는 강남 다음으로 선호하는 강서 지역에 투표를 할 것이다. 그렇게 되면 강서 지역 5명, 강북 지역 4명으로 투표 결과는 다시 뒤바뀐다.

이를 통해 우리는 총 9명의 가족 구성원 중 5명이 실제로는 강북 지역보다 강남이나 강서 지역을 더욱 선호하고 있다는 것을 알 수 있다. 그렇지만 맨 처음 세 지역을 대상으로 투표를 했을 때는 실제 개인의 선호와 상반된 강북 지역으로 결정이 되었다. 가족 투표라는 민주적인 방식을 택했지만, 가족들의 실제 선호도를 제대로 반영하지 못한 것이다.

정당한 방식인 투표로 정한 이사 지역에 왜 불만이 생기는 것인지, 어째서 민주적인 방식으로 선출된 우리 동네 대표가 마음에 안 드는지, 여러분도 이제는 그 이유를 쉽게 알 수 있을 것이다. 이처럼 불가능성의 정리는 다수결 투표제뿐만 아니라, 우리가 활용하는 다양한 의사결정 방식이 우리가 생각하는 것만큼 완벽하고 이상적인 방식은 아니라는 것을 알려준다. 그리고 더 나아가 애당초 완벽한 의사결정 방식을 기대해선 안 된다는 사실을 알려준다.

그렇지만 많은 경제학자들이 그냥 손 놓고 구경만 하고 있다는 것은 아니다. 지금 이 순간에도 보다 개선된 투표제도나 집단 의사결정 방법을 제시하기 위해 수도 없이 많은 학자들이 밤새 연구하고 있다. 언젠가 또 다른 천재 경제학자가 혜성처럼 등장해 우리들이 좀 더 만족할 수 있는 의사결정 프로세스를 제시하길 고대해 본다.

혼잡한 출근길을 해결하는 두 가지 방법, 당신의 선택은?

당신은 어디에 살 것인가? 이 문제는 누구에게나 중요하다. 최근에는 거주지에 대한 생각이 크게 바뀌어 렌트 노마드Rent Nomad 족이라는 신조어가 등장하기도 했다. 렌트 노마드족은 자신의 취향과 라이프스타일에 맞게 거주지를 옮겨 다니며 살아가는 사람들을 말한다. 이들은 집을 구매하여 소유하는 대상으로 여기지 않고, 그때그때 자신의 편의에 따라 향유하는 대상으로 여긴다.

이러한 추세에서 많은 사람들이 거주지를 결정할 때 가장 크게 고려하는 요인은 무엇일까? 서울시가 발행하는 통계 웹진 〈e서울통계〉에 따르면, 서울 시민들은 거주지를 선택할 때 위치, 교통 등 주변 여건을 가장 많이 고려하는 것으로 나타났다. '위치 및 교통 등 주변여건'을 고려한다는 서울 시민이 59.1%로 가장 큰 비율을 차지

#효율성과 형평성

했다. 뒤이어 '경제적 여건(45.2%)', '생활환경(30.2%)' 등의 순으로 고려하여 거주지를 결정하는 것으로 드러났다. 특히 교통 환경 등의 주변 여건을 고려하는 비율은 통학이나 직장생활을 해야 하는 연령 대인 20대(70.2%), 30대(53.1%), 40대(53.3%)에서 높은 비율을 기록했다.

위 조사 결과는 우리가 거주지를 결정할 때 교통 문제를 얼마나 중요하게 여기는지 보여준다. 실제로 2013년 기준 서울시 도로혼잡비용은 8조 원에 달했다고 한다. 한국교통연구원이 국내 7개 도시 기준으로 교통혼잡비용에 대해 조사한 결과, 혼잡비용은 최근 10년간 연평균 8% 수준으로 증가했으며, 수도권 기준으로는 무려 12조 원에 육박한다고 발표했다. 갈수록 혼잡해지는 도로로 인해 사람들은 거주지를 결정할 때 교통 문제를 가장 우선적으로 고려하게 된 것이다.

교통난을 경제적으로 해결하기 위한 두 가지 접근법

점차 가중되는 교통난을 해결하는 경제적 방법으로 크게 두 가지가 있다. 하나는 도로를 넓히는 것이고 다른 하나는 도로 위 차량을 줄이는 것이다.

먼저 도로를 넓혀 교통난을 해결하는 방식을 살펴보자. 서울시의 경우 도로 1km를 신설하기 위해 2000년 이후 평균적으로 약 1,100억 원을 소요했다고 한다. 실로 천문학적인 비용이라 할 수 있다. 하지만 비용보다 더 큰 문제는 신규 도로를 건설하기 위한 토지를 확보하는 것이 더욱 어렵다는 점이다. 지상에 신규 도로를 구축해 교통난을 해결하는 방법은 현실적으로 구현하기 어려운 접근법이라고 볼 수 있다.

이에 대한 대안으로 종종 거론되는 방안이 지하도로 건설이다. 하지만 천문학적 비용이 드는 것은 이쪽도 마찬가지이다. 서울시는 이미 교통 문제 개선을 위해 '소형차 전용 지하도로 건설'을 논의한 바 있다. 이때 추산된 건설 비용이 도로 20km당 평균 1조 4,000억 원이었다. 서울시 1년 예산이 30조 원을 조금 넘는다는 사실을 고려할 때, 이러한 건설 비용이 얼마나 터무니없이 큰 비중을 차지하는지 쉽게 알 수 있다. 고가차도 역시 구시대적 대안으로 평가된다. 국내 최초의 고가차도였던 아현고가도로는 45년 만에 철거되었다. 직접적인 철거 사유는 붕괴 위험과 80억 원에 달하는 보수 보강 비용이었다. 도시 환경이 자동차 위주에서 사람 중심으로 변화되는 오늘날 상황에서 조망과 도시 미관에 악영향을 미치는 고가도로 건설은 점차 지양하는 추세이기도 하다. 서울시는 2002년 동대문구 전농동 떡전고가차도를 시작으로 아현고가차도까지 이미 16개가량의 고가도로를 이미 철거했으며, 이러한 행보는 앞으로도 이어질 것으로 보인다. 일련의 사실을 종합했을 때 교통난을 완화하기 위해 지상이나 지하나, 혹은 공중에 새로운 도로를 건설하는 전략은 쉽지 않은 세상이 되었다.

그렇기에 교통난 완화의 방법으로 도로상 차량을 줄이는 접근법이 주목을 받고 있으며, 여러 지자체에서 이를 시도하고 있다. 도로 위 차량을 줄이는 대표적인 방법으로 요일제 시행과 통행료 징수 방식이 있다. 먼저 자동차 소유주 모두에게 균등하게 자동차 운행을 제한하는 방식이 있다. 요일제, 10부제, 홀짝수제도 등이 이에 해당한다. 또 다른 방법으로는 혼잡도로 차량 이동을 억제하기 위해 통행료를 징수하는 방식이 있다.

효과는 동일하나 가치 판단이 다르다

요일제나 통행료 징수 모두 제도의 효과 측면에서는 동일한 효과를 거둘 수 있다. 요일제는 차량 운행자들이 주중 하루는 차량 이용을 하지 않게 해서, 도로 위 차량 운행 대수를 평균 20% 줄이는 효과를 기대할 수 있다. 통행료 징수도 마찬가지다. 운행 대수를 20% 감축할 수 있는 통행료 수준을 계산하여 통행료를 징수하면, 제도적 효과는 요일제와 크게 다르지 않을 것이다. 다만 두 제도는 새로운 문제를 가지고 있는데, 바로 효율성과 형평성에 대한 가치 판단의 문제다.

먼저 요일제는 교통난이라는 사회 문제를 해결하는 데 있어 형평성을 중시하는 해법이다. 요일제를 실시하면 특정 요일에는 자가용을 이용하지 못하고 대중교통을 이용해야 하며, 이로 인한 불편함은 모든 사람들에게 균등하게 전가된다. 고소득자이든 저소득자이든 자신이 정한 특정 요일에는 차량을 운행하지 못한다는 내용이 똑같이 적용된다는 뜻이다. 자동차 운행 억제로 인한 불편함을 모든 사람에게 평등하게 전가하는 형평성을 추구한 해법이 곧 요일제이다.

반면 통행료 징수는 이와 다르다. 혼잡도로에 통행료가 부과되면

출퇴근길의 흔한 교통체증

중산층이나 서민들은 통행료가 부담되어 고소득층에 비해 상대적으로 차량 운행을 더 줄일 것이다. 반면 경제적 여력이 있는 사람들은 자신의 편의를 위해 기꺼이 통행료를 부담하며 자가 운전을 계속할 가능성이 높다. 이 같은 이유로 통행료 징수는 요일제와 달리 중산층 자가 운전자에게 더 큰 고통 분담을 요구하는 제도라고 할 수 있다.

그럼 통행료 징수를 통한 교통난 해소는 잘못된 정책인가? 그렇지는 않다. 통행료 징수는 효율성 측면에서 요일제에 비해 유의미한 효과를 거둘 수 있기 때문이다. 연봉이나 월급이 높은 고소득층은 시간당 기회비용이 그만큼 높다. 따라서 교통체증 완화로 시간을 절약할 수 있다면, 그에 따른 혜택은 저소득층에 비해 고소득층이 더 크다고 할 수 있다. 이러한 상황에서 통행료 징수 제도가 도입되면 시간당 기회비용이 높은 고소득층은 자신의 시간을 절약하기 위해 통행료를 지불해서라도 시간을 확보하려 노력할 것이다. 시간당 기회비용과 무관하게 모두에게 동일한 희생을 강요하는 요일제와 비교했을 때, 효율성 측면에서 분명히 다른 결과를 가져온다. 확률적으로 생산성이나 부가가치 창출 능력이 높은 고소득층으로 하여금 통행료를 납부하게 하여 보다 많은 시간을 절약할 기회를 제공하고, 그 대가로 통행료를 받으면 국가 전체적인 차원에서는 효율성이 높아지기 때문이다.

가치판단의 기준
— 효율성 VS 형평성

요일제와 통행료 징수에 대한 경제학적 접근은 대다수의 사람들에게 적지 않은 논쟁거리가 될 수 있다. 한양대 명예교수 손정식은 자신의 저서 〈소프트 경제원론〉에서 이와 유사한 사례인 10부제와 통행세를 소개하며 이렇게 말했다. "10부제에 대해서는 국민들의 70% 이상이 찬성한 반면, 효율성을 중시하는 대부분의 경제학자들은 10부제를 반대하고 오히려 통행세 방안을 선호하고 있다."

동일한 경제 문제를 해결하는 데 있어 각 경제 주체마다 추구하는 가치판단의 내용이 달라, 서로 다른 결론에 다다르게 되는 것이다. 사실 이런 문제 외에도 우리가 일상에서 접하는 경제 문제 대부분이 이렇게 효율성과 형평성 사이의 선택을 요구할 때가 많다. 효율성을 제고하기 위해 형평성을 포기하거나, 형평성을 제고하기 위해 효율성을 포기해야 하는 상황이 즐비하다. 게다가 효율성과 형평성은 두 가지 중 어느 하나라도 포기할 수 없는 중요한 덕목인지라 쉽게 결론에 이를 수 없는 문제들이 대부분이다.

경제 문제를 해결할 때 효율성만 추구하면 문제가 발생한다. 일반적으로 경제에 효율성을 부과하는 주요한 요인으로 경쟁을 꼽을 수 있다. 각 경제 주체들이 경쟁에서 이기기 위해 노력하는 과정에서 효율성 제고를 위한 다양한 방법이 모색되기 때문이다. 하지만 이러한 경쟁 과정에서 승자가 생길 경우, 경쟁에서 승리한 승자는 보통 경쟁을 싫어하게 된다. 경쟁이 얼마나 혹독하고 성가신 것인지 잘 알기 때문이다. 그렇기에 승자는 구조적으로 경쟁을 회피하기 위한 다양한 방법을 찾는다. 담합을 통해 신규 기업의 진출을 막는 행위도 이와 같은 맥락이다. 이렇게 특정 산업에서 절대적 지위를 차지한 기업들이 담합하여 신규 기업의 진출이 어려워진다면, 해당 산업에서는 더 이상 새로운 제품을 연구하는 참신한 중소기업이나 혁신적인 벤처기업의 태동을 기대하기 힘들어진다. 즉 효율성이 떨어지는 현상이 나타난다. 그래서 효율성만 추구하고 형평성을 고려하지 않는 상황이 초래되면, 효율성은 오히려 다시 떨어질 수 있다.

형평성만 고려해도 문제는 발생한다. 지나치게 형평성만 강조하면 사람들에게 경제적 유인을 제공하지 못해, 경제의 효율성을 부여하지 못하게 된다. 완성도 높은 사회보장 제도를 자랑하던 북유럽 국가들은 한동안 지나친 사회보장 제도로 인해 국민들의 근로 의욕이 저하되어 경제 성장의 걸림돌이 된 적이 있다. 이는 형평성을 지나치게 강조했을 때 유발되는 부작용을 보여주는 사례다.

효율성에 치우친 경제학

경제 문제를 다룰 때는 효율성과 형평성 어느 하나만을 선택할 수 없고, 두 가지 측면을 모두 고려해야 한다. 그럼에도 불구하고 우리가 접하는 주류 경제학에서 논의하는 대부분의 내용들은 다분히 효율성에 치우쳐 있다. 경제학은 효율성에 대해서는 다양한 이론을 제시한다. 어떤 수준에서 경제 활동을 전개했을 때 가장 높은 이윤을 달성할 수 있는지, 어떻게 소비해야 가장 높은 만족도를 달성할 수 있는지에 대해 명쾌한 결론을 내려준다. 하지만 형평성에 대해서는 그렇지 않은 듯하다. 어떻게 하면 형평성을 높일 수 있는지, 어떤 수준으로 경제 활동을 수행해야 형평성이 보다 높아졌다고 말할 수 있는지에 대해 효율성만큼 다양한 접근 방법을 제시하지는 못하고 있다.

왜 이 같은 현상이 벌어졌을까? 이는 형평성에 대해서는 어떤 상태가 공정한 상태인지, 어떤 상태에 이르러야 형평성이 달성되었다고 볼 수 있는지 합의된 의견이 도출되지 못했기 때문이다. 반면 효율성은 어떤 상태가 효율성을 더 많이 달성한 상태인지 비교하기가 쉽다. 얼마의 비용을 들여 얼마의 수익을 거두었는지 비교할 수 있고, 혹은 얼마만큼의 생산 요소를 투여하여 얼마만큼의 수익을 거두었는지 확인하여 효율성의 달성 정도를 평가할 수 있기 때문이다. 그렇지만 형평성을 측정하는 문제는 그리 간단하지 않다. 가장 먼저 무엇이 형평한 것이지 명확한 개념의 규정조차 쉽지 않다. 결과가 균등하다고 형평한 것은 아니다. 열심히 일한 사람과 그렇지 않은 사람을 기여도와 상관없이 동일하게 대우하는 것은 결코 공정한 일이 될 수 없기 때문이다.

그렇다면 기회의 균등을 형평성의 기준이라고 말할 수 있을까? 그것도 불가능하다. 태어날 때부터 서로 다른 경제 환경 속에서 살아온 사람들에게 모두 똑같이 기회가 주어졌다고 해서 그 사회를 형평한 사회라고 말할 수 없기 때문이다. 개인의 능력과 노력의 차이,

증여와 상속의 차이, 교육 및 훈련 기회의 차이를 고려하지 않고 획일적으로 주어진 기회가 공정한 상태라는 말에 누구도 선뜻 동의할 수 없을 것이다. 형평성에 대한 근본적인 공감대가 형성되지 못한 상황에서 형평성에 대한 경제학적 연구가 원활하게 수행되기 어려운 건 당연한 일이다.

이러한 이유로 인해 경제학은 형평성과 관련된 연구보다 효율성과 관련된 연구들이 주를 이루고 있다. 경제학자들도 사회 현안에 대해 생산적인 담론을 제시할 때 형평성보다 효율성의 관점에서 논의를 전개하는 경향이 많다. 이는 경제학 초창기에도 마찬가지였다. 목사이자 초기 경제학자였던 맬서스Thomas Robert Malthus는 그의 저서 〈인구론〉에서 인간은 성욕을 억제하기 힘들기 때문에 인구는 기하급수적으로 늘어날 수밖에 없지만, 식량은 산술급수적으로 늘어나므로 둘 사이의 불균형이 우려된다고 피력했다. 그러면서 이 같은 불균형은 결국 간헐적인 전염병이나 전쟁 같은 대재앙을 통해서만 해소될 것이라는 우울한 결론을 내렸다. 사회 문제에 대한 경제학적 진단 내용이 이처럼 비관적임을 지켜본 19세기 영국의 문필가 토머스 칼라일Thomas Carlyle은 경제학에 대해 이렇게 말하기도 했다. "경제학은 우울한 과학이다."

그간 경제학은 발전에 발전을 거듭해왔다. 하지만 아직까지 형평성 부분에서의 획기적인 이론이나 논의가 이루어지지는 못한 듯하다. 수많은 천재 경제학자들이 이제껏 효율성 측면에서의 경제학을 발전시켜왔다면, 앞으로는 형평성 측면에서도 눈부신 업적을 이루어 줄 위대한 경제학자가 나오기를 손꼽아 기다려본다. 경제학에 붙은 우울한 과학이라는 별명을 벗어 던질 수 있도록 말이다.

혁신은 슈퍼스타 도시에서 나온다?

몇몇 도시는 세계를 선도하는 고부가가치 산업, 첨단기술 혁신, 스타트업, 정상급 인재 보유 비율이 다른 도시에 비해 엄청나게 높다. 샌프란시스코만, 뉴욕, 보스턴, 워싱턴 D.C, 샌디에이고, 런던 이렇게 불과 6개 대도시 지역에서 전 세계 첨단기술 벤처 자본투자액의 약 절반을 끌어들인다. 뉴욕과 런던은 벤처 자본 투자 분야에서 각각 4위와 7위를 차지하고, 로스앤젤레스는 5위다. 샌프란시스코, 보스턴, 워싱턴 D.C, 시카고, 베이징, 상하이는 모두 스타트업과 글로벌 도시 분야에서 높은 순위에 있는 도시다. 전체적으로 세계를 선도하는 글로벌 도시 중 11곳이 첨단기술 벤처 투자 분야 상위 25개 도시에 포함된다. 혁신과 성장을 만들어내는 스타트업은 힘과 영감을 글로벌 도시에서 얻는다.

혁신기업들이 처음부터 대도시를 선호한 것은 아니다. 1970년

#승자독식 도시화와 양극화

대, 1980년대, 1990년대, 심지어 2000년대 초반까지 인텔Intel, 애플Apple, 구글Google과 같은 최첨단 기술 기업들은 대도시보다는 교외에 자리하고 있었다. 사실 이들 기업 모두 교외 지역에서 시작되었다. 마이크로소프트Microsoft는 워싱턴주 레드먼드 근교에 본부를 두었다. 다른 첨단기술 기업들은 보스턴 외곽 128번 도로, 오스틴 근교 또는 노스캐롤라이나 리서치 트라이앵글의 업무단지로 모여들었다. 1980년대 후반까지만 해도 벤처 자본을 지원받는 스타트업 대부분이 교외 지역에 있었다. 그런데 이러한 입지 분포는 극적으로 바뀌어, 투자회사와 스타트업은 점점 더 도시로 몰려들었다. 그 이유는 무엇일까?

벤처기업들이 도시로 모여드는 이유

도시에 많은 자본이 모이는 이유는 인재를 모으고 집중시키는 도시의 능력 때문이다. 도시에 모인 인재들은 자신의 아이디어와 노력을 계속 결합하여, 혁신과 생산성을 대폭 증가시킨다. 이런 식의 융합은 최근 전개되는 산업적 흐름이 융복합 형태로 전개된다는 점에서 더더욱 중요성이 커졌다. 세계에서 가장 큰 55개 대도시는 세계 인구의 7%에 불과하지만 세계 경제의 40%를 담당한다고 한다. 40개의 거대도시 지역, 즉 보스턴, 뉴욕, 워싱턴 회랑 지역 같은 도시와 대도시들의 집단은 세계 인구의 18%가 거주하지만 세계 경제생산량의 약 3분의 2, 혁신의 85%를 만들어낸다.

한정된 공간에 많은 인재와 자본이 모여드는 또 다른 이유가 있다. 다름 아닌 '속도'다. 급변하는 기술과 산업 트렌드 속에서 빠른 성과를 만들기 위해서는 속도가 무엇보다 중요하다. 미국에서는 상투적인 표현으로 'In the New York minute'이라는 말이 있다. '매우 빠른 시간 안에'라는 뜻이다. 물리적 공간이 커지면 속도는 느려지기 마련이다. 이때 업무와 혁신의 속도를 높이는 가장 손쉬운 방법은 서로 간 물리적 공간을 극단적으로 좁히는 것이다. 2013년 미국 전역에서 벤처 자본 투자의 절반 이상(54%), 그리고 스타트업 10곳 중 6곳이(57%) 도시 우편 지역에서 이루어졌다. 샌프란시스코만 지역 벤처 자본의 약 60%가 인구 밀도가 높고 걸어서 오갈 수 있는 도시에서 투자됐고, 뉴욕은 80% 이상이었다. 미국 전역에서 벤처 자본을 투자 받은 구역을 살펴보면 도보, 자전거, 대중교통 등을 이용해 직장으로 출근하는 노동자 비율이 전국 평균의 약 2배였다. 미국 전체를 통틀어 4분의 1 이상의 벤처 자본 투자가 전체 노동자 중 절반 이상이 도보, 자전거, 대중교통을 이용하는 지역에 집중되었다. 그리고 3분의 1 이상의 벤처 자본 투자가 전체 노동자 중 30%가 도보, 자전거, 대중교통을 이용하는 지역에서 이루어졌다.

그렇다고 해서 도시 공간이 특정 지역에 한정된 소규모 도시가 혁신성이 높다는 의미는 아니다. 혁신성 높은 도시의 경우에는 일부 혁신을 유발하는 지역이 한정된 곳에 몰려 있으면서도 동시에 이를 지원하는 도시 전반의 지역이 넓어지면 넓어질수록 혁신성이 더 높아진다. 미국 산타페연구소는 인구가 2배 증가할 때마다 도시 거주민은 평균 15% 더 혁신적이며, 15% 더 생산적이고, 15% 더 부유해진다는 결과를 도출한 바 있다.

도시로 모여든 인재들과 자본은 놀라운 성과를 만들어 낸다. 그리고 이러한 성과를 창출한 일부 사람들에게 천문학적인 성과급이 지급된다. 1978~2015년까지 약 40년 동안 최고경영자 연봉은 940% 이상 증가한 반면 일반 직원의 임금은 불과 10% 늘었다. 1965년 최고경영자의 평균 연봉은 직원의 평균 연봉보다 20배 더 많았다. 2000년대에 들어 이 비율은 300대 1 이상으로 늘어났으며, 이 같은 추세는 2000년대 이후 계속되고 있다. 최고경영자 연봉 증가는 주로 주식 옵션과 다른 형태의 주식 보상이 늘어났기 때문이다.

슈퍼스타 도시가 국가를 먹여 살린다

도심 내에서 놀라운 성과 보상을 받은 일부 계층은 자신의 소득 눈높이에 맞는 거주 지역을 찾기 시작한다. 어느 정도 자본력을 갖춘 기업들도 자신들에게 놀라운 성과를 만들어 줄 사람들을 회유하기 위해 쾌적한 주거 환경을 제공하고자 하고, 이를 위해 수준 높은 주거지역이 필요해진다. 미국 온라인 부동산 회사 질로우Zillow의 자료를 이용하여 미국 전역 1만 1,000개 우편 구역의 주택 가격을 조사한 결과가 있다. 단 160개 구역만이 중위 주택 가격이 100만 달러 이상이었고, 그중 80%는 뉴욕, 로스앤젤레스, 샌프란시스코 대도시 지역에 위치했다. 중위 주택 가격이 200만 달러 이상인 28개 우편 구역 중 4개를 제외한 모든 지역이 이 세 개의 대도시 지역에 있었다. 맨해튼의 평균 아파트 가격이 200만 달러 이상이었던 2015년 말 기준, 맨해튼 전체의 중위 주택 가격은 불과 60만 달러였다. 이는 다른 많은 맨해튼 구역의 가격보다 상당히 낮은 수준이었다. 이런 추세로 인해 한정된 특정 지역의 부동산 시세는 그 누구도 예상하지 못한 수준까지 그야말로 천정부지로 오르게 된다. 미국 경제분석국에 따르면 미국 전역 총 토지의 가치는 2009년 23조 달러인데, 이중 단 6%의 토지가 총 토지 가치의 절반 이상인 11조 7,000억 달러를 차지한다.

실제로 슈퍼스타 도시의 총 부동산 가치는 여러 국가의 국내총생산과 맞먹는다. 2015년 기준, 뉴욕 대도시 지역의 부동산 가치는 대략 2조 9,000억 달러였으며 이것은 세계 5위 경제 규모인 영국의 국내총생산과 같다. 로스앤젤레스 대도시권의 부동산 가치는 대략 2조 8,000억 달러로 세계 6위인 프랑스의 경제 규모와 비슷하다. 샌프란시스코 대도시권의 부동산 가치는 1조 4,000억 달러로 호주나 한국의 경제 규모와 비슷하다.

돈의 흐름이 점점 더 중심부로 이동하다 보니, 사람들이 선호하는 거주 지역도 변화하기 시작했다. 원래 미국을 비롯한 유럽 주요 대도시의 부유층 도시의 일부는 교외 지역이 담당했다. 교외는 오랫동안 미국에서 가장 부유한 계층의 거주 지역이었다. 하지만 최근에는 도심지에 비해 교외 지역에 더 많은 빈곤층이 위치해 있다. 미국만 하더라도 교외 지역의 빈곤층이 도시에 비해 더 빨리 증가하고 있다. 2000년부터 2013년 사이를 보면 교외는 무려 66%, 도시는 29%

늘었다. 이들 빈곤층 중 다수는 교외 지역에서 태어난 사람들이다. 안타까운 것은 교외 빈곤층의 일부는 도시에서 더 이상 살 수 없는 가족들이 더 저렴한 주거지를 찾아서 유입된 사람들이라는 점이다. 실직이나 주택 가격 상승으로 인해 한때 중산층이었던 사람들은 점점 더 많이 중산층에서 추락하고 있다.

도심에 거주했던 사람들을 교외로 밀어내는 또 다른 사람들이 있다. 다름 아닌 이민자들이다. 샌프란시스코만 지역에서 출범한 첨단 기술 스타트업만 보더라도 기업 창립자 중 이민자를 어렵지 않게 찾아볼 수 있다. 높은 성과를 창출하는 사람이 반드시 내국인에 국한된다는 법은 없다. 뿐만 아니라 최근 전개되는 혁신의 상당 부분은 디지털 내지 온라인에서 일어난다. 이러한 과정에서 해외 시장에 대한 이해도가 높은 지역을 포함시키는 것은 혁신의 속도를 높이기 위해 당연히 추진해야 할 일이 되고 있다. 해외 인력까지 대거 유입되는 도시들의 주택 가격은 다른 지역에 비해 높은 성장세를 보일 수밖에 없다. 1950년과 2000년 사이 샌프란시스코 주택 가격은 매년 3.5% 상승했으며, 이는 2000년 기준 미국 전역의 인구 100만 명 이상 도시들의 평균 증가율인 1.7%와 비교했을 때 2배 이상 오른 수치였다.

도심지에 원주민이 점점 설 자리를 잃어버리게 만드는 또 한 가지 요인으로 슈퍼리치들의 빈집을 들 수 있다. 영국을 방문할 때면 공항에서 시내로 들어가는 길에 독특한 건물을 하나 마주치게 된다. 하이드파크 만다린 오리엔탈 호텔 옆에 서 있는 글라스 타워다. 글라스 타워에 있는 아파트는 한 채 가격이 720억 원이 넘는 것도 있다. 그런데 이러한 초고가 주거단지 글라스 타워는 항상 불이 꺼져 있는 경우가 대부분이다. 평소에는 그곳에 아무도 살지 않기 때문이다. 뉴욕에서도 비슷한 현상이 나타나고 있다.

부재중인 소유자 혹은 임대인이 소유한 맨해튼 아파트는 2000년 1만 9,000채에서 2011년 약 3만 4,000채로 70%가량 급증했다. 이런 빈집들의 주인은 글로벌 초고액자산가들이다. 예를 들어 2013년과 2014년 런던 최고 중심지에서 거래된 100만 파운드 이상 주택의 절반 이상을 외국인 바이어들이 구매했다고 한다. 〈뉴욕타임스〉가 뉴욕의 초호화 복합단지인 타임 워너 센터Time Warner Center에 대한 심층 조사를 보도한 적이 있다. 많은 갑부들이 서류상 회사를 이용해 자신의 신분을 숨기고 있으며, 최근 건설되어 뉴욕에서 최고가를 자랑하는 빌딩 소유자 중 4분의 3 이상이 익명의 기업을 이용해 자신의 신분을 숨기고 빌딩을 구매하기 시작했다고 보도했다. 글로벌 도시전문가이자 세계적인 학자 사스키아 사센Saskia Sassen은 2015년 기업들이 도시 지역 부동산에 1조 달러 이상 투자했다고 추정했다. 이들 기업이 구매한 부동산 매물 중 일부는 슈퍼리치가 회사 명의로 구매한 것도 적지 않을 것이다. 슈퍼리치들이 일 년에 몇 주 정도 일정하게 방문하는 도시에 아예 집을 구매해 둔 것이다. 호텔이 머무르면 되지 굳이 초고가 집을 구매하는 것이 어마어마한 사치로 보일 수도 있을 것이다. 그러나 일부 슈퍼리치는 일찍이 깨달은 것이다. 호텔에 머무르는 것보다 자신이 소유한 집에 체류하는 쪽이 훨씬 편할 뿐만 아니라, 소유한 주택 가격이 더 비싼 가격으로 오르는 경우가 비일비재하다는 사실을 말이다.

이제 도심지에서 멀리 밀려나는 대상은 저소득층과 노동자 계층만이 아니다. 원래 거주하던 중산층들도 점점 기회가 줄어들게 된다. 전통적인 엘리트들과 유산을 물려받은 이들과의 경쟁에서 패배하고, 경우에 따라서는 더 부유한 외국인 바이어에 의해 쫓겨나고 있다. 부유한 외국인에게 천문학적인 돈을 받고 자신의 집을 매각하여 막대한 이익을 보는 부자들을 유감스럽게 여기는 사람은 아무도 없다. 하지만 이렇게 주택을 매각한 중산층은 금방 다시금 걱정이 늘기 시작한다. 본인들의 새로운 주거 지역을 찾아야 하는데 자신이 확보한 돈이 높은 주택 가격에 잠식당할까 걱정을 하게 된다. 뿐만 아니라 자녀들이 그런 도시로 진입하는 데 필요한 비용을 감당하지 못할까 봐 두려워진다. 도시가 제공하는 경제적 기회, 서비스, 쾌적한 환경, 계층 상승 가능성을 박탈당하고 있는 것이다. 교사, 간호사, 경찰관, 소방관, 레스토랑 등에서 일하는 서비스 노동자가 적절한 통근 거리 내에서 살 수 없게 되면 도시 경제 기능을 유지하기 위해 필요한 사회적 비용은 점점 늘어나게 된다.

도시의 가장 핵심적인 문제는 양극화

한 마디로 말하자면, 도시 내 중산층이 점점 사라지고 있다. 근로 소득으로 높은 성과를 달성한 사람들이 선택한 도심지 내 거주지 가치는 더더욱 높이 치솟고 있다. 이 과정에서 그들은 자신들이 소유한 부동산 가격 상승이라는 또 하나의 커다란 경제적 성과까지 함께 가져가는 경우가 많다. 1970년부터 2012년까지 중산층 거주 지역에 사는 미국 가정 비율은 65%에서 40%로 줄었다. 반면 빈곤 지역 또는 부유한 지역에 사는 가정의 비율은 많이 늘었다. 지난 2004년부터 2017년까지 14년 동안 미국 대도시 지역 10곳 중 9곳은 중산층이 축소되었다고 한다. 중산층이 사라지면서 미국 전역이 불우한 사람들이 모여 사는 넓은 지역과 부유한 사람들이 모여 사는 훨씬 더 좁은 지역으로 나뉘고 있다.

승자독식 도시화의 등장은 도시 간 새로운 형태의 불평등을 발생시킨다. 아울러 세계화와 탈산업화 이외의 다른 요인들로 인해 경제적 기반을 상실한 많은 도시들과 승자 도시 간 경제적 격차는 점점 더 커지고 있다. 이러한 추세는 미국, 유럽 등 선도적인 일부 국가에서만 나타나는 것이 아니다. 다른 대륙 국가에서도 비슷한 상황이 펼쳐지고 있다. 베이징, 상하이, 뭄바이, 벵갈루루, 토론토, 파리, 모스크바는 벤처자본투자와 스타트업을 위한 세계 20대 선도 지역에 속한다. 스타트업 도시 허브는 유럽의 베를린, 암스테르담, 리버풀, 뮌헨, 그리고 중동의 텔아비브, 암만에서도 새롭게 생겨나고 있다. 전부 도시를 중심으로, 더 정확히 말하자면 도시 내 특정 지역에서 앞서 언급한 내용과 동일한 양상이 그대로 전개되고 있다.

부유한 사람들이 비교적 한정된 도시 내 특정 지역과 지식과 기술의 허브 도시로 집중되고 있다. 이는 전례 없는 일이다. 소수의 엘리트 집단은 앞으로 나아가는 반면, 다른 많은 대부분의 사람들은 힘들게 분투하거나, 정체되거나, 뒤처진다. 현재 적지 않은 국가들이 산업 구조의 변화와 도시 구조의 변화로 인해 생기는 양극화 문제를 해결하기 위한 나름의 대안을 모색하고 있다. 그중 하나가 도심지 핵심 지역에 다양한 경제적 계층이 섞여 살 수 있도록 배려하는 것이다. 하지만 이미 한정된 국가 재원으로는 도저히 감당할 수 없이 치솟은 높은 땅값으로 인해 도심지 내에 적당한 가격의 주택을 공급하는 것이 거의 불가능에 가까울 정도로 어려운 일이 되어버렸다. 어찌어찌 도심지에 새로운 주거 공간을 대거 공급했다고 해도, 이러한 주택은 곧이어 추가로 지불할 여력이 있는 사람들에게 다시 팔리는 경우가 대다수다.

    도시로 집중되는 힘은 경제 성장의 주요한 엔진이면서, 동시에 불평등의 가장 큰 원인이다. 인재와 경제 활동이 점점 더 소수의 장소로 집중되는 추세는 세계의 도시들을 승자와 패자로 갈라 놓게 된다. 게다가 승자 도시를 가장 혜택 받은 사람들을 제외하고는 살 수 없는 그런 장소가 되도록 만든다. 현재 전 세계적으로 나타나는 이 같은 현상을 끊어버릴 대안을 찾는 것이 시급한 과제다.

나라 안에 다른 나라, 그 안에 또 다른 나라?

오늘날 국경선의 대부분은 물리적인 자연 환경과 무관하게 설정된 경우가 많다. 인위적인 국경선 중 가장 극단적인 곳으로 평가받는 곳은 미국과 캐나다 사이 경계다. 수백 킬로미터로 이어지는 두 국가 사이 국경은 산이나 강 등의 물리적 필요에 따른 분리와는 아무런 관련이 없어 보인다. 해당 국경선 중 3,500km가 북위 49도 선과 겹칠만큼 정확히 가로로 그어진 국경이기 때문이다. 자연 경관을 고려한 국경은 기껏해야 뉴욕주 북부와 캐나다 온타리오주 사이에 놓인 세인트로렌스강 정도가 물리적 경계로 활용된다. 물론 5대호 중 네 곳인 슈피리어호, 휴런호, 이리호, 온타리오호 등도 자연적인 국경으로 활용되고 있다고 볼 수 있다. 하지만 이들 호수를 기반으로 그어진 국경선은 직선 형태로, 호수 형태와 지형에 대한 고려는 전혀 없이 그려진 국경이다.

#국경선과 고립영토

　미국과 캐나다 간 국경선은 이미 많은 거주자들이 양쪽 영토를 자유롭게 오가며 활동하기 시작한 한참 뒤에 그어진 국경선이기 때문에 자연스럽게 양 국가에 걸쳐 있는 것들이 많다. 버몬트주에 있는 도서관은 국경선이 도서 대출실 안에 걸쳐 있다. 또 다른 지역의 호텔 한 곳은 캐나다 퀘백주와 미국 뉴욕 주에 걸쳐 있는 곳도 있다. 이 밖에도 수많은 개인 주택들이 미국과 캐나다 양쪽에 걸쳐 있다. 이러한 이색적인 풍경 때문에 버몬트주 국경 마을인 더비 라인은 관광지 아닌 관광지가 되었다. 더비 라인에는 도로 하나를 사이에 두고 한쪽 인도는 캐나다 국경이고, 반대쪽 인도는 미국 국경인 곳이 있다. 이 때문에 이곳 도로를 지나는 사람들은 국경 경비대의 통제를 받는다. 반대쪽 인도를 사용하면 국경을 넘어선 것이기 때문에 이민법 위반 등의 처벌을 받을 수 있기 때문이다. 이 같은 독특한 풍경을 직접 보기 위해 일부러 방문하는 사람들마저 있는 상황이다.

특정 두 국가 간의 국경선은 경우에 따라서는 웃음을 자아내는 독특한 체험을 할 수 있는 공간이 되기도 한다. 하지만 대부분의 경우 국경선이 현실적인 상황을 고려하지 않고 잘못 그어지면 양 국가 간의 전쟁과 같은 유혈사태를 불러오게 된다. 국경선에 대한 면밀한 고려가 없어 전쟁 및 인근 국가 간의 지속적인 갈등이 유발되고 있는 대표적인 국가가 바로 인도이다.

인류 최악의 국경선 인도

오늘날 인도와 주변 국가인 파키스탄, 방글라데시, 네팔 등의 국경선을 결정한 것은 누구일까? 다름 아닌 영국이다. 제2차 세계대전이 끝날 무렵 해당 업무를 지시받은 영국의 공무원이나 관공서 직원들이 이들 국가 간 국경선을 멋대로 결정한 것이다. 가장 대표적인 인물이 시릴 래드클리프 경 Sir Cyril Radcliffe이다. 래드클리프는 변호사 출신으로, 영국 정부로부터 인도 국경을 확정 지어달라는 요청을 받기 전까지 단 한 번도 인도를 방문해 본 적 없는 인물이다. 그가 영국 정부로부터 이 같은 요청을 받게 된 가장 큰 이유는, 영국 정보부 사무총장으로 일하면서 높은 평가를 받은 바 있기 때문이다.

당시 래드클리프에게 국경을 결정하는 데 있어 가장 중요한 고려 요인은 종교였다. 당시 인도 지역 내 종교지도자들 역시 이러한 관점을 선호했다. 이슬람교 지도자인 무하마드 알리 진자는 이슬람교도들을 위해 국가를 분리해 달라고 영국에 공식 요청했고, 영국 정부 역시 이러한 요구를 적극 수용하기로 결정한 것이다. 영국 정부로부터 명령을 받은 래드클리프가 인도 인근 지역 국경 설정을 위해 그곳에 체류한 기간은 불과 37일이다. 래드클리프는 업무를 마치고 난 바로 다음 날 곧바로 인도를 떠났다고 한다. 뿐만 아니라 작업 수행 시 취합한 자료들을 모두 불태웠고, 본인이 지급받기로 한 보수인 5,000달러도 거절한다. 래드클리프는 자신이 그은 국경선을 래드클리프 선Radcliffe Line이라고 부른다는 사실을 듣고선 "그 빌어먹을 선!"이라고 말했다고 한다.

어째서 래드클리프 스스로도 자신이 그은 국경선에 부정적인 평가를 내리게 되었을까? 어찌 보면 그가 이미 본인이 설정한 국경선이 가져올 비극을 직감했기 때문인지도 모른다. 실제로 래드클리프 라인을 바탕으로 국경선이 그어진다는 소식을 전해 들은 국경선 인근 주민들은 종교에 따라 자신의 새로운 조국이 될 땅을 향해 이동하기 시작했다. 인도 우타르 프라데시주에 살던 이슬람교도들은 인근의 이슬람교 국가들을 향해 탈출하기 시작했다. 반대로 파키스탄 라호르에 갇힌 힌두교도와 시크교도는 델리나 암리차르 등을 향해 이동했다. 인도를 향한 탈출, 파키스탄을 향한 탈출, 당시 동파키

탄이었던 방글라데시를 향한 탈출은 이후에도 몇 달 동안 전개되었다. 그 과정에서 여러 유혈 참사마저 일어나고 말았다.

이처럼 혼란스러운 상황에 직면한 이유는 인위적 국경 설정에 의해 고립영토가 생겼기 때문이다. **고립영토란 본국에서 떨어져 다른 나라의 영토에 둘러싸인 땅을 의미한다.** 미국 본토에서 떨어져 있는 알래스카를 떠올리면 이해가 쉬울 것이다. 인도와 방글라데시 인접 지역에 이러한 고립영토가 수없이 많이 생기게 된 것이다. 래드클리프가 국경 구분을 위해 선택한 기준인 종교로 인해 생긴 문제였다.

인도와 방글라데시 접경지역인 쿠치베하르는 과거부터 교통의 요충지였기에 여러 지역과의 교역이 빈번한 곳이었다. 교역과 함께 힌두교, 이슬람교, 불교 등이 모두 유입되었고, 어떤 마을들은 종교 중심으로 집단 거주지가 형성되어 있었다. 이로 인해 인도와 방글라데시 접경지역에 수많은 고립영토가 생기게 되었다. 인도 영토 내부에 방글라데시 영토가 생겼고, 방글라데시 영토 안에도 수많은 인도 영토가 생겼다. 이 어처구니없는 영토 구분은 여기서 끝나지 않는다. 심지어 방글라데시 영토 안에 섬처럼 인도 영토가 있고, 또 그 안에 방글라데시 영토가 들어가 있는 경우도 있다. 마치 러시아 전통 인형 마트료시카 같은 형태였다. 인형 안에 또 다른 인형이 있고, 그 안에 또 다른 인형, 그 인형 안에 또 다른 인형이 들어있는 모습처럼 국경이 나뉘고 말았다.

　인도와 방글라데시는 여러 고립영토 조정을 위한 노력을 현재까지도 지속해오고 있다. 1958년 인도와 방글라데시는 처음으로 자신들 영토 내에 있는 고립영토를 통째로 맞바꾸려 했다. 하지만 고립영토를 통째로 교환하려는 시도는 성공하지 못했다. 이후 1974년 다시 한번 맞교환을 추진한 적이 있으며, 가장 최근에는 2011년 서로 간 영토 교환에 대한 시도가 있었다. 그럼에도 여전히 인도와 방글라데시에는 각자의 영토가 남아있다.

　2015년 기준으로 방글라데시 내부의 인도 고립영토는 모두 111곳이 남아 있으며, 이곳에는 인도인 38,521명이 거주하고 있다고 한다. 인도 내부의 방글라데시 고립영토는 모두 51곳이 있으며, 이곳에 거주하는 방글라데시인은 모두 14,863명에 달한다. 이런 고립영토에 거주하는 사람들은 여전히 시민권을 취득하거나 행사할 수 없는 상황에 처해있다. 고립영토에 거주하는 사람들이 자국 영사관에 가기 위해서는 다른 나라의 영토를 지나야 한다. 그러나 인도와 방글라데시는 서로 간에 비자 발급 제도를 유지하고 있어, 비자 없이 옆 나라를 지나가면 불법체류로 간주된다. 때문에 방글라데시 고립영토에 사는 사람들의 75% 정도가 인도 감옥에 투옥된 바 있다.

래드클리프 라인을 둘러싼 여러 분쟁에 대해서 단순히 '외부 사람이었던 영국인이 국경을 설정했기 때문 아닌가?' 이렇게 생각할 수도 있을 것이다. 그러나 또 다른 영국인의 손에 그어진 다른 지역의 국경선은 전혀 다른 양상으로 전개됐다. 바로 듀랜드 라인Durand Line이 그것이다. 영국 공무원 모티머 듀랜드 경Sir Motimer Durand은 아프가니스탄 국경선을 획정 짓는 업무를 담당했다. 모티머 듀랜드 역시 이역만리 밖에서 온 사람일 뿐이지만, 그의 접근 방법은 래드클리프와 달랐다. 듀랜드는 국경선을 결정하는 과정에서 여러 부족 간 경계선을 최대한 수용하려 노력했으며, 유목민 부족의 경우 특정 계절이나 시점에 어느 지역으로 이동했다가 어디로 돌아가는지 고려하려 노력했다. 물론 듀랜드의 노력에도 불구하고 국경선 확정 이후 부족 간 다툼이 일어나기도 했다. 하지만 듀랜드 라인은 래드클리프 라인과 달리 상당 기간 동안 안정적으로 유지되고 있다.

한번 확정된 국경선은 그 이후 국경이 맞닿은 국가 간 지속적인 분쟁을 야기할 수 있다. 물론 과거에 그려진 모든 국경이 인간의 오판이나 실수로 생겨난 것은 아니다. 20세기 초반만 하더라도 명확한 지도를 확보하지 못한 지역이 많아, 지형을 오인하여 그려진 국경도 많았다. 물론 의도치 않은 이유로 잘못 설정된 국경선이라고 해도 국가 간 커다란 분쟁 요인으로 작용하기는 매한가지였다.

우리나라는 아직까지 국경선으로 인한 분쟁은 별로 없다. 그러나 통일 이후 두만강과 압록강을 바탕으로 접하고 있는 중국과의 국경 문제, 우리나라와 직접적인 관계는 없지만 인근지역인 러시아와 일본 간 쿠릴열도 문제, 중국과 일본의 남중국해 문제 등 어느 순간 우리 지역 내 분쟁 요인으로 작용할지 모르는 일이다. 분쟁이 생겼을 때 우리의 입장을 명확하게 세우기 위해서라도 지금 그려진 지구상 국경선들이 누구의 손에 의해, 어떠한 기준으로 설정된 것인지 다시 한번 점검해 볼 필요가 있지 않을까 싶다.

39

우리는 왜 동네 선거에 관심이 없을까?

내가 사는 동네를 살기 좋은 곳으로 바꾸기 위한 가장 손쉬운 방법은 무엇일까? 아마 우리 동네를 대표하는 좋은 정치인을 뽑는 일 아닐까? 우리 모두가 직접 우리 동네를 위해 일할 수 없는 상황에서, 우리를 대신해 일할 사람을 잘 고르는 것은 어찌 보면 살기 좋은 동네를 만드는 가장 중요한 방법일지도 모른다.

좋은 정치인을 선출하는 일이 중요하다는 건 우리 모두가 알고 있다. 그럼에도 최근 들어 투표율은 더욱 급격하게 떨어지고 있다. 우리나라 최초로 실시된 1948년 총선 투표율은 95.5%를 기록했다. 하지만 이후 줄곧 하락 추세를 보여 14대 총선에서는 71.9%, 다시 16대 총선에서는 60% 미만인 57.2%를 기록하였으며, 18대 총선의 투표율은 50% 미만인 46.6%에 그쳤다. 투표율이 낮은 상황에서 당선된

> #합리적 무지와 휴리스틱

사람은 해당 지역 주민들이 선택한 대표라고 부르기도 어려워진다. 가령 50% 수준의 투표율에서 당선이 된 사람이 있다면, 당선자의 득표율 50%였다고 해도 해당 지역 사람들 4명 중 1명에게서만 선택을 받은 셈이기 때문이다. 나머지 3명의 지역 주민은 당선자를 선호하지 않았을 수도 있다. 따라서 투표율을 올리는 것은 대의민주주의를 실현하는 데 있어 가장 중요한 요인이다. 저명한 정치경제학자 앤서니 다운스Anthony Downs는 만약 모든 사람들이 투표를 안 할 경우 이는 재앙이나 다름없다고 표현하며 투표의 중요성을 강조했다.

왜 많은 사람들이 투표에 관심을 두지 않는 걸까?

하지만 아무리 투표가 중요하다고 해도, 생각보다 많은 사람들이 투표에 그다지 큰 관심이 없다. 그 이유는 대체 무엇일까? 물론 다양한 원인이 있겠지만 경제학은 이러한 현상을 '합리적 무지Rational ignorance' 이론을 통해 설명하고 있다. **특정 정보를 얻기 위해 치러야 할 비용이 그 정보를 통해 얻을 것으로 기대되는 수익보다 클 경우, 차라리 정보를 습득하지 않고 무지한 상태를 유지하려는 경향을 합리적 무지라고 말한다.** 유권자가 정치에 관심을 덜 갖게 되는 이유도 바로 여기에 있다.

우리가 특정 정치인을 선택하기 위해서는 후보자들이 어떤 내용으로 우리 동네를 위해 일할 것인지에 대해 계획한 공약을 확인해야 하는데, 이 과정에서 많은 시간과 노력이 든다. 우리 동네 교육 문제, 교통 문제, 주거 문제, 복지 문제 등 다양한 현안 이슈에 대해 각 후보자가 어떤 입장과 생각을 가지고 있는지 파악해야 한다. 무엇 하나 가벼운 사안이 아니므로 거의 대부분의 이슈에 대해 확인해야 할 것이다. 게다가 특정 후보자의 공약 전부가 자신의 선호에 딱 떨어지는 경우는 거의 없다. 누구는 어떤 공약이 마음에 들고, 누구는 또 다른 공약이 마음에 들 수도 있는 것이다. 후보자마다 마음에 드는 공약이 서로 다를 때 이들 중 누구를 선택해야 하는지 결정하는 것에도 결코 적지 않은 노력이 들어간다.

많은 유권자들이 여기서 한 가지 의구심을 갖는다.

'이렇게 많은 시간과 노력을 들여
내가 진짜 뽑고 싶은 정치인을 가려내고,
투표하러 가는 번거로움을 기꺼이 감수한다고 해서⋯
과연 내가 원하는 정치인이 뽑히긴 할까?'

다시 말해 수많은 사람들 중 나의 표 하나가 어떤 이의 당선에 영향을 미칠 가능성은 지극히 적다고 생각하기 쉽다는 것이다. 유권자의 생각이 여기까지 이르면, 당연히 투표장에 갈 유인은 줄어든다. 또 투표도 하지 않을 건데 괜히 많은 시간과 노력을 들여 정치에 관심을 기울일 필요가 없다는 생각으로 이어진다. 그리고 다른 누군가 좋은 정치인을 선별해준다면 나 역시 덩달아 그로 인한 혜택을 볼 수 있기 때문에, 굳이 내가 아니어도 된다는 생각을 갖기 더욱 쉬워진다. 합리적 무지는 바로 이러한 과정에서 생겨나는 것이다. 합리적 무지는 상대적으로 정보 습득을 위해 많은 시간과 노력을 들이기 어려운 젊은 계층 사이에서 더욱 쉽게 나타난다. 더불어 정치권에 불신이 있어 내가 투표한들 더 좋은 동네가 만들어지기 어렵다고 생각할 경우 더욱 더 크게 나타난다.

투표율을 높일 수 있는 방법

현재 우리나라 외에도 많은 나라에서 투표율이 떨어져 고심하고 있는 상황이며, 다양한 해법을 모색하고 있다. 투표율을 올리기 위한 대표적인 방법으로는 투표 참여 행위를 의무화하거나, 투표에 참여한 사람에게 인센티브를 제공하는 방법이 있다. 유럽과 남미 일부 나라들은 의무투표제를 실시하여 투표를 의무화하고, 반강제적으로 투표에 참여하도록 유도하고 있다. 호주는 투표를 하지 않은 사람들에게 20달러의 벌금을 부과하고 있다. 그러나 국내의 경우 이러한 의무투표제가 국민 정서에 맞지 않는다는 등 여러 이유를 들어 아직까지 도입하지 않고 있다. 하지만 투표에 참여한 사람들에게 인센티브를 제공하는 방법은 지속적으로 논의되어 왔으며, 부분적으로 도입하여 시범적으로 실시되기도 했다. 인천에서 실시한 보궐선거에서 백화점 할인권 등의 혜택을 준 적이 있다. 이 밖에도 투표자들에게 문화 상품권 같은 소정의 혜택을 주거나, 투표 용지 자체를 복권처럼 활용하는 방법도 논의된 바 있지만 아직까지 본격적으로 도입이 이루어지지는 않았다.

국내에서 현재 투표율 제고를 위해 적극 사용하고 있는 방법은 투표에 참여하는 사람들의 다양한 편의를 봐주는 것이다. 부재자투표제도, 사전투표제도가 이에 해당한다. 부재자투표제도란 특정 사유로 인해 자신의 주소지를 떠나 있는 유권자가 선거일에 자신의 주소지 투표소를 방문하지 않고서도 투표할 수 있는 제도이다. 다만 부재자투표제도를 활용하기 위해서는 사전에 부재자 신고를 해야만 이용할 수 있어 다소 번거로움이 있다. 사전투표제도는 부재자투표제도보다 훨씬 투표에 참여하기 쉽다. 별도의 부재자 신고가 필요하지 않으며, 주소지와 관계없이 사전투표소가 위치한 곳이라면 전국 어디서든 투표를 할 수 있다.

이러한 제도가 합리적 무지로 인해 투표하지 않는 행위를 부분적으로 근절할 수 있을지 모르나, 아직 문제가 완전히 해결된 것은 아니다. 사전투표제 같은 제도는 단순히 사람들이 투표를 하도록 유도한 것뿐이지, 각각의 후보자들에 대해 명확한 판단을 내릴 수 있도록 독려하는 제도는 아니기 때문이다. 말하자면 유권자들이 자신의 동네 대표를 선택하기 위해 투표소를 찾을 때, 대충 몇 가지 단편적인 정보나 느낌만 가지고 특정 후보자에게 투표하겠다는 마음을 먹고 가는 경우가 있을 수 있다는 것이다. 투표한 사람에게 인센티브를 주거나, 투표 방법을 편리하게 제시한다고 해서 후보자들의 공약을 철저히 따져보고 조사하는 데 드는 비용과 노력이 줄어드는 것도 아니다. 이렇게 되면 휴리스틱 현상이 유발될 수 있다.

어림짐작한 판단이나 대충 내린 결정, 휴리스틱

경제학에서는 어림짐작한 판단 혹은 대충 내린 결론을 '휴리스틱 Heuristics'이라 한다. 후보자들의 공약을 꼼꼼하게 따져본 뒤 나의 한 표를 행사한다고 해도 이로 인해 얻을 수 있다고 기대되는 수익은 여전히 작기 때문에 대충 훑어보고 결정하는 것이다. 이렇게 휴리스틱에 의거한 판단은 크게 두 가지 유형의 오류를 범하게 된다. '대표성 휴리스틱 Representative heuristics'과 '가용성 휴리스틱 Availability heuristics'이 그것이다.

먼저 대표성 휴리스틱은 어떤 상황을 판단할 때 실제 확률과는 무관하게 대상이 내포하고 있는 대표적인 특징이나 속성을 가지고서 판단하는 오류를 말한다. 유권자들의 후보자에 대한 대략적인 정보만으로 그 사람이 어떤 사람인지 미루어 짐작하는 과정이 대표성 휴리스틱에 해당한다. 군인 출신의 후보자는 고지식하고 융통성이 없을 거라고 판단하거나, 운동선수 출신의 후보자는 털털한 성격을 가지고 있을 것이라 판단하는 경우가 대표성 휴리스틱에 해당한다. 대표성 휴리스틱은 대상에 대한 심각한 오판을 이끌어낼 수 있다.

다음으로 가용성 휴리스틱이다. 가용성 휴리스틱은 무언가를 판단할 때, 자신이 기억하고 있는 상황 혹은 자료만 가지고서 판단하는 것을 말한다. 예를 들어 교통사고 원인에 대한 공식 통계자료를 보지 못한 사람들이 교통사고 원인에 대해 판단한다면 어떤 일이 발생할까? 이들은 자신이 일상생활 중 목격한 것이나 어디선가 듣고 떠오르는 이야기를 바탕으로 사고의 원인을 지목하기 쉽다. 자신의 주변에서 졸음운전으로 교통사고를 낸 사례를 많이 접한 사람은 교통사고 원인 중 졸음운전의 비중이 높다고 판단할 것이다. 만일 신호위반으로 교통사고를 낸 사례를 많이 접한 사람이라면 신호위반이 교통사고의 주범이라고 지목할 것이다. 그러나 앞선 두 사람의 경우 모두 실제 결과와는 다를 수 있다. 이처럼 기억 속에 떠오르는 사건이나 상황만을 바탕으로 판단하는 것을 가용성 휴리스틱이라고 한다.

투표에서도 가용성 휴리스틱은 얼마든지 일어날 수 있다. 대학교수 출신 정치인 중에서 성공한 사례를 유달리 많이 알고 있는 사람이라면 대학교수 출신 후보에 선호도를 보일 것이다. 만일 관료 출신 정치인 중에서 훌륭한 업적을 많이 남긴 사례를 더 많이 기억하고 있는 사람이라면 자신의 동네 대표로 관료 출신을 선호하기 쉽다.

물론 그렇다고 해서 가용성 휴리스틱이 전혀 타당성이 없는 것은 아니다. 자신이 쉽게 기억해냈거나 더 많은 전례를 알고 있다는 사실은, 그만큼 해당 사건이 다시금 일어날 수 있는 확률이나 빈도가 높을 수 있다는 의미이다. 이 같은 측면에서 보면 가용성 휴리스틱은 나름의 타당성을 가지고 있다.

하지만 많은 행동경제학자들은 가용성 휴리스틱이 심각한 오류를 범할 수 있음을 지적하고 있다. 왜냐하면 우리 인간은 서로 다른 두 가지 사건을 똑같은 빈도와 주기로 접한다고 하더라도, 사람에 따라 두 사건에 대한 기억의 강도가 다를 수 있기 때문이다. 자신에게 친숙한 장면이나 아는 내용은 더 쉽게 기억할 수도 있다. 아니면 어떤 장면이 너무도 생생하여 기억에 오래 남는 경우도 있다. 그렇기에 실제로는 더 자주 유발되는 사건이 있다고 해도, 인간은 결국 자신이 기억하기 쉬운 사건 위주로 정보를 저장하고 이를 바탕으로 판단하게 된다.

그러면 휴리스틱에 근거한 의사결정이 무조건 나쁜 성과로 이어지는 걸까? 꼭 그렇지만은 않다. 휴리스틱과 관련된 여러 선행 연구를 살펴보면, 우리 인간은 정보가 부족하거나 판단 능력이 부족함에도 불구하고 휴리스틱을 통해 좋은 성과를 가져오는 일련의 결정을 내리기도 한다. 그러나 대조적으로 휴리스틱에 의해 편향된 의사결정과 부정적인 결과가 유발되었다는 연구결과 역시 많이 있다.

투표제도 중 재외국민투표권이 있다. 재외국민이란 학업, 근무, 이주 등의 이유로 국내를 떠나 외국에서 거주하는 국민들을 말한다. 이들은 대한민국 국민으로 투표권을 가지고 있지만, 해외에 거주한다는 이유로 투표에 참여할 수 없었다. 하지만 재외국민투표권을 통해 사전 등록을 하면 해외에 있더라도 투표권을 행사할 수 있다. 그런데 먼 해외에 거주하는 재외국민 중 무려 12만 명에 달하는 사람들이 투표에 참여하겠다며 사전 등록을 했다고 한다. 이 같은 수치는 우리에게 시사하는 바가 크다. 특히 동네 가까운 곳에서 쉽게 투표에 참여할 수 있음에도 투표에 참여하고 있지 않는 이들에게 그렇다. 내가 사는 곳의 대표를 뽑는 중요하고도 귀한 투표의 권리를 저버리는 행위를 과연 합리적 무지라고 불러야 하는지, 의구심이 든다.

10분 경제
샤넬·라면·아파트가 들려주는 이야기

2025년 3월 초판 1쇄
2025년 5월 초판 3쇄

지은이 박정호

기획편집 최현경, 박지선, 김도연
디자인 페이퍼컷 장상호, 강소연
펴낸곳 (주)넷마루

주소 08377 서울 구로구 디지털로33길 48 대륭포스트타워7차 20층
전화 02-597-2342 **이메일** contents@netmaru.net
출판등록 제 25100-2018-000009호

ISBN 979-11-93752-07-4 (03320)

Copyright © netmaru, 2025
이 책은 저작권법에 따라 보호를 받는 저작물이므로 무단 복제 및 무단 전재를 금지합니다.

책값은 뒤표지에 있습니다. 잘못 만들어진 책은 구입한 곳에서 바꿔 드립니다.